KB091452

데이터 시각화 기본기 다지기

데이터 시각화 기본기 다지기

데이터 시각화의 기본 원리부터
실무에 바로 활용 가능한 R 실용 예제까지

키런 힐리 지음   지은 · 이다양 옮김

i!i
에이콘

에이콘출판의 기틀을 마련하신 故 정완재 선생님 (1935-2004)

첫 번째 독자인 라만테리아^{Llamanteriat} 친구들에게

첫 번째 독자인 라만테리아[Llamanteriat] 친구들에게

| 지은이 소개 |

키런 힐리 Kieren Healy

듀크대학교 사회학과 교수로 재직 중이다. 평소 청중과 독자에게 명확하고 일관되며 재현 가능한 방식으로 자료를 제시하는 일을 한다. 이 책은 최신 도구를 사용해 자료를 제시하는 일을 수행하는 방법에 관한 것이다. 시각화를 위한 도구에 관해 기초부터 가르쳐주고 R과 ggplot으로 빠르게 수행할 수 있게 해준다. 그만큼 학습에 꼭 알맞고 가르치기에도 안성맞춤이다.

| 감사의 말 |

소프트웨어는 일종의 긴밀한 협업이다. 일상생활에 큰 도움이 되지만 당연한 것으로 생각하기 쉽다. 내가 하고 있는 연구와 교육은 남들이 자유롭게 작성하고 유지하고 배포하는 도구tool에 달려 있다. 따라서 나는 첫째로 R을 지원하는 인프라 및 그 기반 위에 구축된 패키지를 만들고 유지하는 모든 사람들에게 빚진 셈이다. 이 책에 사용된 특정 라이브러리는 본문 전체에 인용돼 있으며 참고문헌에 기재돼 있다. 이 책을 쓰는 동안 나를 도와준 R 커뮤니티 사람들에게도 감사의 말을 전한다. 직접적이든, 코멘트와 제안을 통해 간접적으로든, 스스로 부딪친 문제들을 독자적으로 해결함으로써든, 혹은 의도한 건 아니었더라도 그들의 개방적이고 관대한 작업 방식의 훌륭한 사례들을 통해 도움을 받았다. 특히 제니 브라이언, 마인 세티카야−런델, 더크 에델뷰텔, 토마스 럼리, 존 맥팔레인, 밥 루디스, 해들리 위컴, 클라우스 윌케, 위휘 시에에게 감사드린다.

이 프로젝트는 크리스 베일과 나눈 대화와 짐 무디와의 공저 논문(Healy & Moody, 2014) 그리고 스티브 베이시의 제안으로 시작하게 됐다. 듀크대학교와 케난 윤리 연구소는 이를 살펴볼 시간을 줬다. 마틴과 수전 섀너핸Suzanne Shanahan이 필요한 방을 만들었다. 듀크, 예일, 맥길, 오슬로대학교 및 통계 호라이즌Statistical Horizons의 학생들과 세미나 참가자들은 많은 자료에 관한 테스트 파일럿이었으며 무척 귀중한 의견을 제공했다. 외부 교육 기회를 주신 데 대해 앤디 파파크리스토스, 톰 리틀턴, 토킬드 링스타, 아멜리 퀘스넬 발레, 셸리 클라크, 폴 앨리슨에게 감사한다.

프린스턴대학교 출판부의 메건 레빈슨은 모든 면에서 이상적인 편집자
였다. 메건의 전문적인 지도와 열정으로 이 책의 집필과 제작 전반에 걸
쳐 모든 작업이 예상보다 훨씬 빠르게 이뤄졌다. 익명의 독자 4명은 이
원고를 대폭 개선시키는 데 상세하고도 유용한 의견을 제공했다. 또한
앤드류 겔먼, 에처 하지타이, 매티서 홀리스터, 에릭 로렌스, 매트 살가
닉으로부터도 훌륭한 피드백을 받았다(이 책에 있을 나머지 오류는 물론 내
가 만들어낸 오류다).

로리 폴은 수년 동안 이번 프로젝트와 그 외 프로젝트에 격려와 지원
을 해왔다. 그녀에게 감사하다. Is cuma leis an mhaidin cad air a
ngealann sí.

동료로서의 전문성이나 친구로서의 친절함에 대해 샘 앤서니, 코트니
벤더, 안드레아 디커, 메리 딕슨 우즈, 존 에반스, 티나 페트너, 피에르
올리비에 고린치아스, 에린 켈리, 리즈 모건, 브라이언 스틴스랜드, 크
레이그 업라이트, 리베커 에스트라다 베이시, 스티브 베이시에게 감사
한다. 매리언 포케이드는 이러한 전문성과 친절함뿐만 아니라 공저자로
서의 인내심도 가지고 있다. 내가 이치에 맞지 않는 애를 쓴 건 아닌지
우려가 되기도 한다.

이 책의 대부분은 학기 중 듀크대학교와 채플 힐 사이를 오가는 30분의
짬 동안 로버트슨 스콜라 버스 안에서 썼다. 일상생활에 매우 큰 도움이
되지만 당연한 것으로 생각하기 쉽다. 그 존재는 연결과 협업에 관한 어
떤 노력보다도 손을 쓸 만한 가치가 있다. 버스 앞쪽의 옆으로 마주보고
있는 자리가 최고의 좌석이다.

아일랜드 시의 한 구절로 저자에게 개인적인 의미가 있다고
해 의역하지 않고 그대로 옮긴다. - 옮긴이

| 옮긴이 소개 |

지은(writer@llun.com)

인포메이션 아키텍처, 데이터 시각화, 콘텐츠 큐레이션 등 다방면에 관심이 많다. 장르를 불문하고 글을 짓는 작가들과 어떤 언어로 된 글을 다른 언어의 글로 옮기는 데 힘을 쏟고 있는 모든 이에게 경의를 표한다.

이다양

사용자의 데이터를 쉽게 정리해서 보여주는 UX 디자이너로 일하며, 더 다양한 삶이 공존할 수 있는 내일을 꿈꾼다.

| 옮긴이의 말 |

우선 이 책을 펼쳐 들었다면 당신은 시각화에 관심이 있는 사람일 것이다. 시각화에 관한 책은 이미 많지만 "DO & DON'T" 방식으로 원리원칙을 소개하는 것만으로는 시각화를 이해하는 데 부족하다. 결국 내것으로 만들기 위해서는 연습이 필요하다. 이 책은 기본 원칙뿐만 아니라 그래프를 똑같이 만들어낼 수 있는 실습 과정을 모두 담고 있다. 책의 순서대로 이론을 익히고 예제 코드를 차근차근 따라 해보면 충분한 연습이 될 것이다.

그런데 왜 R일까? 통계용으로나 논문 작성을 위해 쓰던 R 언어가 빅데이터의 확산과 데이터 과학의 발달을 맞아 저변이 넓어지고 있다. 프로그래밍 언어라고 해서 지레 겁먹을 필요는 없다(저자도 프로그래머가 아니며 주변에 실재하는 사회과학 데이터를 청중에게 전달하는 직업을 갖고 있다). 마이크로소프트 엑셀MS Excel을 다룰 줄 알고 피벗 테이블까지 써 봤다면 기본 문법과 개념을 익히는 데는 크게 어렵지 않을 것이다. 더구나 R을 이용하면 대량의 데이터를 엑셀보다 훨씬 빠르게 편집하거나 필터링하고 집계할 수 있어 매우 유용하다. R에는 이렇게 집계한 데이터를 시각화해주는 편리한 라이브러리 ggplot2를 필두로 더 유용한 라이브러리와 새로운 기능이 속속들이 개발되고 있다.

마지막 장까지 완독하면서 이런 기술skill을 모두 익히고 나면 본질의 문제 즉, 데이터를 읽어내는 눈을 갖는 것이 중요하다는 깨달음을 얻을 것이다. 그 다음 단계로 나아가는 데 길잡이가 돼 줄 수 있는 책이다.

이 책의 원제는 'Data Visualization: A Practical Introduction'이지만, 'The Art of Data Visualization(데이터 시각화의 비법 혹은 비책)'이라고 붙여도 좋았을 듯싶다.

요컨대 이론적 기초 없이 무턱대고 코딩부터 시작하면 원칙을 놓친 결과물이 나온다. 반대로 시각화의 원리 원칙부터 익혔다면 이제 그 다음은 어떻게 해야 할지, 이론을 실제로 어떻게 구현하고 만들어내는지가 궁금할 것이다. 이 책은 어느 한쪽에 치우치지 않고 이론과 실습 두 가지 모두를 균형 있게 소개한다. 온라인에서 별도로 예시와 코드를 찾을 필요가 없다. 갭마인더^{gapminder} 데이터셋처럼 사회 현상과 관련된 데이터를 직접 그림과 도표로 바꾸다^{visualize} 보면 자신이 가진 데이터와 현실 문제에 이를 어떻게 적용하면 좋을지 아이디어가 떠오를 것이다.

| 차례 |

1장   데이터 보기   27

2장   시작하기   61

| 들어가며 |

당신은 데이터를 살펴봐야 한다. 그래프와 차트를 통해 수집한 정보의 구조를 탐색하고 배울 수 있으며, 훌륭한 데이터 시각화로 아이디어와 결과물을 다른 사람에게 쉽게 전달할 수 있다. 아울러 다른 사람이 만든 그래프를 읽고 이해하는 데 좋은 안목을 기르는 가장 좋은 방법은 당신의 데이터로 효과적인 그래프를 만들어보는 것이다. 연구 논문, 비즈니스 프레젠테이션, 공공 정책 지지 자료나 언론 보도 등 그 어떤 그래프더라도 말이다. 이 책은 좋은 시각화를 어떻게 하는지 가르쳐준다.

내 목표는 아이디어와 데이터 시각화 방법을 모두 합리적이고 이해할 수 있으며 재현 가능한 방식으로 소개하는 것이다. 에드워드 R. 터프티 Edward R. Tufte가 지은 『The Visual Display of Quantitative Information (정량적 정보의 시각적 표시)』(Graphics, 1983)과 같은 데이터 시각화 관련 일부 고전 연구는 좋은 작업과 나쁜 작업의 수많은 예와 함께 그래프를 구성하고 평가하기 위해 필요한 규칙을 일반적인 취향에 맞추고 경험에 근거해 제시한다. 현재 커다란 번영을 누리고 있는 연구 분야에서, 최근의 연구는 성공한 그래픽과 실패한 그래픽의 인지 기반에 관한 훌륭한 토론이 이뤄지며 역시 설득력 있고 명쾌한 예시를 제공하고 있다 (Ware, 2008). 다른 책들은 다른 상황에서 데이터를 그래프로 표시하는 방법에 대한 훌륭한 조언을 제공하지만(Cairo, 2013; Few, 2009; Munzer, 2014) 책에 있는 그래프를 만드는 데 사용한 도구에 대해 가르쳐주지 않는다. 이는 사용된 소프트웨어가 태블로Tableau, 마이크로소프트 엑셀Microsoft Excel, SPSS와 같이 자체적으로 시각적 안내 자료를 필요로 하며 마우스로 이용 가능한 (독점적이며 값비싼) 특정 애플리케이션이기 때문일 수 있다. 혹은 필요한 소프트웨어는 무료로 사용할 수 있지만 사용법을 보여주는 것은 책의 목표가 아니다(Cleveland, 1994). 반대로 많은 종류의 도표에 관한 코드 "요리법recipe"을 제공하는 훌륭한 쿡북도 있다 (Chang, 2013). 그러나 그러한 이유로 결과 이면에 있는 원칙을 소개할 시간이 없다. 끝으로 이 책에서도 나오는 특정 소프트웨어 도구와 라이브러리를 자세히 알려주는 책도 있다(Wickham, 2016). 이는 독자가 모르는 배경지식을 전제로 하기도 해 초보자가 소화하기 힘들 때가 있다.

방금 인용한 책들은 모두 시간을 들여 읽어볼 만한 가치가 있다. 그러나 사람들에게 데이터로 그래픽을 만드는 방법을 가르칠 때, 당신이 무언가를 하는 이유를 설명하고 동기를 부여할 도입부가 필요함을 재차 발견했다. 하지만 책에 나오는 이미지들을 만드는 데 필요한 세부 사항을 건너뛰지 않는다. 이 책에는 크게 두 가지 목표가 있다. 첫째, 당신이 본문의 거의 모든 내용을 스스로 재현할 수 있는 핵심에 도달하기를 바란다. 둘째, 코드가 왜 그런 식으로 작성되는지 이해했으면 한다. 그러면 자신의 데이터를 볼 때 머릿속에서 거친 그림에서부터 화면이나 인쇄물에 표현되는 고품질 그래픽에 이르는 능력에 확신을 가질 수 있다.

이 책에서 다루는 내용

이 책은 R과 ggplot을 사용해 데이터를 알아보기 위한 원칙과 실습에 관한 실용적인 입문서다. R은 강력하고 광범위하게 사용되며 데이터 분석에 자유롭게 사용할 수 있는 프로그래밍 언어다. 당신은 진작에 R을 사용해본 후 ggplot을 탐색하는 것에 관심을 가졌거나, 아니면 R과 ggplot을 써 본 적은 없지만 데이터를 그래프로 나타내고 싶어 할 수도 있다. 여러분이 R에 대한 사전 지식이 있다고 가정하지 않고 설명하겠다.

필요한 소프트웨어를 설치한 후에는 시각화의 몇 가지 기본 원칙에 관한 개요로 시작한다. 좋은 도표plot의 심미적인 측면뿐만 아니라 길이, 절대적이고 상대적인 크기, 방향, 모양, 색상과 같은 속성을 인식하는 방식에 그 기본 원칙의 효과가 어떻게 뿌리를 내리고 있는지 초점을 맞추고 있다. 그런 다음 R의 강력하고 다양하며 널리 사용되는 시각화 패키지인 ggplot2(Wickham, 2016)를 사용해 도표를 생성하고 세분화하는 방법을 배운다. ggplot2 라이브러리는 "그래픽 문법grammar of graphics"을 구현한다(Wilkinson, 2005). 이 접근법은 데이터의 속성과 그래픽 표현 사이의 관계를 표현함으로써 시각화를 생성하는 일관된 방법을 제공한다.

일련의 작업 예제를 통해 산점도 및 단일 변수의 요약에서 시작해 좀 더 복잡한 그래픽으로 이동하면서 도표를 한 부분씩 작성하는 방법을 학습한다. 주제는 연속적이고 범주화된 도표화를 포함한다. 다루는 주제에는 연속 및 범주형 변수 도표화와 그래픽에 대한 정보 레이어, 그룹화된 데이터를 분할faceting해 만드는 효과적인 "복합적인 소형small multiple" 도표를 포함한다. 그리고 선형 변형, 오차 범위 및 박스플롯과 같은 그래프에서 시각적으로 요약된 정보를 쉽게 생성할 수 있도록 데이터를 변환한다. 또 지도를 만들거나 국가나 주 단위의 데이터를 제시할 때 고려할 가치가 있는 지도에 관한 대안을 제시한다. 또한 데이터셋을 직접 사용하지 않고 통계 모형의 추정치를 사용하는 경우도 다룬다. 여기에서 데이터의 주요 특징key feature 강조, 특정 관심 항목에 레이블 지정, 도표에 주석 달기, 전체 외관 변경과 같은 일반적인 작업을 수행하기 위해 도표를 정제하는 프로세스를 탐색한다. 마지막으로 그래픽 형식의 결과를 다양한 형식으로 여러 분야의 잠재 고객에게 제공하기 위한 몇 가지 전략을 살펴볼 것이다.

이 책의 텍스트와 예제를 잘 따라간다면 독자는 다음을 할 수 있다.

- 효과적인 데이터 시각화의 기본 원칙을 이해한다.
- 일부 그래프와 차트는 효과적인 반면 다른 표들은 왜 정보 전달에 실패하거나 적극적으로 오도되는지 실질적인 감각을 갖는다.
- R에서 ggplot2를 사용해 다양한 범위의 도표를 만드는 방법을 안다.
- 효과적인 프레젠테이션을 위해 도표를 개선하는 방법을 안다.

데이터를 효율적으로 시각화하는 방법을 배우는 것은 데이터에서 수치를 생성하는 코드를 작성하는 방법을 아는 것 이상이다. 이 책은 이를 어떻게 하는지 가르쳐줄 것이다. 그러나 당신이 보여주고자 하는 정보를 어떻게 생각하는지, 스스로가 청중인 경우를 포함해 청중을 어떻게 고려해야 하는지 가르쳐줄 것이다.

이 책은 R에 관한 포괄적인 안내서는 아니다. ggplot으로 할 수 있는 모든 것을 집대성하지도 않는다. 또 일반적으로 ggplot을 사용해 특정 작업을 수행하기를 원하는 예제만 포함하는 쿡북이 아니다(이 두 종류의 책은 이미 있다. '참고문헌' 절을 확인하라). 감탄할 수는 있지만 재현할 수 없는 일련의 아름다운 완성된 예제나 엄격한 규칙 모음이 아니다. 내 목표는 데이터를 수집하고 변수와 가시적인 요소 사이의 관계를 명시하고 이미지를 층층이 쌓아 올리는 등 핵심 단계의 순서를 확실하게 파악하면서 잘 알고 있는 방식으로 그래프를 작성해 R에서 빠르게 시작, 실행하는 것이다. ggplot이 하는 일의 핵심이기도 하다.

ggplot을 배우는 것은 R이 어떻게 기능하는지 익숙해지고 ggplot이 R 언어의 다른 도구와 어떻게 관련 있는지 이해함을 의미한다. 이 책을 읽어 나가면서 R로 데이터를 조작하기 위한 매우 유용한 관용구^{idiom}와 함수, 테크닉을 점차 배워 볼 예정이다. 특히 ggplot이 속한 타이디버스^{tidyverse} 라이브러리가 제공하는 도구를 배우게 된다. 마찬가지로 쿡북은 아니지만 1장을 읽으면 책의 거의 모든 그림을 만드는 데 사용되는 코드를 보고 이해할 수 있게 된다. 대부분의 경우 그림이 조금씩 단계적으로 쌓여 가는 것을 알 수 있다. 이 책의 설계대로 따라간다면 결국에는 책의 코드를 작성하고 스스로 주석을 추가한 코드를 포함한 버전을 만들 수 있을 것이다. 시각화의 규칙이나 원리에 대한 심층적인 내용을 다루지는 않겠지만 1장의 논의와 책 전반에 적용된 내용을 통해 단순한 그래프 유형 목록 이상을 생각해볼 수 있다. 책을 끝마치면 그림을 보고 ggplot의 문법, 다양한 레이어, 모양 및 데이터가 어떻게 결합돼 완성된 도표를 만들 수 있는지 이해할 수 있게 된다.

올바른 마음가짐

R과 같은 프로그래밍 언어를 배우는 것은 약간 혼란스러울 수 있다. 처음에는 뭔가 적절하게 작동하려면 너무 많은 조각이 서로 맞물려 있는 것처럼 보이기 때문이다. 그래서 무엇이든 하기 전에 모든 것을 배워야 할 것처럼 보일 수 있다. 언어에는 "객체^{object}", "함수^{function}", "클래스^{class}"와 같이 작동 방식을 정의하는 생소한 개념이 있을 수 있다. 코드 작성을 위한 구문 규칙은 다소 까다롭다. 오류 메시지는 모호하게 보이고 도움말 페이지는 퉁명스러울 정도로 간단명료하다. 다른 사람들은 당신과 똑같은 문제를 겪지 않았던 것 같다. 그 외에도 한 가지 작업을 하는 것이 종종 언어의 다른 부분을 배우는 것과 관련이 있다고 느낀다. 그래프를 만들려면 데이터 표가 필요하지만, 그에 앞서 일부 행^{row}을 필터링하거나 열^{column}을 다시 계산한다든가 혹은 애초에 데이터를 확인할 컴퓨터를 준비하는 것부터 해야 할 수도 있다. 또한 알아두면 좋을 애플리케이션과 도구를 지원하는 광범위한 환경^{environment}과 사용자가 작성한 내용을 강조 표시^{highlight}하는 편집기, 코드와 출력을 정리할 수 있게 도와주는 애플리케이션, 수행한 작업을 추적할 수 있게 해주는 코드 작성법과 같은 새로운 개념을 포함한다. 이로 인해 약간 혼란스러울 수도 있다.

당황하지 마라. 어딘가에서는 시작해야 하고, 그래픽으로 시작하게 되면 노력한 결과를 매우 빨리 볼 수 있어 다른 시작점보다 보람이 있을 것이다. 이 분야에서 자신감과 역량을 키우면서 일부 문제를 해결하거나 원하는 그림을 만들 수 없는 문제를 해결하는 데 도움이 되는 다른 도구가 점차 눈에 띄게 될 것이다. 따라서 배우기가 쉬워진다. 무슨 일이 일어나고 있는지 완전히 이해하지 않은 상태에서 부분적으로 습득하면 어떻게 서로 잘 어울리는지 이해하게 될 것이고 필요한 일을 스스로 할 수 있는 자신감을 갖게 될 것이다.

심지어 지난 10년 동안 데이터 분석과 프로그래밍의 세계는 일반적으로 도움을 훨씬 쉽게 얻을 수 있는 방식으로 개방됐다. 코딩용 무료 툴은 오래전부터 있었지만 최근 몇 년 사이 "지원 생태계"라고 할 만한 것이 더 좋아졌다. 다양한 부분을 배울 수 있는 더 많은 리소스가 있으며, 그 가운데 많은 자료가 실제로 코드를 작성하는 방법에 중점을 둔다. 즉, 반복적으로 오류가 발생하기 쉬운 방식으로, 이전에 다른 사람들이 부딪히고 해결했던 문제를 고려하는 방식을 지향한다.

이 책의 사용법

이 책은 여러 방법 가운데 하나로 사용할 수 있다. 최소한 시각적으로 데이터 시각화의 모범 사례에 대한 전반적인 개요와 많은 그래픽 작업 예제를 읽을 수 있다. 코드로 작업하지 않더라도 시각화에 대해 생각하는 방법과 좋은 그래픽을 만드는 과정에 관한 이해도를 높일 수 있다. 또한 2장에서 설명한 것처럼 예제와 함께 자신의 데이터를 탐색할 수 있다.

더 유용하게는 2장에서 설명한 대로 설정한 다음 예제를 통해 작업한다면 자신만의 데이터 시각화 책을 완성하게 될 것이다. 이 방법으로 접근하면 결국 ggplot 사용이 익숙해져 R 언어 전반에 관해 더 많이 배울 준비가 될 것이다. 또한 이 책은 주로 데이터 시각화에 초점을 둔 교육 과정이나 통계 또는 데이터 분석과 관련된 학부나 대학원 과정에서 쓰일 수 있다. 내 목표는 그래프를 연마하고 코딩할 때 "숨겨진 작업"을 좀 더 친근하고 명확하게 만드는 것이었다. 많은 튜토리얼에서 흔히 볼 수 있는 "3단계로 올빼미를 그리는 법"[1] 문제가 남아 있지 않은지 확인하고 싶다. 당신은 그 문제를 알고 있다. 처음 두 단계는 충분히 명확하게 표시된다. 새 모양의 타원 몇 개를 스케치한다. 지점을 잇는 줄을 만든다. 그러나 존 제임스 오듀본^{John James Audubon}이 그렸을 법한 올빼미의 마지막 단계는 독자가 스스로 알아낼 수 있다고 간주하는 듯이 간단한 연결로 표현된다.

1. 두 개의 원을 그린다.

2. 추가로 원과 마름모, 선을 그린다.

3. 나머지를 그린다.

새 그림으로 유명한 조류학자이자 화가다. – 옮긴이

---

1 과도하게 축약돼 따라 하는 것이 불가능에 가까운 튜토리얼을 일컫는 말로, 일종의 밈(meme)화된 문장이다. 오듀번의 그림은 아니지만 독자의 이해를 돕기 위해 각색해서 직접 그린 그림을 추가한다. – 옮긴이

R이나 ggplot을 사용해본 적이 없다면 책의 도입부터 시작해 끝까지 진행해야 한다. R에 대해 이미 알고 ggplot의 핵심만을 배우고 싶다면 다음에 설명하는 소프트웨어를 설치한 뒤 3~5장에 집중하라. (모형에 관한) 6장은 이 책에서 충분히 발전시킬 수 없는 통계 모델링에 관한 자료를 부득이하게 포함하고 있다. 이 책은 통계 서적이 아니다. 6장의 다양한 모형에 어떻게 적용하고 작동하는지 보여주지만 다른 접근 방식에 맞추고, 선택하고, 자세히 이해하는 중요한 세부 사항을 다루지 않는다. 이 자료들을 중점적으로 다루는 다른 책들에 관해 본문에서 참고문헌을 제공한다.

각 장은 (책을 읽어 나가는 것과는 별개로) 다음에 어느 방향으로 더 알아볼지 제안하는 절로 끝난다. 때로는 더 공부하는 데 도움될 만한 다른 책이나 웹사이트를 제안하기도 한다. 또한 질문을 하거나 해당 장에서 다루는 내용을 확장하는 몇 가지 과제를 제시해 책에서 배운 개념과 기술을 사용하도록 권장한다.

편집 규약

이 책에서는 일반 텍스트와 직접 입력하고 실행할 수 있는 코드 샘플과 해당 코드의 출력을 번갈아 표시한다. 주요 텍스트에서 R 언어 또는 R 프로젝트의 데이터, 변수, 함수 등의 테이블에 있는 객체 또는 다른 것들에 관한 참조는 고정폭 글꼴monospaced 또는 타자체typewriter로 나타낸다. 콘솔에서 R에 직접 입력할 수 있는 코드는 다음과 같이 회색 상자 내의 고정폭 글꼴로 표시한다.

```
my_numbers ← c(1, 1, 4, 1, 1, 4, 1)
```

코드 한 줄을 R의 콘솔에 입력하면, my_numbers를 생성한다. 그러나 이렇게 하면 출력이 나오지 않는다. 콘솔에서 출력을 생성하는 코드를 작성하면 회색 상자에 코드가 표시되고 흰색 배경에 고정폭 글꼴로 출력된다. 여기 두 개의 숫자를 더한 다음 그 결과를 보자.

```
4 + 1
```

```
## [1] 5
```

이를 읽는 방법에 대한 두 개의 추가 노트로 시작하자. 먼저, 이 책에서 기본적으로 명령을 입력한 결과 콘솔로 돌아오는 모든 내용은 각 출력 행의 시작 부분에 두 개의 해시문자(##)로 시작된다. 이는 콘솔에 입력하는 명령어와 구별하는 데 도움이 된다. R을 사용할 때 콘솔에서 해시문자가 나오지 않는다.

둘째, 책과 콘솔에서 둘 다 (숫자, 변수의 관측 값 등) 일련의 요소들이 결과로 나온다면 줄의 시작 부분에 대괄호 안에 숫자가 포함된 출력을 종종 볼 수 있다. 마치 '[1]'처럼 표시된다. 이는 출력 결과 자체가 아니며 지금까지 출력된 항목 수를 나타내는 카운터 또는 인덱스다. 4+1의 경우 단지 하나, 또는 [1]에 숫자 5를 돌려받는다. 코드문이나 명령어의 결과로 반환되는 요소가 더 많은 경우 카운터는 각 행의 정보를 추적한다. 이 다음 코드에서는 알파벳의 소문자를 표시하도록 R에 명령한다.

```
letters
```

```
## [1] "a" "b" "c" "d" "e" "f" "g" "h" "i" "j"
## [11] "k" "l" "m" "n" "o" "p" "q" "r" "s" "t"
## [21] "u" "v" "w" "x" "y" "z"
```

출력된 문자 수가 카운트되므로 얼마나 많은 문자가 출력됐는지 계산할 때 각 행에서 증가하는 것을 알 수 있다.

시작하기 전에

이 책은 독자가 적극적으로 따라 하고 예제를 작성하며 코드를 시험해 볼 수 있도록 고안됐다. 본문의 거의 모든 도표를 재현할 수 있다. 먼저 몇 가지 소프트웨어를 설치해야 한다. 다음은 해야 할 일들이다.

cloud.r-project.org

1. R의 최신 버전을 구한다. 무료이며 윈도우, 맥, 리눅스 운영체제에서 사용할 수 있다. 운영체제와 호환되는 R 버전을 다운로드한다. 윈도우 또는 맥OS를 사용하는 경우 R 프로젝트의 웹 페이지 상단에 링크돼 있는 미리 컴파일된 바이너리 배포판 (즉, 실행 가능한 애플리케이션) 중 하나를 선택하라.

rstudio.com

2. R이 설치되면 통합 개발 환경^{IDE}인 RStudio를 다운로드한 다음 설치하라. 즉, R의 프론트엔드이므로 훨씬 더 쉽게 작업할 수 있다. RStudio는 무료이며 윈도우, 맥OS, 리눅스 플랫폼에서 사용할 수 있다.

tidyverse.org

3. tidyverse와 R용 몇 가지 다른 애드온^{add-on} 패키지를 설치한다. 해당 패키지는 이 책에서 유용하게 사용할 수 있는 기능을 제공한다. 웹사이트에서 tidyverse의 패밀리 패키지에 관해 더 자세히 알 수 있다.

tidyverse를 설치하려면 인터넷 연결 상태를 확인한 다음 RStudio를 실행한다. "Console"이라는 창에 있는 R의 명령 프롬프트에서 다음 코드를 입력하고 Enter를 누른다. 아래 코드에서 ← 화살표는 '<'를 치고 짧은 대시 또는 마이너스 기호 '–' 두 개를 입력하면 된다.

복사 및 붙여넣기 대신 처음부터 모든 코드 예제를 직접 입력해보길 적극 권장한다.

```
my_packages ← c("tidyverse", "broom", "coefplot", "cowplot",
                "gapminder", "GGally", "ggrepel", "ggridges",
                "gridExtra", "here", "interplot", "margins",
                "maps", "mapproj", "mapdata", "MASS", "quantreg",
                "rlang", "scales", "survey", "srvyr",
                "viridis", "viridisLite", "devtools")

install.packages(my_packages, repos = "http://cran.rstudio.com")
```

RStudio는 이러한 패키지를 다운로드해 설치해야 한다. 모두 다운로드하는 데 시간이 다소 걸릴 수 있다.

이 패키지들을 쓸 수 있게 되면 이 책에 특별히 유용한 마지막 자료 라이브러리를 설치할 수 있다. 마지막 라이브러리는 R의 중앙 패키지 저장소^{central package repository}가 아닌 깃허브^{GitHub}를 사용하므로 다른 함수를   github.com

사용해 가져온다.

```
devtools::install_github("kjhealy/socviz")
```

이 작업을 완료하면 시작할 수 있다.

1 데이터 보기

어떤 데이터 시각화는 다른 시각화보다 더 낫다. 1장에서는 그 이유를 알아본다. 실제로 무엇이 효과적이며 무엇이 그렇지 않은 것에 대한 법칙을 정의하며 시작하고 싶지만, 정말 좋거나 유용한 그래프를 만드는 과정은 모든 상황에서 예외 없이 따라야 하는 간단한 규칙 목록으로 요약할 수는 없다. 당신이 만드는 그래프는 누군가가 보게 될 것을 전제로 한다. 어떤 특정 그래프가 효과적인지는 단순히 추상적으로 어떻게 보이는지 뿐만 아니라 누가 왜 그 그래프를 보느냐에 관한 질문이기도 하다. 전문 저널을 읽는 전문가 대상의 이미지는 일반 대중이 쉽게 해석할 수 없을 수도 있다. 현재 살펴보고 있는 데이터셋을 신속하게 시각화하는 것은 동료나 학생에게 별로 도움이 되지 않을 수 있다.

일부 그래프는 무엇이 효과적일지에 관한 몇 가지 강한 심미적인 판단에 부분적으로 의존하기 때문에 잘 작동한다. 그런 종류의 좋은 판단은 체계화하기가 어렵다. 그러나 데이터 시각화는 단순히 고상한 취향을 표준화하려는 경쟁의 문제가 아니다. 어떤 접근법은 무엇이 더 좋아보이는지를 느끼는 감각보다 인간의 시각적 지각을 바탕으로 더 잘 동작한다. 처음 시작할 때 데이터 시각화의 지각적인 측면을 파악하는 것이 작업물에 대해 신뢰하거나 취향에 기반한 느낌을 얻는 것보다 쉽다. 이러한 이유 때문에 데이터 구조와 그래픽의 지각적 특성 사이의 관계에 대해 먼저 생각해보는 것이 좋다. 그 습관을 습득하면 취향에 기반한 판단을 내릴 수 있는 능력을 키울 수 있다.

나중에 더 살펴보겠지만, R과 ggplot으로 데이터를 사용해 작업할 때 많은 시각화의 미덕virtue을 무료로 얻을 수 있다. 일반적으로 ggplot 그래픽의 기본 레이아웃과 모양이 적절하게 선택돼 있다. 이는 최적의 작업을 더 쉽게 만들어준다. 만약 여러분이 지금 당장 몇 가지 도표를 만드는 방법을 배우고 싶다면 1장을 모두 건너뛰고 2장으로 바로 넘어갈

수 있다는 뜻이기도 하다. 그러나 다음 몇 페이지에 관한 코드를 쓸 생각은 없지만 작성하려는 코드와 관련해 그래프 구성, 인식 및 해석의 측면을 논의할 것이다. 그래서 1장의 설명을 건너뛰지 말고 따르길 권한다. 그래프를 만들 때 올바른 경로를 유지하기 위해 소프트웨어가 할 수 있는 일이 너무 많다. 프로그램이 당신 자신과 데이터, 청중에게 정직하게 대하도록 강요할 수는 없다. 사용하는 도구는 올바른 표준을 따르는 데 도움이 될 수 있다. 그러나 도구들이 당신이 옳은 일을 하도록 만들 수는 없다. 즉, 그래프에 대한 자신만의 좋은 감각을 익히는 것이 합리적이다. 먼저 테이블이나 수치 요약에 의존하는 대신, 데이터의 그림을 봐야 하는 이유를 묻는 것으로 시작하겠다. 그런 다음 몇 가지 예를 설명한다. 처음에는 나쁜 시각화 예시로 시작한 후 그보다 훨씬 더 긍정적인 결과물을 보여준다.

시각화의 일반적인 경험 법칙의 유용성과 한계를 검토하고 세련되고 잘 구성된 그래픽조차도 우리를 오도할 수 있음을 보여줄 것이다. 여기서는 모양, 색상 및 대상 간의 관계에 대한 인식을 간략히 살펴볼 것이다. 핵심은 말 그대로 무언가를 다른 것보다 훨씬 쉽게 볼 수 있다는 것이다. 이러한 데이터 시각화의 인지적 측면은 사람들이 어떤 그래프를 해석하기 어렵게 만든다. 인지와 인식은 다른 면에서도 관련이 있다. 이를테면 우리는 그래픽 데이터를 해석하는 방식으로 볼 수 있는 객체 간의 관계에 대해 추론하는 경향이 있다. 한 페이지에 점과 선을 배치하면 유사성^{similarity}, 군집화^{clustering}, 차이 구별, (때로는 무의식적으로) 인과 관계에 대해 추론하게 만든다. 혹은 이러한 인식 경향을 정직하게 활용해 그래픽을 좀 더 효과적으로 만들 수 있다. 그러나 지각적 경향이 잘못 인도하는 수가 있으니 너무 많이 의존하지 않도록 주의해야 한다.

간단히 말해 좋은 시각화 방법은 데이터 조사, 이해, 설명 과정에서 사용해야 하는 매우 가치 있는 도구를 제공한다. 그러나 효과적인 시각화 방법은 세계를 실제 그대로 볼 수 있는 마법의 수단이 아니다. 의도하는 바가 있다면 시각화는 다른 사람들은 물론 당신 스스로를 속이도록 만들지도 모른다.

1.1 왜 데이터를 보는가?

그림 1.1의 앤스콤^{Anscombe}의 4종류 데이터 집합(Anscombe, 1973; Chatterjee & Firat, 2007)은 데이터의 시각적 형태로써 주장하고자 하는 바를 보여준다. 여기에서는 산점도^{scatterplot} 4개를 이용한다. 산점도는 데이터와 높이와 무게, 나이와 소득, 또는 시간과 실업률처럼 두 가지 양 사이의 관계를 보여준다. 산점도는 사회과학에서 데이터 시각화의 핵심 요소다. 앤스콤의 도표용 데이터는 R에 번들로 제공된다. 명령 프롬프트에서 **anscombe**을 입력해서 볼 수 있다. 4개로 구성된 "데이터셋 ^{dataset}"에는 각각 11가지 x와 y의 관측 값이 들어 있다. 구성에 따라 평균^{mean}과 같은 x와 y 변수 각 쌍의 수치형 특성은 거의 동일하다. 또한 각 x와 y쌍 사이의 연관 표준 측정값도 일치한다. 상관계수는 모든 케이스에서 강력한 값인 0.81이다. 그러나 x 변수는 가로축에, y 변수는 세로축에 두고 데이터셋을 산점도로 시각화해보면 그 차이를 쉽게 알 수 있다.

앤스콤의 4종류 도표는 극단적으로 만들어진 예시다. 하지만 실제로 데이터를 시각화해 얻을 수 있는 이점을 보여줄 수 있다. 그림 1.2는 잭맨^{Jackman}(1980)의 그래프, 휴이트^{Hewitt}(1977)의 짧은 코멘트다. 원래의 논문은 18개국을 정량 분석한 결과에 근거해서 유권자 투표율과 소득 불평등 사이의 중요한 연관성을 주장했다. 그러나 이 관계를 산점도 그래프로 그리자 정량적 연관성은 샘플에 남아프리카공화국을 포함시키느냐에 전적으로 의존한다는 것이 바로 밝혀졌다.

얀 반호브^{Jan Vanhove}(2016)의 설명은 모형 적합과 데이터를 동시에 보는 것이 유용함을 보여준다. 그림 1.3은 산점도의 배열을 나타낸다. 앤스콤의 4종류 도표와 마찬가지로 각 패널은 두 변수 사이의 연관성을 보여준다. 각 패널 내에서 x와 y 변수 사이의 상관관계는 0.6으로 설정돼 상당히 좋은 연관성을 갖는다. 그러나 점의 실제 분포는 각 경우마다 다른 프로세스에 의해 생성된다. 왼쪽 상단 패널에서 각 변수는 일반적으로 평균값 주위에 분포한다. 다른 패널에는 한 방향 또는 다른 방향으로 떨어져 있는 단일 외곽 지점이 있다. 다른 것들은 더욱 미묘한 규칙에

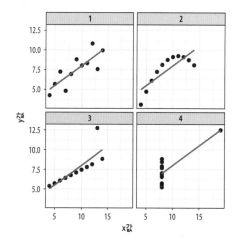

그림 1.1 앤스콤의 4종류 도표

상관관계는 −1에서 1까지 될 수 있으며, 연관성이 없음을 0으로 한다. 점수 −1은 두 값 사이에 완벽한 음의 연관성을 의미하며 점수 1은 완벽히 양의 연관성이다. 따라서 0.81은 강한 양의 상관관계로 간주된다.

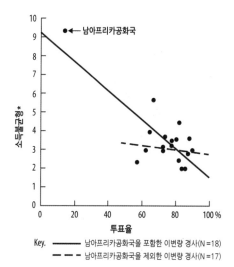

그림 1.2 회귀선에 대한 이상치(outlier)의 영향 확인

더욱 신중한 정량적 접근법은 적절한 민감도 분석을 통해 이 문제를 발견했을 수도 있다. 그러나 그래픽은 직접적으로 증명하고 있다.

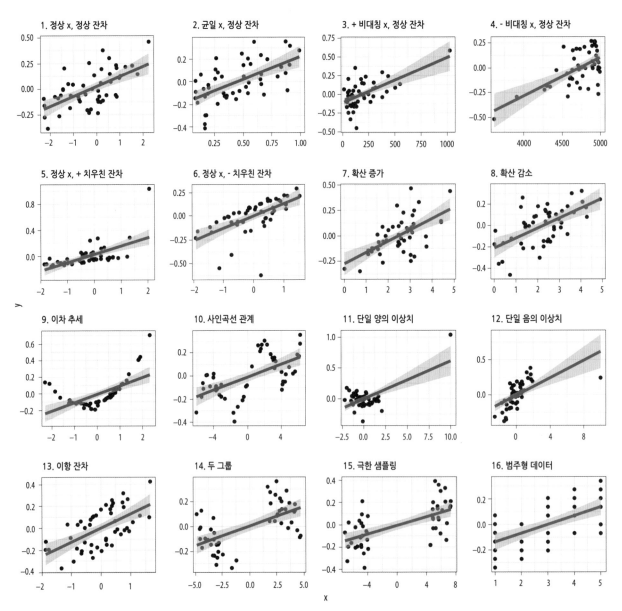

그림 1.3 어떤 데이터 패턴은 상관관계 뒤에 놓일 수 있는가? 이 모든 도표에서 상관계수는 0.6이다. 얀 반호브의 코드에 적용된 그림

의해 만들어진다. 그러나 각각은 동일한 기본 선형 연관성을 생성한다. 이와 같은 도해는 데이터를 봐야 하는 이유를 보여준다. 그러나 이것이 데이터를 보는 것만이 해야 할 일의 전부라는 뜻은 아니다. 실제 데이터 셋은 지저분하며 그래픽으로 표시하는 것이 매우 유용하지만 자체적으로 문제가 발생한다. 다음에서 볼 수 있듯이 어떤 종류의 시각적 작업이 가장 효과적이며, 불필요할 수 있으며, 때로는 연구자와 청중 모두에게 잘못 읽힐 수 있는 경우 상당한 논란이 된다. 겉보기엔 진지해보이고 권위 있는 수치 표와 마찬가지로 데이터 시각화는 그럴듯한 자체 미사여구rhetoric를 가지고 있다. 그럼에도 앤스콤의 4종류 도표와 특히 많은 양의 데이터에 대한 요약 통계와 모델 추정치는 의도적으로 단순화하려는 도구이자 그림에 표시된 것처럼 구름같이 모여 있는 데이터 포인트를 간과할 수 있는 방법이라고 생각해야 한다. 데이터를 보는 것만으로는 질문에 대한 정답을 자동으로 얻지는 못할 것이다.

1.2 무엇이 나쁜 결과를 만드는가?

나중에 바람직한 행동을 하도록 유도하기 위해 "기괴한 퍼레이드"로 데이터 시각화에 대한 설명을 시작하는 것이 일반적이다. 편의상 우리의 문제는 세 가지 유형으로 나눈다. 몇몇은 순전히 미적인aesthetic 면에 문제가 있다. 우리가 보고 있는 그래프는 어떤 방식으로든 엉성하거나, 감각적이지 않거나, 못생기고 일관성 없는 선택으로 뒤죽박죽 섞여 있다. 두 번째, 일부는 본질적substantive 문제다. 여기서 보여주고 있는 데이터 때문에 문제가 있을 수 있다. 미적 감각은 그래프를 더 나아 보이게 할 수 있지만, 우리가 해야 할 일은 가지고 있는 데이터를 좀 더 잘 활용하거나 새로운 정보를 대신 가져와 그리는 것이다. 마지막으로 몇 가지 문제는 지각적perceptual이다. 이 경우 훌륭한 미적 감각과 좋은 데이터를 사용하더라도 사람들이 그래프를 인식하고 처리하는 방식 때문에 혼란을 가져오거나 오해의 소지가 있다. 이러한 요소는 흔히 함께 발견되는 반면 서로 구별된다는 것을 이해하는 점이 중요하다.

실제로 기괴한 퍼레이드(parade of horribles)가 있으나 여기서는 일종의 수사적 표현이다. 극도로 바람직하지 않은 사건들(최악의 시각화 예시)을 열거함으로써 특정한 행동(부적절한 시각화)을 하는 것을 막으려는 것이다. – 옮긴이

멋이 없음

먼저 나쁜 인상^{Bad taste}부터 시작하자. 그림 1.4의 차트는 조잡하며 주어진 정보량에 비해 너무 과하게 표현됐다. 막대는 읽고 비교하기가 어렵다. 불필요하게 레이블을 복제했고 3차원 효과, 그림자, 기타 불필요한 디자인 특성을 무의미하게 사용했다.

이러한 시각화 스타일의 가장 유명한 비평가이자 이 분야에서 가장 잘 알려진 유행 선도자는 에드워드 터프티^{Edward R. Turfte}다. 터프티의 『The Visual Display of Quantitative Information(정량적 정보의 시각적 표시)』(Graphics, 1983)는 이 분야의 고전이며 속편 또한 널리 읽히고 있다. 이 책의 대부분은 좋은 시각화와 나쁜 시각화의 사례들로 구성돼 있고 여기에서 뽑아낸 더 일반적인 (또는 경험에 의한) 원칙으로 이뤄져 있다. 부엌에서 매일 사용하는 요리책^{cookbook}보다는 완성된 요리에 관한 참고서에 가깝다. 동시에 터프티의 초기 정치 학술 연구는 자신의 아이디어를 연구 문제에 효과적으로 적용했음을 보여준다. 터프티의 또 다른 저서 『Political Control of the Economy(경제의 정치적 통제)』(Princeton University Press, 1978)는 원서가 나온 1978년에서 거의 40년 후인 오늘날 봐도 무척이나 신선한 방식으로 결합한다.

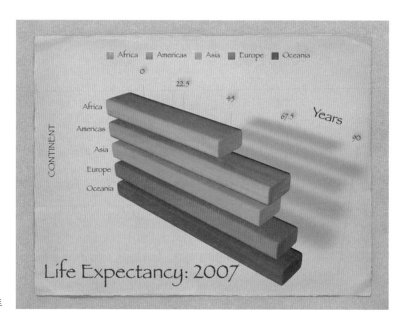

그림 1.4 상당량의 쓸모없는 자료(junk)가 들어 있는 차트

터프티의 메시지는 때로는 답답할 때도 있지만 나름의 일관성이 있다.

> 그래픽의 탁월함graphical excellence이란 본질적, 통계적, 디자인적 문제에 관한 흥미로운 데이터를 잘 설계해 표현한 것이다. … 명확성, 정확성, 효율성으로 소통하는 복합적인 개념으로 구성된다. … 가장 작은 공간에 최소한의 잉크로 최단시간 내에 최대한의 아이디어를 독자에게 전달하는 것이다. … 거의 항상 다변량multivariate이다. … 그리고 탁월한 그래픽은 데이터에 대한 진실을 표현해야 한다(Tufte, 1983, 51).

터프티는 샤를 조셉 미나르Charles Joseph Minard가 모스크바에서 나폴레옹이 퇴각한 역사에 관해 시각화한 유명한 도표를 그림 1.5에서 보여줬다.

터프티는 이 이미지가 "지금까지 그려진 최고의 통계 그래픽일지도 모른다"고 말하며, "다변수 데이터를 통해 풍부하고 일관된 이야기를 하며 시간이 지남에 따라 뛰는 단일 숫자보다 훨씬 더 계몽적인 이야기를 전한다. 여기에는 군대의 크기, 2차원 표면상의 위치, 군대의 이동 방향과 모스크바에서 퇴각하는 동안의 여러 날짜의 온도와 같은 6개의 변수가 그려져 있다"고 언급했다.

미나르의 이미지가 당대의 통계 그래픽과 얼마나 동떨어져 있는지 주목할 필요가 있다. 최근까지도 산점도나 막대그래프를 응용하거나 일반화할 때 원 데이터raw data를 더 많이 보거나 통계 모형에서 파생된 결

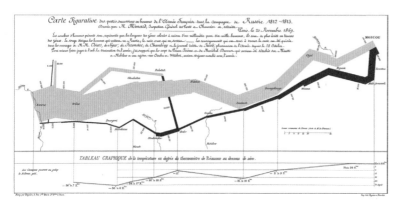

그림 1.5 미나르가 시각화한 나폴레옹의 모스크바 퇴각. 고전으로 인용되곤 하는데, 특성이 전형적이지 않고 모방하기 어렵다.

과를 보려는 경향이 있었다. 미나르의 시각화는 표시되는 데이터의 양을 늘리거나 패널 내에 표시되는 변수의 수 또는 도표 내에 표시되는 패널 수를 늘리는 방법을 찾는다. 현대의 시각화는 예상치, 신뢰구간 및 예측 확률과 같은 결과를 쉽게 이해할 수 있는 방법으로 찾는 법을 모색한다. 터프티는 미나르의 시각화를 두고 "묘사의 힘과 기획력을 존경받을 수는 있지만 1백만분의 1의 멋진 그래픽을 만드는 방법에 대한 구성 원칙은 없다"라고 인정한다. "더 일상적인 보통의 디자인"을 위해 할 수 있는 최선의 방법은 다음과 같다. "적절하게 선택한 형식 및 디자인", "단어, 숫자 및 그림 그리기", "접근하기 쉬운 세부 묘사 표시", "차트정크chartjunk를 포함한 내용 없는 장식 피하기" 등이다(Tufte, 1983, 177).

그래프에 표시된 정보를 이해하는 데 불필요하거나 주의를 산만하게 하는 차트 및 그래프에 포함된 모든 시각적 요소를 말하며, 터프티가 만든 용어다. − 옮긴이

실제로 이러한 구성 원칙은 "데이터 대 잉크data-to-ink" 비율을 극대화하는 데 도움이 됐다. 이 조언은 실용적이다. 조악한 잡동사니를 버리는 것은 어렵지 않다. 차트가 다른 시각적 발돋움(스캐폴딩) 없이도 수행할 수 있다는 사실을 조금 더 강하게 보여준다. 글자체를 깨끗이 정리하고 불필요한 색과 배경을 제거하고 격자선, 불필요한 축 표시나 필요 없는 키와 범례를 단순화하고 음소거를 하거나 삭제할 수 있다. 이를 종합해보면 "단순화하라, 단순화하라"에 대한 확고한 원칙은 차트가 효과적이려면 불필요한 부분을 남기지 않는 것이라고 생각할 수 있다. 하지만 안타깝게도 이는 사실이 아니다. 니겔 홈즈Nigel Holmes의 "무시무시한 비용Monstrous Costs"(그림 1.6)은 평범한 다른 선택지보다 더 쉽게 회상recalled된다(Bateman et al., 2010). 청중이 이런 표를 더 쉽게 해석하지는 못하지만, 더 쉽게 기억할 뿐만 아니라 보는 재미도 더 있는 것처럼 보인다. 또한 단순히 정보를 전달하려는 것이 아니라 가치 판단과 더 직접적으로 연관짓는다. 보킨Borkin 외(2013)는 또한 시각적으로 독특한 인포그래픽 스타일의 그래프가 좀 더 일반적인 통계 시각화보다 기억에 남는다는 것을 발견했다("초등학교 때부터 접해 온 가변성이 제한된 시각화보다 독특하고 예기치 않은 시각화가 더 잘 기억될 수 있다"라고 언급했다).

더 나쁜 것은 실제로 데이터 대 잉크 비율을 극대화하는 그래픽이 좀 더 여유로운 그래픽보다 해석하기 더 어려운 경우일 것이다. E. W. 앤더슨

그림 1.6 니겔 홈즈의 "무시무시한 비용"(1982) 또한 비슷한 부류의 고전이다.

E. W. Anderson 외(2011)는 그림 1.7에 제시된 6가지 박스플롯 중 터프티의 작업물(C)인 미니멀리스트 버전은 청중이 가장 해석하기 곤란하거나 인지하기 어려운 것으로 판명됐다. 레이블과 격자 선^gridline 같은 단서^cue는 데이터 포인트나 다른 디자인 요소의 일부 절대적으로 불필요한 장식과 함께 해석을 방해하기보다는 도움이 될 수 있다.

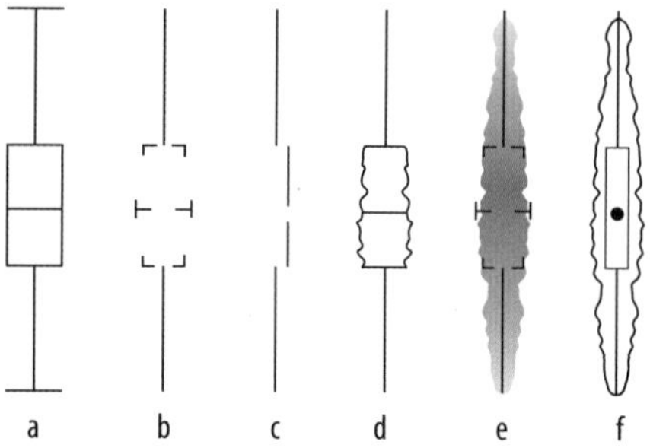

차트정크는 장점이 전혀 없다고 볼 수 있지만 회상의 용이함이 많은 그래픽 사이에서 단 하나의 미덕임을 명심하라. 또한 정의에 따르면 미나르의 나폴레옹 퇴각 그래프가 지닌 영향을 모방하는 것보다 "무시무시한 비용"과 같은 차트 구성을 체계화하는 것이 더 쉽지 않은 경우도 있다. 사실, 차트정크에 관한 문헌은 두 사람이 공통적으로 몇 가지 자질을 가지고 있음을 시사한다. 확실히 미나르의 그림은 훌륭하리만큼 데이터가 풍부하지만 홈즈의 차트는 그렇지 않다. 그러나 둘 다 눈에 띄는 특징을 지니고 있어 인상적인 디자인을 보여주며, 앞으로 독자 여러분이 보거나 만들게 될 대부분의 통계 그래프와 다를 것이다.

그림 1.7 6가지 종류의 요약 박스플롯. 유형 (c)는 터프티에서 나온 것이다.

나쁜 데이터

일상 업무에서 "무시무시한 비용" 또는 "나폴레옹의 피정" 중 하나를 만들 위험성(?)은 거의 없다. 그보다는 멋지고 잘 디자인했지만 잘못된 데이터를 사용했기 때문에 사람들이 오도할 수 있는 표를 만들 가능성이 훨씬 높다. 불필요한 요소가 거의 없거나 잘 정돈된 표가 데이터를 체리피킹^cherry-picking하려는 시도나 오해의 소지가 있는 정보를 자체적으로 막지는 않는다. 사람들이 질 나쁜 인포그래픽을 경계하는 상황에서, 잘 만들어진 표에서 나타나는 "후광 효과^halo effect" 때문에 일부 사람들을 오도하기 더 쉬울 수도 있다. 혹은 데이터를 살펴볼 때 더 일반적이고 좋은 시각적 속성이 본질을 바라보는 것을 어렵게 만들 수 있다.

2016년 11월 「뉴욕 타임즈」는 민주주의 제도에 관한 대중의 신뢰도 연구를 발표했다. 정치학자 야스카 뭉크^Yascha Mounk와 로베르토 스테판 포아^Roberto Stefan Foa가 학술지에 게재한 내용이다. 헤드라인은 "민주주의

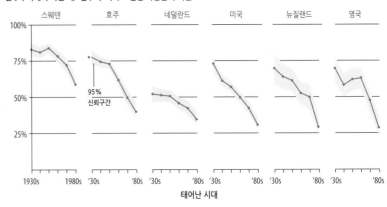

민주주의에서 사는 게 "필수적"이라고 말한 사람들의 비율

그림 1.8 민주주의에 대한 믿음의 위기? (자료: 로베르토 슈테판 포아와 야스카 뭉크, "분열의 징후", 민주주의 저널, 28(1), 5-16)

는 얼마나 안정적인가? '경고등에 빨간불이 들어온다'"(Taub, 2016)였다. 그림 1.8에서 재현된 이 논문의 그래프는 확실히 쇠퇴하고 있는 듯 보였다.

그래프는 인상적이며 소셜미디어에 널리 퍼졌다. 이 우아한 소형 복합 표는 식별할 수 있는 범위 외에 오류 범위(무엇인지 모를 수도 있는 사람들을 위해 표시됨)를 알려준다. 그리고 각 국가별 패널을 통해 이야기한 내용은 상당히 일관적이다.

그림은 해석하기가 약간 까다롭다. x축 레이블에 나와 있듯이 기본 데이터는 서로 다른 시간에 모든 사람을 측정하는 종단 연구가 아니라 다양한 연령대의 사람들을 대상으로 한 횡단 연구의 데이터다. 따라서 이 선들은 1930년대부터 10년마다 측정된 추세를 나타내는 것이 아닌, 별개의 수십 년간 태어난 사람들이 제공한 응답의 차이를 보여준다. 이 경우 막대그래프가 결과를 표시하는 데 더 적합했을 수 있다.

더 중요한 점은 이 스토리가 알려지고 설득력 있는 그래픽이 추가되면서 그래프의 기초가 되는 세계 가치관 조사World Values Survey 데이터를 알고 있던 학자들은 다른 것을 발견했다. 그래프는 마치 사람들이 민주주의에서 사는 것이 필수적이라고 생각하느냐는 질문을 받은 것처럼 보이고, 그 결과는 "아니요"라고 대답한 사람들과 달리 "예"라고 답한 응답자의 비율을 보여준다. 그러나 실제로 이 설문 조사는 응답자들에게 민주주의에서 사는 것의 중요성을 10점 만점으로 평가하도록 요구했는데,

이 예를 선택한 한 가지 이유는 글을 쓰는 시점에 일부 서방 국가에서 민주 정부에 대한 사람들의 헌신의 안정성에 대해 우려하는 것은 비합리적이지 않기 때문이다. 아마 뭉크의 주장이 옳을지도 모른다. 그러나 그러한 경우, 어떤 이유로든 이미 생각한 것을 말하도록 하는 것과는 대조적으로 데이터 스스로 얼마나 많은 데이터를 우리에게 말하게 하느냐가 문제다.

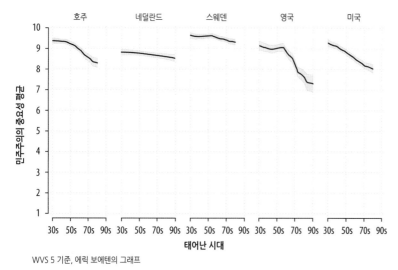

WVS 5 기준, 에릭 보에텐의 그래프

그림 1.9 아마도 위기는 과장됐다(에릭 보에텐).

1점은 "전혀 중요하지 않다"이고 10점은 "절대적으로 중요하다"였다. 이 그래프는 평균 점수의 변화가 아닌 10점을 준 사람들의 연령대별 차이만 보여주고 평균 점수는 이야기하지 않는다. 출생 연도에 따라 약간의 차이가 있지만, 이들 국가의 대부분의 사람들은 10점 만점인 "절대적으로 중요하다"라고 평가하진 않더라도 민주주의적인 삶의 중요성을 매우 높게 평가하는 경향이 있다. 정치학자 에릭 보에텐Erik Voeten은 평균 응답을 사용해 그림을 다시 그렸다. 결과는 그림 1.9에 나와 있다.

여기에서 보이는 변화는 y축을 그리는 방법의 차이 때문이 아니다. 이는 그래프에 보편적으로 나타나는 문제이며 곧 논의할 것이다. 이 경우 「뉴욕 타임즈」 그래프와 보에텐의 대안은 모두 가능한 값의 범위를 포함하는 척도를 가진다(전자의 경우 0~100%, 후자의 경우 1~10). 오히려 다른 측정값이 표시돼, 가능한 가장 높은 답변의 추세가 아니라 평균 점수의 추세를 보이고 있다. 대체로 10점 척도에서 0.5점에서 1.5점 사이의 점수가 순서대로 연령 집단별 평균 점수에서 여전히 감소한 것으로 보인다. 그것은 민주주의에 대한 믿음의 붕괴에 대한 조기 경보 신호일 수도 있고, 다른 것으로 설명될 수도 있다. 보에텐의 그래프에서 y축이 0-10 스케일 전체가 아니라 감소 범위를 나타내는 데이터를 표시하는 것이 합리적일 수도 있다(곧 다른 예제를 보게 될 것이다). 그러나 최초의 연구 논문에서 신문에 나온 데이터가 아닌 보에텐의 데이터 버전을 제시했다면 이 기사가 「뉴욕 타임즈」에 실리지 못했을 수도 있다고 할 수 있다.

나쁜 인식

세 번째 범주의 나쁜 점은 데이터와 시각적 속성^{aesthetic}의 차이에 있다. 시각화는 선, 도형, 색상으로 숫자를 인코딩한다. 즉, 이러한 인코딩에 대한 해석은 우리가 형상^{geom} 모양과 관계를 전반적으로 인지하는 방법에 부분적으로 달려 있다. 오랫동안 인코딩된 데이터가 사람들을 오도한다고 알려졌다. 터프티(1983)는 와이너^{Wainer}(1984)와 마찬가지로 무수한 사례를 보여준다. 그들이 인용한 많은 사례는 불필요하게 도표에 표시된 차원의 수를 곱한 것이다. 예를 들어 길이를 표현할 때 영역을 사용하면 관측치 간의 차이를 크게 나타낼 수 있다.

기하학적 도형 객체(geometric object)를 가리켜 geom이라고 부른다. 이후 플롯 형태에 따라 geom_bar, geom_boxplot 등의 함수명으로 사용한다. 더 많은 형태는 다음 링크에서 찾아볼 수 있다. https://ggplot2.tidyverse.org/reference/ – 옮긴이

터무니없는 오용이 예전만큼 흔치 않지만 도표에 차원을 추가하는 것은 여전히 유혹으로 남아 있다. 일례로 그림 1.10은 최신 버전의 MS 엑셀을 사용해 만든 3차원 막대그래프다. 이와 같은 그래프는 비즈니스 프레젠테이션과 매스컴에서 흔히 볼 수 있으며 학술지 논문에서도 볼 수 있다. 여기서 우리는 엑셀의 기본 설정을 사용해 너무 많은 불필요 요소를 피하려고 노력한다.

공평을 기하자면, 3차원 형태는 엑셀 막대그래프의 기본 유형이 아니다.

차트 왼쪽에 표시된 셀을 통해 알 수 있듯이, 도표로 나타내려는 데이터는 별로 복잡하지 않다. 심지어 y축(그리고 z축)에 그리드 선을 그리고 레이블을 지정해 도움을 주려고 한다. 그래프의 기본 앵글과 조합된

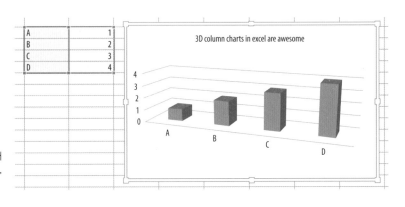

그림 1.10 맥용 MS 엑셀에서 생성한 3차원 세로 막대그래프. 믿기 어렵겠지만 막대가 보여주는 값은 1, 2, 3, 4다.

3차원 열은 표시되는 값을 실제로 셀에 있는 값과 매우 다르게 만든다. 각 열은 실제 값보다 다소 작은 것처럼 보인다. 마음의 눈을 가늘게 뜨고 보면 앵글이 움직여서 막대가 정면으로 향하게 되면 칼럼이 축 지침과 일렬로 정렬되는 것을 볼 수 있다. 그러나 현재 상태로는, 누군가는 차트에 표시된 값이 틀린 답을 줄 수 있는지 물었다.

많은 통계 그래픽 일반 사용자는 과도한 장식을 피할 만큼 충분한 지식을 갖추고 있다. 그래서 마치 평이한 선 대신 3차원 리본을 쓰는 것처럼 단순한 추세를 지나치게 정교한 프레젠테이션으로 표현하는 것을 경계한다. 또한 대부분의 최신 그래픽 소프트웨어의 기본 설정은 사용자가 이러한 기능을 도표에 추가하는 작업을 조금 더 어렵게 만드는 경향이 있다.

기본 숫자가 합리적이고 소프트웨어의 기본 설정이 적절하며 차트 표시는 대부분 불필요한 것이 없더라도, 일부 차트는 다른 차트보다 해석하기가 더 어렵다. 청중이 이해하기 어려운 방식으로 데이터를 인코딩하기 때문이다. 그림 1.11은 x축에 몇 년 간의 시간, y축에 값이 있는 누적 막대그래프를 보여준다. 막대는 전체 값을 보여주며, 각 연도별 관측치에 대한 서로 다른 범주의 상대적 기여도에 따라 세분화된다. 이와 같은 차트는 시간 경과에 따른 총 매출에 대한 다양한 제품의 절대적인 기여도 또는 변화하는 인구 집단의 다양한 그룹의 수를 보여주는 경우에 일반적이다. 비슷한 경향을 보이는 누적 선그래프는 x축에서 10년 동안 분기별 관찰과 같은 많은 관측점이 있는 데이터에서도 일반적이다.

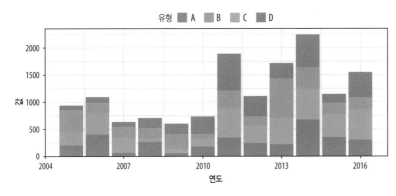

그림 1.11 해석하기 어려운 군더더기가 없는 그림. 누적 막대그래프는 1,500개의 전체 트렌드를 명확하게 나타내지만 막대 내 범주의 추세는 파악하기 어렵다. 이는 추세의 기본 속성 때문이기도 하다. 하지만 만약 추가한 데이터가 이해하기 어렵다면 아예 처음부터 포함하지 말아야 한다.

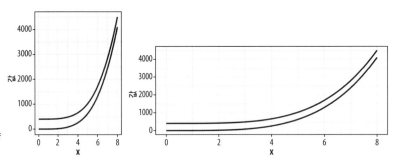

그림 1.12 종횡비는 변화율에 대한 우리의 인식에 영향을 미친다(윌리엄 클리블랜드의 예제 참고).

이와 같은 차트에서 전반적인 추세를 쉽게 해석할 수 있으며 x축 기준선에 가장 가까운 범주의 초과 근무 패턴(이 경우 유형 D는 보라색)을 쉽게 따라갈 수 있다. 그러나 다른 범주의 기복은 그렇게 쉽게 파악되지 않는다. 유형 B나 C의 절대 및 상대 비율을 비교하는 것은 해당 유형 내 또는 다른 유형 간 경향을 비교하길 원하는지에 관계없이 훨씬 더 어렵다. 상대 비교에는 안정적인 기준이 필요하다. 이 경우 x축이 기준이므로 전체 추세와 유형 D의 추세를 다른 추세보다 훨씬 쉽게 볼 수 있다.

다른 종류의 문제가 그림 1.12에 나와 있다. 왼쪽 패널에서 x값이 커짐에 따라 수렴하는 모습을 한눈에 알 수 있다. 그래프를 더 확장한다면 두 곡선은 교차할 것처럼 보인다. 오른쪽 패널에서 곡선은 처음부터 등거리에 있다. 그러나 각 패널에 표시된 데이터는 동일하다. 왼쪽 패널의 명백한 수렴은 그림의 종횡비에 따른 결과일 뿐이다. 이러한 취지는 좋은 안목을 갖고 있거나 데이터-잉크 비율을 극대화하기 위한 일반적인 규칙을 따른다고 해도 쉽게 해결할 수 없다. 대신 그래프를 해석할 때 지각이 하는 역할을 좀 더 알아야 한다. 다행히 지난 25년 동안 이 분야에서 많은 연구가 이뤄졌다.

1.3 지각 및 데이터 시각화

시지각^{visual perception}에 관한 자세한 설명은 이 책의 범위를 벗어나지만 사람이 사물을 보는 방식에 관한 단순한 감각조차도 일부 도표들은 효과적인 데 반해 다른 자료들은 왜 그렇지 않은지 이해하는 데 도움이 된다. 이러한 주제와 관련한 자세한 논의를 위해 콜린 웨어^{Colin Ware}의 정보 디자인 책은 그래프, 인물, 데이터를 표현하는 시스템을 설계하는 사람들의 관점에서 시각적 인식에 관한 연구의 탁월한 개요다(『데이터 시각화, 인지과학을 만나다』(에이콘, 2015).

가장자리, 대조, 색상

데이터로 된 그림을 본다는 것은 선, 형태, 색을 본다는 뜻이다. 사람의 시각 체계는 우리가 어떤 요소들을 다른 것보다 더 쉽게 볼 수 있는 방식으로 동작한다. 근본적인 세부 사항은 시각 과학의 소관이기 때문에 여기서는 약간 모호한 용어로 설명한다. 이 현상의 원인이 되는 정확한 메커니즘은 종종 진행 중인 연구의 주제다. 이 자료를 요약하거나 평가하려는 것은 아니다. 어쨌든 상세한 설명과는 별개로 지각 현상의 존재 자체는 다양한 종류의 시각효과 또는 "착시 현상"을 통해 직접 입증될 수 있다. 이러한 효과는 인식이 정신적 표현을 생성하는 직접적인 시각적 입력의 단순한 문제가 아님을 보여준다. 오히려 우리의 시각 체계는 어떤 일을 매우 잘 수행하도록 조정돼 있으며, 여기에는 대가가 따른다.

지각의 능동적인 본질은 오랫동안 인식돼 왔다. 그림 1.13의 헤르만 격자^{Hermann Grid} 효과는 1870년에 발견됐다. 유령 같은 얼룩은 격자의 교차점에 나타나는 것처럼 보이지만 직접 보지 않는 경우에만 나타난다. 관련 효과는 그림 1.14의 '마하 밴드^{Mach band}'에 나와 있다. 회색 막대일 때 경계를 공유하면 그들 사이에 명백한 대조가 증가한다.

말하자면 시각 체계가 절댓값보다는 막대 휘도(또는 밝기)의 상대적인 차

그림 1.13 헤르만 격자 효과

그림 1.14 마하 밴드. 왼쪽에는 5개의 회색 막대가 어둡고 밝은 순서로 정렬돼 있으며 그 사이에는 간격이 있다. 오른쪽에는 막대 사이에 간격이 없다. 해당 막대의 밝기 또는 휘도가 동일하다. 그러나 막대가 닿으면 어두운 부분이 어두워지고 밝은 부분이 더 밝아진다.

그림 1.15 체커 그림자 착시(에드워드 아델슨)

이를 기반으로 해 보고 있는 것을 표현하려고 한다고 말할 수 있다. 마찬가지로 헤르만 격자 효과의 유령 얼룩은 다른 작업^{task}에 맞게 조정되는 시각 체계의 부작용으로 생각할 수 있다.

이러한 종류의 효과는 배경 대조의 역할까지 확장된다. 같은 회색 음영은 어두운 배경인지 밝은 색상인지에 따라 다르게 인식된다. 또한 밝기와 음영을 구분할 수 있는 능력도 일정치 않다. 우리는 빛을 구별하는 것보다 어두운 색조를 구별하는 데 더 뛰어나다. 효과도 상호작용한다. 매우 밝은 회색은 밝은 배경에 있을 때 음영을 구별하기 쉽고 어두운 배경에서는 명암 스펙트럼의 중간 범위의 차이를 쉽게 구별할 수 있다.

사람의 시각 체계는 가장자리에 관심을 가지며, 절댓값보다는 상대적인 관점에서 명암과 밝기를 평가한다. 더욱 훌륭한 시각적 효과 중 일부는 우리가 보고 있는 것을 기반으로 곡면, 도형 및 객체의 표현을 구성하는 대부분의 성공적인 노력을 활용한다. 그림 1.15에 나와 있는 에드워드 아델슨^{Edward H. Adelson}의 체커 그림자 착시가 그 좋은 예다. 믿기 어렵겠지만 "A"와 "B"로 표시된 사각형은 동일한 회색 음영이다.

우리는 바닥에 있는 사각형의 그림자를 알아내기 위해 근처의 사각형과 비교하는데, 다른 오브젝트가 만든 그림자는 무시한다. 그림자의 밝은 색상의 표면이 직접적인 빛의 어두운 표면보다 빛을 덜 반사하더라도, 일반적으로 그늘진 곳의 표면이 더 어두운 색상이라고 추측하는 것은 오류다. 바둑판 이미지는 밝기의 국소적인 대비와 그림자가 제공하는 정보를 기반으로 만들어진 이러한 시각적 추측을 활용하도록 신중하게 구성됐다. 아델슨(1995)이 언급했듯이 "시각 체계는 물리적인 조명 측정에는 뛰어나지 않지만 본연의 목적은 다른 데에 있다." 인간의 시각 체계는 주변 환경 속에서 실제 물체를 인지하는 데 적합하도록 발달해왔기 때문이다. 그러므로 우리는 일부 그레이스케일 값을 스펙트럼에 맞추는 것처럼 다른 작업을 위한 설정에서도 시각 체계가 어떻게 동작하는지 알아야 한다.

여기에서 중요한 점은 마술 트릭은 환상illusion이지만 이런 종류의 시각 효과는 아니라는 것이다. 만약에 마술사가 트릭을 차례대로 설명하고 어떻게 이뤄졌는지 보여준다면 다음엔 그 마술을 꿰뚫어보고 또 마술을 위한 다양한 속임수와 손동작을 눈치챌 것이다. 그러나 가장 흥미로운 시각 효과는 마술과는 다르다. 당신이 설명을 들은 후에도, 그 효과를 지각하는 과정이 당신의 의식적인 통제하에 있지 않기 때문에, 당신은 그 시각 효과를 보는 것을 멈출 수 없다. 지도나 격자무늬가 경계를 공유할 때, 서로 인접해 있으면서 음영 처리된 두 영역 사이의 대비 면적이 실제보다 더 크다고 생각할 수 있는 것처럼 쉽게 잘못 인식될 수 있다.

가장자리 대비를 보는 사람의 능력은 흑백 이미지의 경우 컬러보다 강하다. 웨어(2008, 71)의 그림 1.16은 모래 언덕의 이미지를 보여준다. 적녹 버전에서는 풍경 구조를 인식하기 어렵다. 그레이스케일 버전에서 모래 언덕과 융기가 훨씬 수월하게 보인다.

그림 1.16 웨어의 흑백과 컬러일 때 가장자리 대비(2008)

데이터 시각화에 색을 사용하면 여러 가지 다른 문제가 생긴다(Zeileis & Hornik, 2006). 핵심적인 부분은 휘도luminance의 상대적인 인식과 관련이 있다. 앞서 설명한 것처럼 밝은 것을 판단하는 우리의 인식은 절대적인 면보다는 상대적인 판단에 달려 있다.

어떤 물체 표면의 밝기는 부분적으로 그 근처에 있는 물체의 밝기에 달렸다. 휘도 외에 물체의 색상은 두 개의 다른 구성요소를 갖고 있다고 생각할 수 있다. 첫째, 물체의 색조hue는 빨강, 파랑, 초록, 보라 등 "색color"이라는 단어를 사용할 때 일반적으로 의미하는 것이다. 물리적인 관점에서 물체의 표면에서 반사되는 빛의 주요 파장이라고 생각할 수 있다. 두 번째 구성요소는 색차chrominance 또는 채도chroma다. 이는 색상의 강도intensity 또는 선명도vividness다.

화면이나 인쇄물에 컬러 출력을 만들기 위해 컬러 구성요소를 혼합해 특정 결과를 얻는 다양한 색상 모델을 사용한다. RGB 모델을 사용하면 컴퓨터는 빨강, 초록, 파랑 구성요소의 혼합으로 색상을 표현할 수 있다. 각 색상은 0에서 255 사이의 값을 가질 수 있다. 그래프에서 색상을 사용할 때 데이터의 수량이나 카테고리를 사람들이 볼 수 있는 색상으로 매핑한다. 우리는 데이터와 관련해 매핑이 어떤 의미에서 "정확해야" 하길 바란다. 이는 부분적으로 정확한 수치적 용어로 매핑의 문제다. 예를 들어 데이터의 두 수치 값 사이의 간격은 표시된 색상을 정의하는 데 사용한 숫자 값에 의미 있게 유지돼야 한다. 그러나 이는 우리가 그래프를 볼 때 매핑을 인지하는 방식에도 어느 정도 관계가 있다. 0부터 5까지의 값을 1씩 취할 수 있는 변수가 있다고 가정하자. 0이 가장 낮은 값이다. 이 변수를 색 공간에서 완전히 수치적으로 간격이 똑같은 RGB 색상 세트에 매핑하는 것은 간단하다. 문제는 이 점에서 서로 등거리에 있는 많은 점들이 그래프를 보는 사람들에 의해 순차적인 회색으로 인식되지 않는다는 것이다. 우리가 받아들일 수 있는 색상 공간을 균일하게 인지하지 않기 때문이다. 볼 수 있는 채도의 범위는 휘도에 크게 의존한다.

데이터를 표현하기 위해 잘못된 색상 팔레트를 선택한다면 특정 그레이디언트에 대해 하나의 값과 다른 값 사이의 동일 크기를 건너뛰는 것(예: 0에서 1, 3에서 4와 비교 시)은 보는 사람에 의해 다르게 인식될 수 있다. 이는 또한 색상에 따라 다르기 때문에, (말하자면) 빨강 계열 사이의 수치적으로 동일한 갭은 파란색으로 매핑된 동일한 갭과 다르게 인식된다.

색 구성표를 선택할 때 우리는 수치가 아닌 지각적으로 균일한 데이터에서 색상으로 매핑을 원할 것이다. R은 이런 점을 고려한 색상 모델과 색 공간을 제공한다. 그림 1.17은 HCL^{hue-chroma-luminance} 컬러 모델을 이용해 만든 순차적인 그레이디언트 시리즈를 보여준다. 가장 위에 있는 그레이스케일은 휘도^{luminance} 차이만 있다. 파란색 팔레트는 스펙트럼을 따라 색의 밝기^{brightness}와 강도가 달라지면서 휘도와 색차^{chrominance}가 바뀐다. 나머지 3개의 팔레트는 휘도와 색차, 색조가 모두 바뀐다.

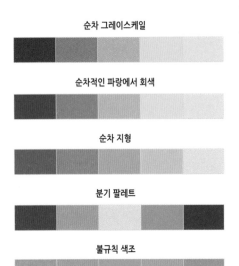

순차 그레이스케일

순차적인 파랑에서 회색

순차 지형

분기 팔레트

불규칙 색조

그림 1.17 R의 색공간 라이브러리로 생성한 다섯 팔레트. 위에서 아래순으로, 순차적인 그레이스케일 팔레트는 휘도 혹은 밝기만 바뀐다. 순차적인 파랑 팔레트는 휘도와 색차 (또는 강도) 둘 다 바뀐다. 세 번째 순차 팔레트는 휘도와 색차, 색조가 바뀐다. 네 번째 팔레트는 중간에 있는 무채색에서 분기한다. 다섯 번째 팔레트는 순서가 없는 범주에 적합한 균형 잡힌 색으로 이뤄진 것이 특징이다.

팔레트 각각의 목표는 한 단계에서 다음 단계로의 변화가 일정해 우리가 균일한 변화로 인지하게 만드는 것이다.

그레이디언트 또는 낮음에서 높음까지의 순차적 스케일은 세 가지 색상 팔레트 중 하나다. 중립적인 중간점(예: 온도 또는 영점이나 평균값으로부터 어느 한 방향으로의 편차를 표시할 때)에서 시작하는 척도를 표현할 때 우리는 중심에서 양쪽 방향으로 단계가 인지적으로 동일하게 바뀐다. 그림 1.17의 파랑-빨강 팔레트는 예제를 표시한다. 마지막으로 정렬되지 않은 범주형 변수를 나타낼 때도 지각적인 통일성은 중요하다. 우리는 종종 색채를 사용해 각기 다른 국가나 정당 또는 사람들의 데이터를 나타낸다. 이 경우 정성적 팔레트의 색상을 쉽게 구별할 수 있을 뿐만 아니라 보는 사람들이 동일한 가치로 인식하길 바란다. 의도한 게 아니라면 하나의 색이 다른 색을 지각적으로 지배하는 것을 원하지 않는다. 그림 1.17은 이러한 방식으로 지각적으로 균일한 정성적 팔레트의 예를 보여준다.

결론은 즉흥적으로 색상을 선택하지 않아야 한다는 것이다. 길을 잃는 것은 너무 쉽다. 앞서 설명한 고려 사항 외에도 이를테면 색맹인을 혼란스럽게 하는 그림을 피하기를 바란다. 다행히 거의 모든 작업이 이미 완료됐다. 여러 색 공간들은 사람들이 색을 균일하지 않거나 비선형적으로 인지하는 것을 고려해서 정의되고 표준화됐다. R과 ggplot은 이러한 기능을 무료로 제공한다. ggplot에서 사용할 기본 팔레트는 정확하고 지각적으로 균일하다. 나중에 더 깊이 탐구해보고 싶다면 도구를 사용해 지각적으로도 바람직한 특성을 가진 사용자 정의 팔레트를 만들 수 있다. 이제 색을 언제 어떻게 사용하는지 결정하는 방식에 초점을 맞출 것이다. 색은 관심 있는 시각적 요소를 강조할 수 있는 강력한 수단이다.

이 일을 담당하는 기관은 국제조명위원회(International Commission on Illumination)이다.

무의식적 검색으로 뭐가 나올까

시야 내 어떤 물체는 다른 물체보다 보기 쉽다. 둘러싸고 있는 것이 무엇이든 눈에 확 띈다. 이 현상은 어떤 종류의 물체나 특정 방식을 통해

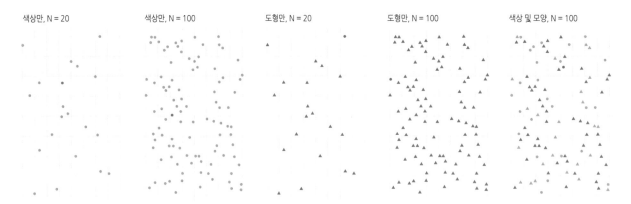

색상만, N = 20   색상만, N = 100   도형만, N = 20   도형만, N = 100   색상 및 모양, N = 100

그림 1.18 파란색 원을 찾으려 하면 점차 어려워진다.

재빠르게 일어날 수 있다. 실제로 우리 관점에서 보면 이런 현상은 무언가를 의식적으로 보거나 찾기 전 혹은 거의 직전에 일어난다.

이를 보편 용어로 "전주의前注意적 돌출preattentive pop-out"이라고 한다. 심리학 및 시각 과학 분야에 대한 광범위한 실험적, 이론적 문헌이 있다. 지금까지 설명한 다른 지각적 과정과 마찬가지로 어디까지가 실제 "전주의"인지를 포함해 무슨 일이 일어나는지에 관한 설명이 계속 논쟁으로 남았다. 이에 대한 예로 트라이스먼Treisman과 고미칸Gormican(1988) 또는 나카야마Nakayama와 조지프Joseph(1998)가 있다. 그러나 원리보다는 팝아웃pop-out의 존재 자체가 우리와 더 관계 깊다. 요소가 돌출되면 데이터 그래픽에서 다른 사람들보다 쉽게 보거나 찾을 수 있다.

그림 1.18의 패널을 보라. 각각 패널에는 파란색 원이 하나씩 있다. 관측치라고 생각하자. 왼쪽에서 오른쪽으로 읽는 중, 첫 번째 패널에는 20개의 원이 있으며 그 가운데 19개는 노란색이고 1개는 파란색이다. 파란색 원은 찾기 쉽다. 관측 수도 비교적 적고 혼자 다른 색이기 때문이다. 청중은 관심 있는 점을 발견하기 위해 의식적으로 찾지 않아도 된다.

두 번째 패널에서는 찾기가 더 힘들지만 그렇게 어렵지는 않다. 여기엔 100개의 점이 있어 첫 번째 패널보다 점이 다섯 배나 많지만 역시 파란 점을 쉽게 찾을 수 있다. 세 번째 패널은 다시 20개의 관측치만 갖는다. 그러나 이번에는 색상 변화가 없다. 대신 19개의 관측치가 삼각형이고 하나는 원이다. 평균적으로 파란 점을 찾는 것은 첫 번째 패널보다 현저

주의를 주기 이전의 – 옮긴이

히 어렵고 두 번째 패널보다 관측 값이 적은데도 훨씬 어려울 수 있다.

모양과 색상을 시각적으로 정보를 인코딩하는 데 사용할 수 있는 두 개의 별개 채널channel로 생각하라. 그 팝아웃 효과는 모양 채널보다 색상 채널에서 더 강하다. 네 번째 패널에서 관측 수는 다시 100개로 증가한다. 파란색 점 하나를 발견하기가 눈에 띄게 오래 걸릴 수 있다. 첫 번째 또는 두 번째 시도에 찾지 못하면 영역을 체계적으로 스캔해 찾기 위해 의식적으로 노력해야 할지도 모른다. 모양 채널의 탐색 성능은 색상 채널보다 훨씬 빠르게 저하된다.

마지막으로 다섯 번째 패널은 많은 수의 관측 값과 함께 색상과 모양을 혼합한다. 그래프에는 단 하나의 파란색 둥근 점이 있지만 많은 파란색 과 노란색 삼각형 점이 있어 찾으려는 내용을 발견하기가 더 어려워진다. 다수의 관측 값을 찾기 위한 이중 혹은 다중 채널 검색은 매우 느릴 수 있다.

유사한 효과가 다른 채널(예: 크기, 각도, 신장성 및 움직임)을 통한 검색과 채널 내 특정 검색 유형에 대해 입증될 수 있다. 예를 들면 일부 특정 각도 대비는 특정 색상 대비보다 탐색하기 쉽다. 웨어의 책(2008, 27~33)에 더 많은 설명과 예제가 있다. 여기에서 알 수 있는 데이터 시각화의 중요성은 충분히 명확하다. 그림 1.19에서 볼 수 있듯이 그래프에 여러

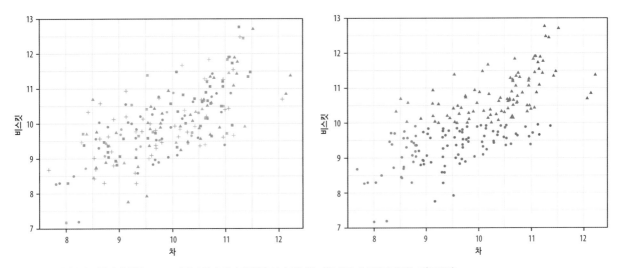

그림 1.19 데이터가 엄청나게 쉬운 구조로 이뤄져 있지 않다면(왼쪽) 여러 채널은 매우 빠르게 해석되지 않는다(오른쪽).

채널을 추가하면 독자의 수용력을 넘어서며 무리를 준다. 소프트웨어가 기능을 지원하더라도 모양, 색 및 위치별로 한 번에 다른 변수와 값을 표현하기 전에 신중하게 생각해야 한다. 특정 상황에서 예외가 있을 수 있다. 특히 만약 데이터가 탐색하기 쉬운 구조라면 말이다(그림 1.19의 두 번째 패널에 나타남). 그러나 여기서도 가장 단순한 경우를 제외하고는 다른 시각화 전략이 더 효과적 일 수 있다.

게슈탈트 법칙

언뜻 보기에 그림 1.18의 돌출 예시에서의 점은 각 패널에 무작위로 randomly 분포하고 있는 것처럼 보일 수 있다. 사실 그 점들은 무작위로 있지 않다. 오히려 나는 잠깐의 코딩으로 점들이 도표 영역에 확산되게 했다. 그러나 어떠한 두 점도 부분적으로 닿거나 완전히 겹치지 않는다. 프로그래밍을 통해 산점도를 생성하고자 했기 때문에 파란색 점이 다른 점이나 삼각형 아래에 그려지는 위험을 피하고자 이 작업을 수행했다. 이 사례를 자세히 살펴볼 필요가 있다. 패턴을 인식하는 방법에 관해 배울 점이 있기 때문이다.

그림 1.20의 각 패널은 점의 필드를 보여준다. 그들 사이의 구조에는 분명히 다른 점이 있다. 첫 번째 패널은 2차원 푸아송 포인트 프로세스에 의해 생성됐으며 "적절하게" 무작위다(무작위성을 정의하는 것과 프로세스가 실제로 확실한 무작위가 되도록 만드는 것은 생각보다 훨씬 어렵다. 그러나 이 부분은 그냥 넘어가기로 하자). 두 번째 패널은 공간 통계와 생태학 분야에서 자주 쓰이는 매턴Matérn 모형을 통해 생성했다. 이와 같은 모형에서 점은 다시 무작위로 분포하지만 일부 국부적인 제약을 받는다. 이 경우 여러 후보점candidate point을 순서대로 무작위 생성한 뒤, 필드를 잘라내 prune 이전에 생성된 점에 너무 가깝게 나타나는 점들을 제거한다. 모형을 조정해 "너무 가까운" 정도를 결정할 수 있다. 그 결과 가용한 공간에 고루 분산된 점 세트가 생성된다.

이 패널 중 어떤 것이 더 조직적으로 보이는지 묻는다면 대개 푸아송 필드Poisson field를 선택하는 경향이 있다. 우리는 무작위성을 공간 전체에

푸아송(Poisson)

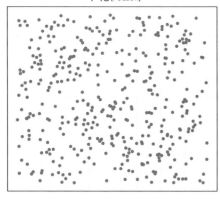

매턴(Matérn)

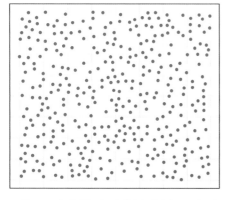

그림 1.20 각 패널은 시뮬레이션된 데이터를 보여준다. 위 패널은 푸아송 프로세스로 만든 임의의 점 패턴이다. 아래는 매턴 모형으로 만들었는데, 여기에서 새롭게 만든 점들은 무작위로 배치되지만 이미 생성된 점 가까이에 배치되지 않는다. 대부분은 푸아송으로 만든 패턴이 더 조직화돼 있거나 매턴에 비해 덜 "무작위"하다고 생각하지만 실제로는 그 반대다.

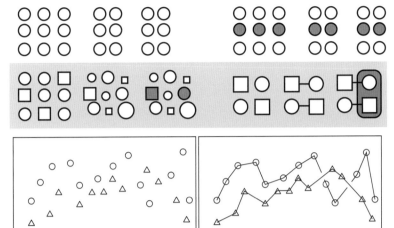

그림 1.21 게슈탈트 추론: 근접성, 유사성, 연결, 공동행선. 그림의 레이아웃은 이러한 원칙을 표시하는 것 외에도 일부 원칙을 사용한다.

걸쳐 상대적으로 균일한 분포와 연관시킨다. 그러나 사실 이와 같은 무작위적인 과정은 우리가 생각하는 것보다 훨씬 더 복잡하다. 나는 스테판 제이 굴드Stephen Jay Gould의 에세이(1991)에서 이 그림을 처음 봤다. 거기에는 매틴 모델과 비슷한 그림이 있는데, 뉴질랜드의 동굴 벽에 있는 반딧불이를 표현하고자 사용됐다. 이 그림은 이 개념에 안성맞춤이다. 반딧불이가 다른 반딧불이에 너무 가까이 다가가면 잡아먹히기 쉽기 때문이다. 따라서 상대적으로 균일하게 분포한 결과를 가져왔지만 무작위는 아니라고 할 수 있다.

우리는 늘 형태structure를 찾는다. 시간이 주어지면 무작위 데이터 속에서도 형태를 찾을 수 있을 정도로 아주 능숙하다(데이터 시각화가 통계 모델링을 대체할 수 없는 이유 중 하나). 상대적으로 시각 정보가 충분치 않은데도 시각 요소 간의 관계를 강하게 추론해내는 것을 '게슈탈트 법칙gestalt rules'이라고 부른다. 이는 바둑판 착시와 같은 완전한 지각 효과는 아니다. 오히려 우리가 보이는 것 이상으로 바라보는 대상 간의 관계를 엄격하게 추론하는 경향을 묘사한다. 그림 1.21에 몇 가지 예가 나와 있다.

어떤 종류의 관계가 추론되며 어떤 상황에서 발생하는가? 일반적으로 동일한 것 또는 동일하게 취급될 수 있는 것보다 그룹화, 분류 또는 개체를 식별하고자 한다.

- **근접성**: 가까운 공간에 있으면 서로 관련돼 있는 것처럼 보인다.
- **유사성**: 비슷하게 보이는 것들은 서로 관련돼 있는 것처럼 보인다.
- **연결**: 시각적으로 서로 연결돼 있는 것들이 관련돼 있는 것처럼 보인다.
- **연속성**: 부분적으로 가려진 개체는 익숙한 모양으로 완성된다.
- **폐쇄성**: 불완전한 모양이 완성된 것으로 인식된다.
- **그림과 그라운드**: 시각적 요소는 전경 또는 배경 중 하나로 간주된다.
- **공동 행선**: 같은 방향으로 움직이는 요소는 하나의 단위로 인식된다.

시각적인 단서 중 일부는 다른 단서보다 중요하다. 그림 1.21의 왼쪽 위 많은 원들은 가로로 정렬되지만 행이 만들어낸 근접성이 우선순위를 갖고 원은 세 그룹으로 보인다. 오른쪽 상단에서 세 그룹은 여전히 두드러지지만 파란색 원의 행은 이제 그룹화된 독립체로 간주된다. 그림의 중간 행에서 왼쪽에는 모양, 크기 및 색상별로 혼합된 그룹이 표시된다. 한편 오른쪽은 모양과 관계없이 요소끼리 직접적으로 연결된다. 마지막으로 아랫줄에 있는 두 개의 도해는 연결connection과 공동 행선common fate 을 보여주며, 모양을 연결하는 선은 연속 선의 일부로 왼쪽에서 오른쪽으로 읽게 된다. 선이 교차하는 도표의 오른쪽 아래 점에 유의하라. 원과 결합하는 선에 틈이 있지만, 삼각형을 연결하는 선을 "밑으로" 지나치는 것으로 인식한다.

1.4 시각 작업과 그래프 해석

시각 체계의 작동과 보이는 요소 사이의 관계에 관해 추론하는 경향은 데이터 그래프를 해석하는 우리 능력의 기초를 형성한다. 그러나 그 외에도 더 많은 것들이 관련돼 있다. 지각의 핵심 문제 외에도 특정 종류의 그래프를 해석하고 이해하는 문제가 있다. 산점도 그래프를 읽고 읽고 올바르게 해석할 수 있는 사람들의 비율은 생각보다 낮을지도 모른다. 지각과 해석의 교차점에는 사람들이 마주한 그래프를 제대로 보

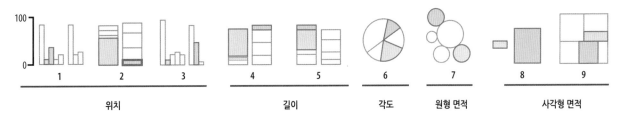

그림 1.22 클리블랜드와 맥길 이후 히어와 보스톡의 9가지 차트 유형에 관한 기본적인 지각 작업의 도식적 표현. 두 연구에서 참가자들은 각 차트 유형의 강조 표시된 부분을 비교하고 어느 것이 더 작았는지 답변하도록 요청받았다.

기 위해 해야 하는 특정한 시각 작업이 있다. 예를 들이 산점도를 이해 하려면 독자는 변수, x-y 좌표 평면의 모양, 두 변수를 비교하려는 이 유, 관례상 x축 위에 놓이는 추정 원인 또는 "독립" 변수를 이해해야 한다. 그런데 청중이 이 모든 것을 이해한다고 해도 그들은 여전히 그래 프를 해석하는 시각적인 작업을 수행해야 한다.

산점도는 마술처럼 순수한 이해를 전달하는 방식이 아니라 데이터를 시 각적으로 표현한 것이다. 그런데 잘 알고 있는 독자도 이미지와 기저 데 이터를 연관 지을 때 기대에 미치지 못할 수도 있다(Doherty et al., 2007; Rensink & Baldridge, 2010). 1980년대 윌리엄 S. 클리블랜드와 로버트 맥길Robert McGill은 다양한 유형의 그래픽에 관한 논문 작업을 확인하고 순위를 매기는 실험을 했다(Cleveland & McGill, 1984, 1987).

대부분 연구 대상자는 차트 내에서 두 개의 값(예: 막대그래프의 두 막대 또 는 두 개의 원형차트 조각)을 추산하거나 차트 사이의 값을 비교하도록 요 청받는다(예: 인접한 누적 막대그래프의 두 영역). 클리블랜드는 벨 연구소에 서 개발한 통계 프로그래밍 언어 S에서 데이터 시각화를 위한 격자 디 스플레이 시스템을 개발하면서 이 작업의 결과를 적용했다(R은 훗날 S 를 구현한 것이다). 클리블랜드는 또한 이 원칙들을 묘사하고 적용하는 두 권의 훌륭한 책을 썼다(Cleveland, 1993, 1994).

2010년에 히어Heer와 보스톡Bostock은 클리블랜드의 초기 실험을 반복해 최근 몇 년 동안 인기를 얻은 직사각형 영역 그래프의 평가를 포함해 몇 가지 평가를 추가했다. 여기에는 정사각형 또는 직사각형이 전체의 일 부 비율이나 퍼센트를 나타내는 추가 직사각형 영역으로 세분되는 트리 맵이 포함된다. 두 개 이상의 열이 있는 누적 막대그래프처럼 보인다.

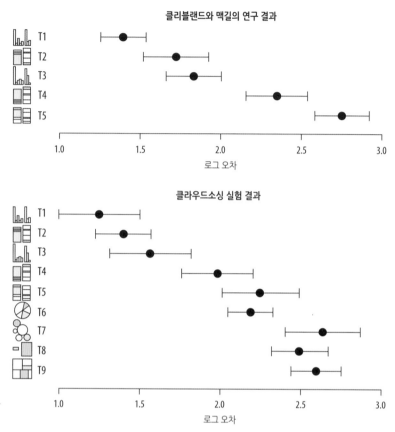

그림 1.23 클리블랜드와 맥길의 원래 결과(위)와 히어와 보스톡이 추가한 9가지 차트 유형에 대한 연구(아래)

연구 주제에 의한 비교 및 그래프 유형은 그림 1.22에 도식적으로 나타나 있다. 각 그래프 유형에 대해 피험자는 차트에서 두 개의 표시된 세그먼트 중 작은 것을 식별한 다음 더 큰 조각과 비교해 몇 퍼센트나 될지 추정하는 "빠른 시각적 판단"을 하도록 요청받았다. 그림에서 알 수 있듯이 차트는 다양한 방식으로 인코딩된 데이터를 테스트했다. 유형 4와 5가 길이 인코딩을 사용하는 반면, 유형 1~3은 공통 스케일을 따라 위치 인코딩을 사용한다. 유형 6의 원형차트는 값을 각도로 인코딩하고 나머지 차트는 원형, 또는 (카토그램^{cartogram}에서와 같이) 별개의 사각형, (트리맵에서처럼) 하위 직사각형을 사용해 영역으로 인코딩한다.

그 결과는 클리블랜드와 맥길의 비교를 위한 원래 결과와 함께 그림 1.23에 나와 있다. 이번 실험은 꽤 정확했다. 결과의 전반적인 패턴은 명확해 보인다. 일반적인 척도 비교로 시작해 길이, 각도, 마지막엔 영역 비교로 가면서 과제 수행도는 크게 악화됐다. 영역 비교는 (정당화돼) 악의적인 원형차트보다 훨씬 나쁜 성능을 보인다.

이러한 결과는 사용자가 그래프에 있는 값을 추산하고 비교하는 것을 포함하는 어떤 작업을 수행할 때 데이터를 시각적으로 표현하는 방식에는 더 낫거나 못한 방식이 있음을 강력히 시사한다. 그래프 내의 값을 추정하고 비교하는 것을 포함한다. 이를 내용^{content}을 이해하기 위해 수행해야 하는 "해석^{decoding}" 작업이라고 생각하라. 데이터 값이 인코딩됐거나 그래프에 매핑됐으므로 이제 이를 다시 가져와야 한다. 그래프를 해석하거나 가로 막대그래프의 막대의 높이를 비교할 때 또는 고정된 x축 또는 y축을 참조해 점의 위치를 비교할 때와 같이 공통 눈금에 정렬된 요소의 상대적 위치를 판단하는 것이 가장 좋다

위치나 길이 인코딩을 벗어나면 일반적으로 상황이 더욱 어려워지고 해석 과정에서 오류가 발생하기 쉽다. 또 각도로 인코딩된 양을 잘못 판단하는 경향이 있다. 예각의 크기는 과소평가되는 경향이 있고, 둔각의 크기는 과대평가되곤 한다. 이것이 원형차트가 일반적으로 나쁜 아이디어인 이유 중 하나다. 또 우리는 면적 계산에 약하다. 면적으로 표현한 양을 잘못 비교하거나 과장해서 해석한다는 사실은 일찍이 알고 있었다. 예를 들어 데이터 값을 먼저 길이로 변환하고 그래프에 쓸 도형을 만들기 위해 이 값을 제곱한다. 그 결과 정사각형 또는 직사각형 면적 사이의 크기 차이가 두 숫자의 차이보다 훨씬 커진다. 원의 면적을 비교하면 같은 이유로 더 많은 오류가 발생하기 쉽다. 이때 데이터를 면적으로 변환하는 좀 더 정교한 방식을 선택하면 이런 문제점을 어느 정도 상쇄할 수 있다. 이를테면 데이터 값을 정사각형의 변의 길이 또는 원의 반지름으로하는 대신, 값을 영역에 직접 매핑하고 역으로 변의 길이나 반경을 계산할 수 있다. 그러나 결과는 대체로 대안만큼 좋지 않다. 이런 문제는 "3차원" 도형인 육면체나 원기둥, 구 등 부피를 표현하면서 더 복잡해진다. 그리고 그림 1.10의 3차원 막대그래프에서 봤듯이 이러한 종류의 차트에 수반되는 원근감 또는 시야각은 y축의 눈금을 읽을 때 다른 문제를 만든다.

마지막으로, 기울기의 변화를 판단하기가 어렵다. 그림 1.12에서 봤듯이 선이나 추세의 변화율을 추정할 때는 그래프의 종횡비에 크게 의존한다. 상대적으로 약한 기울기 판별은 3차원 데이터 표현과도 상호작용한다. (z축을 따라) "멀리" 있는 어떤 차원의 깊이를 스캔하는 우리의 능력은 x축과 y축을 스캔하는 능력보다 약하다. 이러한 이유로 3개 축으로 표시되는 점 구름 또는 곡면의 데이터 표시를 해석하기가 지나치게 어려울 수 있다. 3차원은 인상적으로 보일 수 있지만, 파악하기는 더 어렵다.

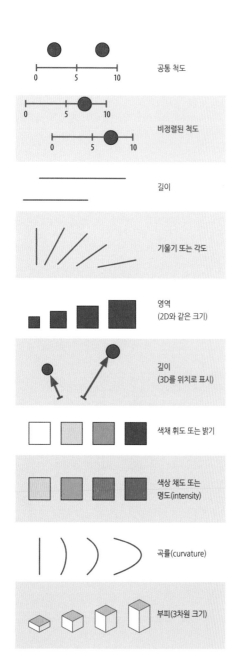

그림 1.24 순서가 있는 데이터를 매핑하는 방식(연속형 또는 기타 양적 정도), 뮌저(2014, 102) 이후에 위에서부터 아래로 갈수록 덜 효과적이다.

공통 척도

비정렬된 척도

길이

기울기 또는 각도

영역
(2D와 같은 크기)

깊이
(3D를 위치로 표시)

색채 휘도 또는 밝기

색상 채도 또는
명도(intensity)

곡률(curvature)

부피(3차원 크기)

1.5 데이터를 표현하기 위한 채널

그래픽 요소는 우리가 볼 수 있는 방식으로 데이터를 표현한다. 다양한 종류의 변수 속성은 점, 선, 모양, 색상과 같은 여러 종류의 시각적 표시mark나 묘사representation에 따라 어느 정도 잘 표현될 수 있다. 이제 할 일은 변수를 올바르게 인코딩하거나 매핑하는 방법을 만드는 것이다. 이때 몇 가지 제약에 부딪히게 된다. 첫째, 선택한 수단(채널)이나 매핑 방식이 데이터를 표현할 수 있어야 한다. 순서가 없는 범주형 카테고리를 연속적으로 색이 변하는 그레이디언트로 표현하는 것은 이치에 맞지 않다. 또 변숫값이 연속적이라면 이를 여러 도형으로 표현하는 것은 적절치 않다.

두 번째, 선택한 시각 요소를 통해 데이터가 완전히 전달된 후에는 그 표현 방식이 얼마나 효과적이었는지 궁금해진다. 이것이 클리블랜드의 연구 목표였다. 타마라 뮌저Tamara Munzer(2014, 101~3)에 따르면 그림 1.24와 1.25는 각각 순서가 있는 데이터와 순서가 없는 데이터를 나눠서 표현 효과 순위를 대략적으로 보여준다. 사람들이 순서가 있는 데이터를 효율적으로 비교하게 하려면 일반적인 척도(스케일) 내에서 위치값으로 변환해야 한다. 값을 길이로 변환하는 것도 (척도가 없는 경우) 나쁘지 않지만 앞선 방법만큼 효과적이진 않다. 면적으로 변환하면 비교의 정확성이 떨어진다.

셋째, 그래픽 효과는 단순히 어떤 표현 방식을 선택했는가 뿐만 아니라 그 방식을 응용하는 지각적 세부 사항에도 달려 있다. 가장 낮은 값에서 가장 높은 값까지 4단계 범주로 순서가 매겨진 기준이 있다면 일련의 연속적 색상을 사용해 적절하게 표현할 수 있다. 만약 잘못된 색상 배열을 선택하면 데이터를 해석하기 어려워지거나 청중을 오도할 수 있다. 이와 비슷한 경우로 순서가 없는 범주형 데이터를 표현하는 데 적절치 않은 색상을 선택하면 보기에 좋지 않을 뿐만 아니라 사실 관계를 오도할 수 있다.

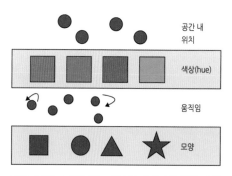

그림 1.25 순서가 없는 범주형 데이터의 변환 방식 (Channels for mapping)으로 위에서 아래로 갈수록 덜 효과적이다(Munzer, 2014, 102).

마지막으로, 이렇게 다양한 데이터 표현 방식과 매핑 방식 자체가 곧 그래프는 아니라는 점을 명심하자. 이들은 단지 그래프를 구성하는 요소이거나 재료일 뿐이다. 변수를 위치나 길이, 면적, 회색 음영 또는 곡률, 색상 중 어떤 것으로 변환할지 고를 때에는 이미 선택의 폭을 좁혀가며 차트의 최종 모습을 결정한 후다. 그러나 점그래프나 막대그래프, 히스토그램 또는 도수분포 다각형 등 여러 유형 중에서 도표를 고른다는 측면에서는 서로 다르다.

1.6 정직과 바른 판단의 문제

그림 1.26은 기대수명을 다시 그리는 두 가지 방법을 보여준다(그림 1.4). 이 각각의 도표는 처음에 봤던 기괴한 도표보다 훨씬 단순하다. 그러나 이런 표의 디자인에도 논쟁의 여지가 있다. 상황에 따라서는 실질적인 문제가 될지도 모른다. 각 표에 있는 x축의 눈금을 살펴보자. 그림 1.26의 왼쪽 패널에는 막대그래프가 있고, 막대의 길이는 각 대륙별 "2007년의 평균 기대수명"을 나타낸다. 눈금은 0에서부터 가장 큰 값을 넘은 곳까지 포함한다. 한편 오른쪽 패널은 클리블랜드 점도표다. 각 관측치는 한 점으로 표시되고 눈금은 보는 것과 같이 데이터의 범위로 제한된다.

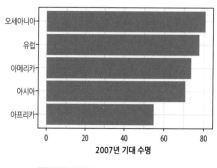

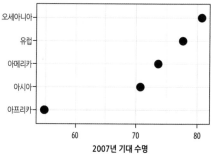

그림 1.26 지저분한 차트를 단순하게 만든 두 가지 버전. 막대그래프는 눈금이 영점에서 시작하는 데 반해 점도표는 관측 값의 범위로 한정됐다.

그래프 제작에 엄격한 원칙을 세우고, 그런 법칙을 따르지 않고 쓸모없는 그래프를 만들거나 통계로 거짓말을 지어내는 사람들을 묵살해버리기란 쉽다. 그러나 그래프를 주먹구구식 규칙으로 해결하는 것보다 데이터에 정직해지는 것이 더 중요한 문제다. 청중의 눈에는 막대그래프의 길이가 두드러져 보인다. 그렇기 때문에 이런 경우에는 보통 0점 기준선(또는 이에 상응하는 값)을 그래프에 포함해야 한다는 적절한 수준의 동의가 있다. 그러나 단순히 표를 데이터 범위 내로 축소했다는 이유만으로 점도표는 독자를 의도적으로 오도한다고 생각하는 건 오해일지도 모른다. 눈금의 범위를 결정할 때 어떤 방식을 더 선호하는가라는 질문에 명확하게 답하기는 어렵다. 얼마나 자주 다른 사람들을 의도적으로 속이려고 시도하냐에도 부분적으로 관계가 있기 때문이다. 먼저 눈금의 가장자리를 가장 큰 이론값과 작은 값에 강제로 맞춰서 조정하는 것보다 관찰한 데이터 범위를 넘어서도록 보여주는 것에는 많은 장점이 있다. 하지만 만약 x축 또는 y축에 반드시 영점을 포함해야 한다면 정보 시각화 자료 중 상당수는 쓸모없어질 것이다. 다른 한편으로 사람들은 때로는 주장하는 바를 더 그럴싸하게 만들기 위해 의도적으로 눈금의 범위를 제한하기도 한다. 어떨 때는 이런 행동이 순전한 악의에서 비롯될 수도 있지만, 편견을 의심 없이 받아들이거나 자신이 원하는 결론을 내리고 싶은 바람에서 시작될 수도 있다(보통 시각화 결과물의 주된 독자는 당신 자신이라는 점을 기억하자). 이런 상황을 통해 결과적으로 그래프가 청중을 오도하게 된다.

원색적인 내용으로 대충 만든 그래프는 고의적으로 대중을 선동하거나 오도하며, 케이블 채널과 소셜 미디어 공유를 통해 이뤄지는 뉴스 사이클의 주요 산물이 됐다. 그러나 일상적인 업무에서도 이런 문제는 발생할 수 있다. 만약 당신이 대중 앞에 서는 직업에 종사한다면 같은 문제가 일어날 수 있다. 과거 로스쿨 입학 데이터를 살펴보자. 여기에 1970년대 초부터 로스쿨 등록률이 감소한다는 기록이 있다. 관련 그래프는는 그림 1.27과 같다. 첫 번째 패널은 1973년 이래 매년 로스쿨에 등록한 학생 수 추세를 보여준다.

y축은 이 가운데 가장 낮은 값 바로 아래에서 시작한다. 두 번째 패널은 동일한 데이터를 보여주지만 y축 최솟값이 0이다. 칼럼니스트이자 작가인 저스틴 폭스[Justin Fox]는 첫 번째 그래프는 정말 흥미롭다고 말하

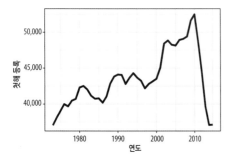

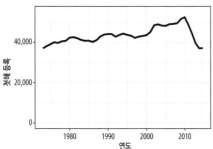

그림 1.27 2010년대 중반 로스쿨 등록률의 급격한 감소를 보여주는 두 가지 그래프

며 y축에 0을 반드시 포함해야 한다고 계속 주장하는 사람들 때문에 꽤 충격을 받았다고 했다. 이들 중 한 명은 첫 번째 패널에 있는 그래프가 "아마도 지금까지 본 차트 중 최악에 속할 것"이라고 말했다. 다른 사람은 "0을 포함하지 않는 그래프는 반사회적"(Fox, 2014)이라고 지적했다. 로스쿨 등록률은 약 40년 동안 상승했다. 그렇기 때문에 기준점이 0이 아닌 그래프를 통해 1970년대 이후로는 볼 수 없었던 낮은 수치까지 2011년 등록률이 곤두박질치는 모습을 확실히 볼 수 있다고 생각한다. 수치는 명확하게 표기됐고, 실질적인 감소 추세를 살펴보면 분명 놀랍다. 차트에서 잘 짜여진 축의 눈금은 독자에게 좋은 길잡이가 돼 주고, 이를 통해 독자가 표에 집중하길 바란다. 이에 반해 영점에서 시작하는 차트에는 별도의 정보도 없을 뿐더러 공간을 낭비해 가며 35,000이라는 수가 0보다 훨씬 크다는 사실만 독자에게 다시 알려준다.

첫 번째 표를 보고 불편했을 사람들도 물론 이해한다. 최소한 사람들이 표를 볼 때 축의 눈금을 읽으려고 한다는 뜻이기 때문이다. 오히려 이런 경우가 생각보다 드물기 때문에 사람들을 오도하는 방법 가운데 하나가 차트의 축을 조작하는 것이고, 이는 의도적으로 잘 사용하는 기법이다.

1.7 그래프에 대해 분명히 생각해보기

여러분이 나중에도 다시 만들 수 있는 효율적인 방식으로 정직하게 그래프를 그리는 것을 목표로 한다고 가정할 것이다. 모범 사례를 만드는 기본 규칙이라도 여러분이 만들려는 그래프에 무조건적인 힘을 실어 주진 않는다. 하지만 한 가지 확실한 것은, 기본 규칙은 단순한 도구를 넘어서 우리가 좋은 결과물을 위해 똑똑히 생각할 수 있도록 도와주는 뼈대 혹은 개념을 제공한다. 그래픽 시스템이나 툴킷을 익힐 때 사람들은 종종 본인이 기대하는 바를 그래프의 생김새로 신속하게 표현하기 시작한다. 그래서 특정 그래프는 어떻게 만드는지, 폰트나 표의 크기, 제목의 위치, 눈금, 값을 나타내는 색상은 어떻게 변경하는지 알고 싶어 한다.

이러한 요청에는 그래프의 다양한 기능이 연관된다. 일부는 그래프의 핵심이 되는 기본 특성과 관련 있으며, 데이터는 특정 도형이나 선 , 색상과 같은 요소로 매핑된다. 또 변수가 도형으로 변환된다면 정확히 어떤 모양으로 표현할 것인지, 색상을 사용한다면 어떤 색상을 사용할 것인지 세부 묘사와 관련 있는 항목도 있다. 그래프를 상세히 설명하거나 기본 틀을 만드는 기능도 연관된다. x축에 들어가는 체크 표시를 어디에 그릴지 혹은 범례는 그래프 오른쪽이나 상단 가운데 어디에 넣을 것인지, 데이터가 도형과 색상에 모두 매핑된다면 각각의 정보를 별도로 범례화할지 혹은 하나로 통합해서 보여줄지 결정할 수 있다. 제목 글꼴을 타임스 뉴 로만Times New Roman에서 헬베티카Helvetica로 바꾸거나 배경을 밝은 파란색으로 선택해 테마를 바꿀 수도 있다. 이런 변경 작업은 데이터 구조와 논리적인 관계는 없지만 최종 결과물의 생김새에 큰 영향을 줄 수도 있다.

ggplot의 진정한 강점은 이러한 다양한 요소를 체계화하고 이해하기 위해 그래픽의 문법을 구현한다는 것이다(Wilkinson, 2005). ggplot에서는 거대한 설정판 하나에서 표의 모든 요소와 스타일을 결정짓지 않는다. 대신 구조를 만드는 작업을 별개의 일로 나눠 진행한다. 코드를 작성할 때, 작업의 해당 부분을 제어하는 함수를 사용해 각 작업을 수행한다. 처음에는 ggplot이 작업의 대부분을 처리할 것이다. 이때는 두 단계만 진행하면 된다. 먼저 어떤 데이터를 사용하고 어떤 변수가 어떤 요소에 연결되고 매핑되는지 이러한 정보를 ggplot() 함수에 넘겨줌으로써 도표의 기초를 세운다. 다음, geom_ 함수를 선택해야 한다. 이 함수를 통해 산점도scatterplot, 막대그래프bar chart 또는 박스플롯boxplot과 같이 어떤 종류의 도표가 그려지는지를 결정하게 된다.

앞으로는 다른 함수도 사용해서 크기, 범례, 테마 같은 다른 항목도 세세히 제어할 것이다. 이는 ggplot으로 표를 미세하게 조정하고 꾸미기 전에 핵심 단계를 먼저 파악해야 한다는 뜻이기도 하다. 2장에서는 R을 실행하고 첫 번째 그래프를 작성해보면서 ggplot이 일을 처리하는 방식을 소개하는 예제를 따라 해본다. 우리가 하는 작업을 완전히 제어할 수 있을 때까지 복잡한 표를 신속하게 만들어볼 것이다. 그러면서 R이 우리가 원하는 작업을 수행할 수 있게 만들어주는 몇 가지 아이디어와 관련 기술을 배운다.

1.8 다음 알아볼 내용

다양한 시각 효과와 광학적 "환상[illusion]"을 재밌고 유익하게 알려주는 개요를 보려면 미하엘 바흐[Michael Bach]의 웹사이트(michaelbach.de)를 살펴보자. 지각 능력과 데이터 시각화 사이에 어떤 관계가 있는지 더 자세히 알고 싶다면 1장에 나온 참고 자료를 확인해보자. 먼저(2014), 웨어(2008), 퓨(2009)는 좋은 출발점이 된다. 윌리엄 클리블랜드의 책(1993, 1994)은 명료함에 관해 알려주고 또 조언도 제시해준다. 2장에서 살펴볼 바와 같이 윌킨슨(2005)이 개발한 아이디어는 ggplot의 시각화 접근법의 기초가 된다. 마지막으로 베르텡[Bertin](2010)의 기초 작업은 데이터와 시각 요소 간의 관계에 대한 탐구를 내포하고 있다.

2 시작하기

2장에서는 보고 배울 수 있는 자료를 만드는 방법을 알아본다. 사용할 도구는 R과 ggplot이다. 이를 배우는 가장 좋은 방법은 따라가면서 반복적으로 코드를 작성하는 것이다. 이 책에서 사용한 자료는 실제적인 내용을 담고 있다. 이후 설명한 방식을 따라 하면 코드 샘플과 그 코드로 생성한 결괏값 그리고 당신이 남긴 메모가 담긴 책 한 권이 뚝딱 완성될 것이다. 단순히 예제를 복사해서 붙여 넣지 말고 코드를 직접 입력해보길 추천한다. 직접 타이핑해보는 것이 이해하는 데 도움이 된다. 처음에는 완전히 이해하지 못해 지루한 전사 작업^{transcription} 처럼 느껴질 수 있다. 그러나 이런 방법은 서서히 R의 문법과 구조에 익숙해지고 새로운 언어를 효율적으로 익히도록 도와준다. 이는 특히 ggplot에 유용한 방식이다. 그림을 그리기 위한 코드는 비슷한 구조를 하나씩 반복적으로 사용하기 때문이다.

주로 음성 자료를 텍스트 형태로 문서화하는 작업을 가리킨다. 받아쓰기나 옮겨 적는 작업이라고 생각하면 더 쉬울 것이다. — 옮긴이

2.1 R마크다운을 사용해 일반 텍스트로 작업하기

메모하거나 코드를 작성할 때는 텍스트 편집기에서 일반 텍스트를 작성해야 한다. 마이크로소프트 워드나 다른 워드프로세서를 사용하지 마라. 프로젝트의 "실제" 최종 결과물(예: 워드 파일, PDF 문서, 프레젠테이션 슬라이드 또는 직접 만든 표와 그림)에 익숙할 수도 있지만 그 대신 당신이 작성한 코드와 데이터가 실제라고 생각하는 편이 좋다. 우리의 목표는 간단한 일반 텍스트^{plain-text} 형식으로 저장된 코드, 데이터, 서면 자료로 수치, 표, 텍스트 등 최종 결과물을 만든 다음, 이후에도 동일한 절차로 재현할 수 있게 만드는 것이다. 이러한 방식으로 작업을 재현하는 능력은 과학 분야에서 중요하다. 이후의 당신에게도 훨씬 실용적인 방식이

라고 생각해야 한다. 6개월이나 1년 후에 당신이 진행했던 작업물을 재현하고 싶어 하는 사람은 사실 당신 자신일 가능성이 높다. 특히 그래픽 분야에서는 더더욱 그렇다. 이 분야에서는 보통 그림의 작은 부분까지 세심하게 조정하고 "완성도 높은" 결과물을 만들어낸다. 때문에 나중에 재현해내기 어렵다. 그래픽 분야에서는 보통 결과물이 공개되기 전까지 어도비 일러스트레이터 같은 애플리케이션을 이용해 나중에 일일이 확인하기 힘든 방식으로 상당량의 수정 작업을 거치는 것이 보통이다. 하지만 우리의 목표는 프로그래밍 방식으로, 코드로써 가능한 한 많은 것을 하는 것이 목표다.

ggplot을 배우고 데이터 분석을 하는 동안 다음 세 과정 사이를 끊임없이 오가게 될 것이다.

1. **코드 작성하기:** 코드를 많이 작성해 도표를 만들 것이다. 또 데이터를 불러오고 해당 데이터 테이블을 빠르게 볼 수 있는 코드를 작성한다. 때로는 데이터를 요약^{summarize}하거나 재정렬^{rearrange}, 부분집합^{subset}화하기도 하고 추가 자료를 보강하거나 통계 모형을 수행할 때도 있을 것이다. 가능한 한 쉽고 효과적으로 코드를 작성할 수 있어야 한다.

2. **출력 결과 살펴보기:** 코드는 도표나 모형 같이 당신이 원하는 결과물을 만들어내는 명령어 세트다. 최종 결과물 혹은 그중 일부분을 보는 게 도움이 되는 경우가 많다. 가능하다면 작업 도중 작성한 코드와 그 결과물을 한데 모아두는 것도 유용하다.

3. **메모하기:** 우리가 진행한 작업과 결과물이 의미하는 바를 기록하게 될 것이다. ggplot 사용법을 배울 때는 작업 내용과 왜 코드를 이런 식으로 작성했는지 적고, 새로운 개념이나 함수, 명령어가 하는 작업에 관해 메모하는 것이 좋다. 이후에는 데이터 분석 및 도표 작성과 함께 보고서나 논문의 초안을 작성하게 된다.

어떻게 하면 이 모든 것을 효율적으로 할 수 있을까? 가장 간단한 방법은 코드 사이사이에 주석을 삽입하는 것이다. 모든 프로그래밍 언어는 행의 시작 부분에 특수문자(예: #)를 삽입해 행을 주석으로 구분할 수 있다. 또한 notes.r과 같은 일반 텍스트 스크립트 파일에 코드와 주석을 남길 수도 있다. 이 정도면 괜찮은 방법이다. 하지만 파일 길이가 길어지면 주석을 효율적으로 작성하기가 어려워진다. 그 예로 분석 보고서가 필요하면 별도로 작성해야 한다. 이때 스크립트 파일에 주석과 코드를 함께 작성하면 코드와 출력 결과 간의 연관성이 떨어지고 작성하려는 도표도 마찬가지다. 물론 대안도 있다. R마크다운^{RMarkdown}을 사용해 메모를 남기는 것이다.

R마크다운 파일은 텍스트(예: 메모나 논의 내용)에 R 코드 조가이나 청크가 산재해 있는 일반 텍스트 문서다. R에서 문서를 불러오면 R 코드 조각을 순서대로 실행한 뒤 코드 청크를 출력 결과로 보충하거나 대체한 다음 이 파일을 새로운 문서로 만든다. 결과 파일은 HTML, PDF 또는 워드 형식의 좀 더 읽기 쉬운 문서로 변환된다. 문서의 비코드^{非} 부분^{segment}은 일반 텍스트지만 간단한 형식 지정^{formatting} 명령어를 포함할 수 있다. 이것은 마크다운^{Markdown}을 이용해 설정한다. 이는 형식 지정 방법을 나타내는 방식으로, 일반 텍스트를 마크업으로 만들기 위한 일련의 규칙이다. 마크다운의 기본 요소는 그림 2.1의 윗부분에 나와 있다. RStudio에서 마크다운 문서를 만들 때는 시작하기 위한 몇 가지 샘플 텍스트가 포함돼 있다.

R마크다운 문서는 그림 2.1 아래쪽에 개략적으로 표시된 것과 유사하다. 필요에 따라 마크다운 형식을 사용하는 노트나 텍스트에 코드가 산재해 있다. 코드 청크에는 지정된 형식이 있으며, 이런 식으로 생겼다.

```{r}

```

세 개의 역따옴표^{backtick}(이하 백틱. 키보드에서 Esc 키 아래에 있는 문자) 뒤에는 중괄호 한 쌍과 사용 중인 프로그래밍 언어 이름을 쓴다. 백틱과 중괄호 부분은 코드 청크가 시작된다는 신호다. 필요한 만큼 코드를 작성한 다음 새로운 행에 백틱 세 개를 써서 청크를 끝낸다.

마크다운	출력
# 헤더	**헤더**
## 부제	**부제**
일반 텍스트	일반 텍스트
기울임꼴	*기울임꼴*
굵게	**굵게**
`인용`	인용
1. 목록	1. 목록
2. 목록	2. 목록
- 불릿 1	◦ 불릿 1
- 불릿 2	◦ 불릿 2
각주.[^1]	각주.[1]
[^1]: 각주.	[1]각주.

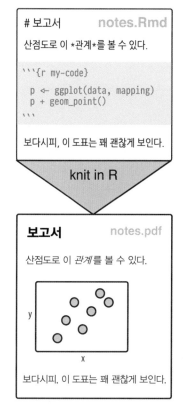

그림 2.1 위: R마크다운 구문의 몇몇 요소
아래: 텍스트로 된 일반 R마크다운 파일에서 PDF 결과물로 변환

불릿(bullet)이란 텍스트 앞에 주의를 끌기 위해 붙이는 그래픽 문자로 원래는 검은 동그라미(•)나 흰 동그라미(○)를 의미했으나 검은 네모, 별표, 이중 원 등의 모든 장식 무늬를 가리킨다. - 옮긴이

마크다운 형식은 언어에 구애받지 않으며 파이썬 및 기타 언어와 함께 사용할 수 있다.

메모를 이렇게 해두면 작성한 코드와 결과물, 자신의 해설이나 설명을 편리하게 볼 수 있다. 또 바로 멋진 문서로 바꿀 수 있다.

2.2 RStudio로 R 사용하기

RStudio 환경

R은 사용자 인터페이스가 없는 비교적 가벼운 응용프로그램이다. 전부 커맨드라인이나 콘솔을 통해 작동한다. 기본적으로 터미널 애플리케이션(맥용) 또는 명령 프롬프트(윈도우용)에서 'R'을 입력해 실행한다. 실행되고 나면 R은 오른쪽 꺾쇠괄호 '>'로 표시된 커맨드라인에서 명령을 기다린다(그림 2.2). 명령을 입력하고 **Enter**를 누르면 R은 이를 해석하고 결과 출력을 다시 콘솔로 보낸다.

콘솔을 이용interacting하는 방법 외에도 텍스트 파일에 코드를 작성해 R에 보낼 수 있다. 다른 텍스트 편집기를 사용해 .r 스크립트를 작성할 수 있다. 하지만 일반 텍스트 파일과 커맨드라인만 사용해서 R로 작업하기에는 꽤 불편하다. RStudio를 사용하면 더 편하게 작업할 수 있다. RStudio는 "통합 개발 환경" 혹은 IDE로 실제 R과는 별개의 애플리케이션이다. 실행되면 R 콘솔 내부에서 자체 인스턴스가 시작된다. 또 여러 다른 요소를 편리하게 결합해 작업을 완료하는 데 도움을 준다. 여기

```
R version 4.0.0 (2020-04-24) -- "Arbor Day"
Copyright (C) 2020 The R Foundation for Statistical Computing
Platform: x86_64-pc-linux-gnu (64-bit)

R is free software and comes with ABSOLUTELY NO WARRANTY.
You are welcome to redistribute it under certain conditions.
Type 'license()' or 'licence()' for distribution details.

R is a collaborative project with many contributors.
Type 'contributors()' for more information and
'citation()' on how to cite R or R packages in publications.

Type 'demo()' for some demos, 'help()' for on-line help, or
'help.start()' for an HTML browser interface to help.
Type 'q()' to quit R.

>
```

그림 2.2 터미널에서 실행 중인 기본(bare-bone) R

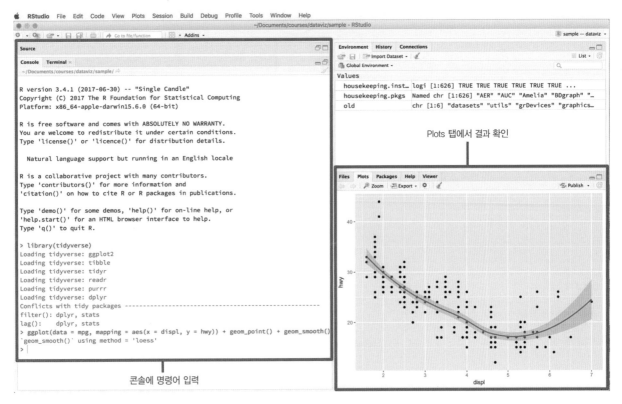

Plots 탭에서 결과 확인

콘솔에 명령어 입력

그림 2.3 RStudio IDE

에는 코드를 작성하는 문서와 생성되는 출력 결과 및 R의 도움말 시스템이 포함된다. RStudio는 또한 R마크다운을 지원하고 R 언어와 프로젝트 구성에 대해 많은 것을 이해하고 있다. RStudio를 시작하면 그림 2.3처럼 보인다.

프로젝트 만들기

시작하려면 프로젝트를 만든다. 메뉴 표시 줄에서 File^{파일} ❯ New Project^{새 프로젝트}...를 선택하고 새 디렉터리 옵션을 선택한 다음 프로젝트를 작성한다. 설정이 완료되면 File ❯ New File^{새 파일} ❯ RMarkdown을 사용해 디렉터리에 R마크다운 파일을 만든다. 이렇게 하면 기본 "Document^{문서}"를 포함해 몇 가지 선택 사항이 제공된다. socviz 라이브러리는 간단하면서도 이 책의 구조를 따르는 R마크다운 템플릿과 함께 제공된다.

원한다면 언제든지 새 프로젝트를 만들 수 있다. 일반적으로 '내 문서' 폴더 내의 한켠에 배치된다.

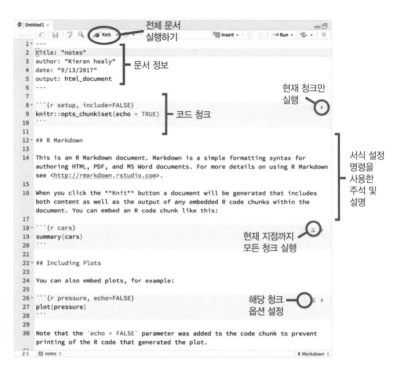

그림 2.4 RStudio에서 연 R마크다운 파일. 각 코드 청크마다 있는 위 오른쪽 코너의 작은 아이콘은 각각 '해당 청크 옵션 설정(톱니바퀴 아이콘)', '현재 지점까지 모든 청크 실행(아래 방향 삼각형)', '현재 청크만 실행(오른쪽 방향 삼각형)'이다.

'니트(knit)'는 뜨개질이라는 단어 뜻처럼 마크다운과 코드를 직조하는 형태다. – 옮긴이

File ▸ New File ▸ R Script를 통해 R 스크립트를 만들 수 있다.

기본 문서 대신 사용하려면 File ▸ New File ▸ RMarkdown을 선택한 다음 나타나는 대화 상자의 사이드바에서 From Template^{템플릿에서} 옵션을 선택한다. 그런 다음 결과 옵션 목록에서 Data Visualization Note ^{데이터 시각화} ^{노트}를 선택한다. R마크다운 문서가 뜨면 File ▸ Save^{저장}를 선택해 프로젝트 폴더에 바로 저장한다. socviz 템플릿에는 R마크다운이 작동하는 방식에 대한 정보와 시작하기 위한 헤더가 포함돼 있다. 그것이 무엇을 말해야 하는지 읽어보라. 코드 덩어리와 R마크다운 형식을 살펴보라. 문서를 니트^{knit}하고 일반 텍스트 문서의 내용과 출력을 비교하라. 그림 2.4는 RStudio에서 R마크다운 파일을 열면 어떻게 보이는지 알려준다.

R마크다운은 R 사용에 필수는 아니다. 대신 R 명령만 포함하는 R 스크립트를 사용할 수 있다. R 스크립트 파일의 확장자는 .r 또는 .R이다 (R마크다운 파일은 일반적으로 .Rmd로 끝난다). 간단한 프로젝트는 .r 파일 하나만 있으면 된다. 그러나 분량과 관계없이 문서나 보고서를 작성할 때, 특히 메모를 해야 할 때는 R마크다운이 유용하다. .r 파일에서는 새로운 줄을 시작할 때 해시 문자(#)를 써서 주석이나 메모를 남길 수

있다. 이런 식으로 줄이 끝나는 부분에 주석을 추가할 수도 있다. R에서는 # 뒤에 나오는 모든 코드나 텍스트를 무시하기 때문이다.

RStudio에는 코드와 텍스트를 신속하게 편집할 수 있게 도와주는 다양한 키보드 단축키와 바로 가기 메뉴가 있다. 한 예로 키보드 단축키를 사용해 R마크다운 문서에 코드 청크chunk를 삽입할 수 있다. 이렇게 하면 매번 백틱(`)과 중괄호를 적을 필요가 없다. 단축키를 사용해 현재 코드를 실행할 수도 있다. 세 번째는 '키보드 단축키 목록' 팝업을 보여주는 단축키다. R마크다운 문서에는 텍스트 형식에서 서지 정보에 대한 상호 참조에 이르기까지 모든 종류의 기타 옵션 및 서식 도구가 포함될 수 있다. 하지만 지금은 신경 쓰지 마라.

준비가 다 됐는지 확인하기 위해 tidyverse를 로드한다. tidyverse는 해들리 위컴Hadley Wickham과 여러 사람이 개발한 R 관련 패키지 모음으로 ggplot2 패키지도 포함한다. 다른 조각들을 사용하면 데이터를 R로 가져와 쉽게 조작할 수 있다. 이제 socviz 템플릿에서 작성한 노트 파일을 편집하거나 콘솔에서 수동으로 패키지를 로드한다.

맥OS에서는 **Command+Option+I**를, 윈도우에서는 **Ctrl+Alt+I**를 누른다. 맥OS에서는 **Command+Enter**를, 윈도우에서는 **Alt+Enter**를 누른다.

맥OS에서는 **Option+Shift+K**를, 윈도우에서는 **Alt+Shift+K**를 누른다.

```
library(tidyverse)

library(socviz)
```

tidyverse 다음에 socviz 패키지를 로드한다. 이 라이브러리에는 책 전체에서 사용할 데이터셋과 함께 다른 편리한 도구가 포함돼 있다. 패키지를 찾을 수 없다는 오류 메시지가 표시되면 이 책의 서문에 있는 '들어가며' 절을 다시 읽고 지시 사항을 따르자. 패키지는 한 번만 설치하면 되지만 포함된 도구를 사용하려면 각 R 세션을 시작할 때 library()를 사용해 불러와야 한다. 실제로 작업 파일의 맨 첫 줄에 파일에 필요한 패키지를 불러오는 코드가 있어야 한다는 뜻이다. 이 작업을 하지 않으면 R이 나중에 사용할 함수를 찾을 수 없게 된다.

2.3 R에 관해 알아야 할 것들

어떤 소프트웨어라도 처음 접할 때는 시간이 좀 걸린다. R 같은 언어로 통합 개발 환경을 사용할 때 특히 그렇다. 장기적으로는 이 통합 개발 환경을 통해 더 편하게 작업할 수 있겠지만, 처음에는 익숙해지기 어려울 수 있다. (코드 청크가 일반 텍스트 사이사이에 들어가 있으므로) 좀 이상한 형식으로 보일 수도 있는데 메모를 작성하는 법을 익히면서 (콘솔 창에서) 새로운 언어에 익숙해지는 데 중점을 둘 것이다. 먼저 R이 어떻게 설계됐는지 알아보자. 그러면 이 언어가 작동하는 방식을 감 잡을 수 있을 것이다.

모든 것에는 이름이 있다

R에서 다루는 모든 것에는 이름이 있다. 객체를 조사하거나 사용 혹은 수정할 때 이름으로 참조한다. 개체명named entity에는 (x나 y 같은) 변수와 불러온 데이터(예: my_data), 사용하는 함수가 포함된다(함수에 관한 자세한 내용은 잠시 뒤 살펴본다). 이름을 사용해서 이야기하고 무언가를 만들고, 참조하고 수정하는 데 많은 시간을 할애할 것이다.

몇몇 이름은 금지돼 있다. 여기에는 FALSE, TRUE와 같은 예약어, Inf, for, else, break, function과 같은 핵심 프로그래밍 단어와 NA, NaN과 같은 특수 엔티티entity 단어가 포함된다(이 마지막 두 개는 각각 누락된 데이터missing data와 "숫자가 아님Not a Number"을 나타내는 코드다). 우연히 이 이름을 사용하진 않겠지만 허용되지 않는다는 사실을 알아두는 것이 좋다.

어떤 이름은 기술적인 문제는 없지만 사용해서는 안 된다. 사용 금지 단어는 대부분 R의 핵심 부분을 구성하는 객체나 함수에 이미 사용하고 있는 단어다. 여기에는 q() 또는 c()와 같은 기본 함수의 이름, mean(), range(), var()와 같은 일반적인 통계 함수와 pi와 같이 미리 정의된 시스템 수학 상수가 포함된다.

R은 이름의 대소문자를 구별한다. 객체 my_data는 My_Data와 같지 않다. 이름은 간결하고 일관성 있으며 정보가 담겨야 한다. tidyverse

사용자가 어떤 값을 pi라는 변수명에 할당해서 사용한다면 여기서 말하는 파이 즉, 원주율값(3.141592⋯)이 아닌 사용자 변수 pi의 값이 대신 쓰일 것이다. 내장된 상숫값을 사용하려면 rm(pi) 명령으로 사용자 변수를 제거하면 된다. – 옮긴이

스타일을 따르고 필요할 때는 밑줄 문자 '_'로 단어를 구분하며 소문자로 이름을 지정한다. 데이터 변수를 포함해 이름을 지정할 때는 공백을 사용하지 않는다.

모든 것은 객체다

어떤 객체^{object}는 R에 미리 지정돼 있고, 어떤 객체는 패키지를 통해 추가되며, 어떤 객체는 사용자가 생성한다. 사실상 거의 모든 것이 객체다. 작성한 코드는 물론 명명된 객체를 생성하고, 조작하며 사용할 것이다. 바로 시작해보자. 숫자로 된 벡터를 만들어보자. 명령어 c()는 함수로, "결합^{combine}" 또는 "연결^{concatenate}"의 약자다. 괄호 안에 쉼표로 구분된^{comma-separated} 수열^{sequence}을 가져와 각 요소를 개별적으로 접근할 수 있는 벡터로 결합한다.

```
c(1, 2, 3, 1, 3, 5, 25)
```

```
## [1] 1 2 3 1 3 5 25
```

콘솔에 결과를 보내는 대신 생성한 객체에 결과를 할당할 수 있다.

'<'를 입력한 다음 '–'를 사용해 화살표를 입력할 수 있다.

```
my_numbers ← c(1, 2, 3, 1, 3, 5, 25)
your_numbers ← c(5, 31, 71, 1, 3, 21, 6)
```

방금 만든 객체를 확인하고 싶으면 객체명을 입력하고 Enter를 누른다.

```
my_numbers
```

```
## [1] 1 2 3 1 3 5 25
```

각 숫자가 존재하는 걸 확인할 수 있고 필요한 경우 직접 접근할 수 있다. 이 숫자들은 이제 my_numbers라는 새로운 벡터 객체의 일부분이다.

이름에 할당해서 새로운 객체를 만든다. 대입 연산자는 ←이다. 할당을 왼쪽에서 오른쪽으로 읽으면서 무언가를 "얻는get" 동작이라고 생각하라. 그러면 위의 코드는 "객체 my_numbers는 다음에 나오는 숫자를 연결한 결과를 얻는다: 1, 2, ..."로 읽을 수 있다. 연산자는 키보드에서 두 개의 별도 키, < 키와 −(마이너스) 키다. R에 자주 입력하는 키이기 때문에 RStudio에 단축키가 있다. 한 번에 할당 연산자를 작성하려면 맥OS에서는 Option 키를 누른 채로 −를 누른다. 윈도우에서는 Alt 키를 누른 상태에서 −를 누른다. 객체를 만들려고 이 문자들을 끊임없이 쓸 텐데 두 문자를 따로따로 입력하면 귀찮은 데다가 에러가 발생하기도 쉽다. ← 대신 < −(글자 사이에 공백이 있음)를 입력하는 실수를 범하기는 쉬운데 이를 알아차리기는 어렵다.

RStudio에서 단축키 딱 하나만 배운다면 바로 이거다! 맥OS에서는 항상 Option + −(마이너스)를, 윈도우에서는 Alt + −(마이너스)를 사용해 대입 연산자를 입력하라.

이름을 할당해서 객체를 만들면 R의 작업 영역workpace이나 환경environment에 존재하게 된다. 최대한 쉽게 생각하면 프로젝트 디렉터리로 생각할 수 있다. 작업 공간은 현재 프로젝트에만 적용된다. R을 실행한 폴더다. 특별한 요구 사항(엄청나게 큰 데이터셋이나 굉장히 오랫동안 분석해야 하는 작업)이 없다면, 객체가 "실제로" 어디에 존재하는가를 생각할 필요가 없다. 코드와 데이터 파일을 프로젝트의 영구적인 기능이라고 생각하라. R 프로젝트를 시작하면 일반적으로 데이터를 불러오는 것으로 시작한다. 즉, 디스크에서 읽어들여 my_data와 같이 명명된 객체에 할당한다. 그리고 앞으로의 코드는 더 많은 객체를 만들고 계속되는 명령을 수행할 것이다.

함수를 사용해 작업을 수행한다

```
fn_name( argument1 = <value1>,
         argument2 = <value2>,
         argument3 = <value3>)

plot_it(xvals = my_numbers,
        yvals = your_numbers,
        title = "Our Number Plot")
```

그림 2.5 위: 함수가 어떻게 보이는지 도식적으로 알 수 있다.
아래: 이 가상함수가 하는 일은 벡터 두 개를 가지고 제목이 있는 도표로 만드는 것이다. 함수에 사용하려는 특정 벡터와 제목을 제공한다. 벡터는 객체이므로 그대로 주어진다. 제목은 객체가 아니므로 따옴표로 묶는다.

R에서는 함수를 사용해 거의 모든 것을 할 수 있다. 함수는 우리가 원하는 행동을 수행할 수 있는 특별한 객체라고 생각하자. 입력받은 정보input를 기반으로 결과output를 생성한다. 함수에게 일을 시키고 싶을 때 함수를 호출한다. 그러면 명령을 확실하게 수행할 것이다. 몇 가지 정보를 제공하면 함수는 그 정보에 따라 작동하며 결과가 나온다. 개략적인 예가 그림 2.5에 나와 있다. 함수는 이름 끝에 있는 괄호로 인식할 수 있다. 단일 숫자, 명명된 벡터, 데이터 표와 같은 다른 객체와 구별된다.

괄호는 함수에 정보를 보낼 수 있게 해준다. 대부분의 함수는 하나 이상의 명명된 인수를 허용한다. 작업을 하기 위해서는 함수의 인수를 알아야 한다. 데이터(data = my_numbers) 또는 특정 옵션(title = "1인당 GDP") 또는 선택 옵션(smoothing = "splines", show = FALSE)이 인수가 될 수 있다. 예를 들어 객체 **my_numbers**는 숫자 벡터다.

```
my_numbers
```

```
## [1] 1 2 3 1 3 5 25
```

그러나 벡터를 만드는 데 사용했던 c()는 함수다. 이 함수는 당신이 쉼표로 구분해서 전달한 요소들을 벡터로 만든다. 마찬가지로 mean()은 숫자 벡터에 대해 단순 평균을 계산하는 함수다. 괄호 안에 인수 없이 mean()만 입력하면 어떻게 될까?

```
mean()
# Error in mean.default() : argument "x" is missing,
# with no default
```

오류 메시지는 간결하지만 유용한 정보를 제공한다. 이 함수가 작동하려면 인수가 필요한데 인수를 넘기지 않았다는 뜻이다. 여기서 'x'는 mean()이 계산을 수행할 수 있는 다른 객체의 이름이다.

```
mean(x = my_numbers)
```

```
## [1] 5.714286
```

```
mean(x = your_numbers)
```

```
## [1] 19.71429
```

함수 인수에는 내부적으로 사용되는 이름(여기서는 x)이 있지만 엄격하게 지정할 필요는 없다.

x는 미지수의 의미로 mean 함수 제작자가 부여한 이름이라고 생각하면 된다. 각 함수마다 인수 이름은 다를 수 있으며, 순서에 맞춰 입력할 경우 'x ='과 같은 인자명 부분을 생략할 수도 있다. – 옮긴이

```
mean(my_numbers)
```

```
## [1] 5.714286
```

함수에 관한 도움말 문서를 읽는 방법은 부록을 참조하라.

인수의 이름을 생략하면 R은 함수에 필요한 것을 기본 순서에 맞게 제공한다고 가정한다. 함수에 대한 도움말 문서를 보면 특정 함수마다 필요한 인수의 순서를 알려준다. 하나 또는 두 개의 인수만 필요로 하는 간단한 함수의 경우 이름을 생략해도 대개 혼동되지 않는다. 그보다 복잡한 함수의 경우 통상적으로 순서가 어떻게 되는지 기억하려고 하기보다는 인수의 이름을 사용하는 것이 좋다.

일반적으로 함수에 인수를 제공할 때는 <인수^{argument}> = <값^{value}>이라는 구문을 따른다. <value>가 숫자 벡터 혹은 데이터 테이블과 같이 이미 작업 영역에 있는 명명된 객체인 경우 mean(my_numbers)와 같이 따옴표로 묶지 않고 입력한다. <value>가 객체나 숫자, TRUE와 같은 논리값이 아닌 경우 일반적으로 labels(x = "x축 레이블")과 같이 따옴표로 묶는다.

함수는 인수를 통해 입력을 받아 동작을 수행하고 결과를 반환한다. 결과물은 함수가 수행하는 기능에 따라 달라진다. c() 함수는 쉼표(,)로 구분된 요소의 시퀀스를 입력받은 후 동일한 요소로 구성된 벡터를 반환한다. mean() 함수는 숫자로 구성된 벡터를 입력받은 후 그 값들의 평균을 내서 반환한다. 함수는 한 개 이상의 숫자를 반환할 수 있다. 함수에 의해 반환되는 출력은 데이터 표 또는 선형 모델의 결과처럼 복잡한 객체이거나 (앞으로 보게 될) 화면에 플롯을 그리는 데 필요한 명령어가 될 수 있다. 예를 들어 summary() 함수는 벡터를 이용해 계산을 수행하고 사실상 명명된 요소가 있는 작은 표를 생성한다.

함수 안에서 만든 인수 이름은 함수 내부에서만 유효하다. 예를 들어 작업 환경에 x라는 객체를 만들었다고 가정해보자. mean()과 같은 함수에도 이미 인수 x가 있지만 R은 이를 혼동하지 않을 것이다. 당신이 만든 x 객체를 실수로 사용하지 않을 것이다.

이미 c()와 mean()으로 알아봤듯이, 함수의 결괏값을 객체에 할당할 수 있다.

```
my_summary ← summary(my_numbers)
```

윗줄을 실행해도 콘솔에 출력되는 값이 없다. R은 당신이 지시한 대로 결괏값을 새 객체에 넣었을 뿐이다. 객체 내부를 확인하려면 객체명과 Enter를 누르면 된다.

```
my_summary
```

```
##    Min. 1st Qu.  Median    Mean 3rd Qu.    Max.
##   1.000   1.500   3.000   5.714   4.000  25.000
```

함수는 패키지로 제공된다

수행하려는 작업에 따라 작성하려는 코드가 복잡할 수도 있다. R로 작업하는 데 익숙해지면 필요한 결과를 얻기 위해 함수를 스스로 작성하게 될 것이다. 그러나 다른 프로그래밍 언어와 마찬가지로 모든 것을 직접 만들 필요는 없다. 유용한 함수를 갖춘 제품군은 패키지에 번들로 제공돼 설치할 수 있고 R 세션에 로드할 수 있으며 작업할 때 활용할 수 있다. 패키지는 시간을 낭비reinventing the wheel하지 않게 해준다. 화면에 도형을 그리거나 데이터 파일을 불러오기 위해 처음부터 다시 코딩하지 않아도 되는 것이 좋은 예다. 패키지는 다른 사람들이 노력해서 만든 것을 당신의 프로젝트 작업에 사용할 수 있게 해준다. ggplot은 함수 라이브러리다. 또 다른 패키지 중에 유용한 것들이 많은데, 이 책에서 몇 가지를 사용해볼 예정이다. 이런 패키지는 library() 함수를 통해 불러올 수도 있고 "손을 뻗어reaching in" 직접 가져와도 된다. 함수를 직접 만들고 스스로 코딩해보면 R과 관련 툴킷에 얼마나 많은 노력이 들어갔는지 알 수 있다. 많은 사람들이 몇 년에 걸쳐 자유롭게 기여해왔고 누구에게나 개방돼 있는 작업물을 접할 수 있다.

앞으로 해볼 시각화 작업은 알맞은 함수를 선택하는 일과 그 함수에 인수를 활용해 적절한 명령을 내리는 일을 모두 포함한다. 보통 우리는 올바른 함수를 선택하지 않거나 적절한 인수를 쓰지 못해서, 혹은 함수가 이해할 수 있는 형태로 정보를 제공하지 못하는 실수를 범한다.

지금은 명명된 객체를 만들고 조작해 R에서 작업한다는 것을 기억하자. 함수에 객체에 대한 정보를 넘겨줌으로써 객체를 조작한다. 함수는 그 정보와 함께 유용한 작업(평균 계산, 변수 재코딩, 모형에 맞추기)을 수행하고 그 결과를 돌려준다.

```
table(my_numbers)
```

```
## my_numbers
##  1  2  3  5 25
##  2  1  2  1  1
```

```
sd(my_numbers)
```

```
## [1] 8.616153
```

```
my_numbers * 5
```

```
## [1]   5  10  15   5  15  25 125
```

```
my_numbers + 1
```

```
## [1]  2  3  4  2  4  6 26
```

```
my_numbers + my_numbers
```

```
## [1]  2  4  6  2  6 10 50
```

처음 두 함수는 각각 간단한 숫자 테이블을 제공하고 my_numbers의 표준편차를 계산했다. 마지막 세 가지 케이스에서 R이 한 작업에 주목하자. 처음에는 my_numbers에 5를 곱했다. R은 한 번에 하나씩 my_numbers의 각 요소를 가져와서 5를 곱하는 것으로 해석한다. 그 아래에 나온 명령 my_numbers + 1도 동일하다. 단일 값은 벡터 길이만큼 "재사용recycle"된다. 반면 마지막 경우에는 my_numbers를 자체에 더해준다. 기존 객체와 더한 객체의 길이가 같기 때문에 R은 첫 번째 벡터의 각 요소를 두 번째 벡터의 해당 요소에 추가한다. 이것은 벡터화된 연산의 예시다.

어떤 객체인지 확실치 않으면, 그 클래스에 물어보라

모든 객체는 클래스를 갖고 있다. 클래스는 객체의 한 종류로 벡터, 문
자열^{character string}, 함수, 리스트 등이 될 수 있다. 객체의 클래스를 알면
무엇을 할 수 있고 할 수 없는지 전반적인 것을 알 수 있다.

```
class(my_numbers)
```

```
## [1] "numeric"
```

```
class(my_summary)
```

```
## [1] "summaryDefault" "table"
```

```
class(summary)
```

```
## [1] "function"
```

객체의 클래스는 작업을 통해 변경할 수도 있다. my_numbers로 다시 돌
아가보자.

```
my_new_vector ← c(my_numbers, "Apple")
my_new_vector
```

```
## [1] "1"     "2"     "3"     "1"     "3"     "5"     "25"    "Apple"
```

```
class(my_new_vector)
```

```
## [1] "character"
```

요청한 대로 이 함수는 숫자 벡터에 "Apple"이라는 단어를 추가했다.
그러나 결과적으로 새로운 객체는 "numeric^{숫자}"에서 "character^{문자}"로
전환된 새로운 클래스를 갖게 된다. 이제 모든 숫자가 따옴표로 묶이
게 된다. 그 숫자들은 문자열로 바뀌었다. 이 형식은 계산에 사용할 수
없다.

여기서 하는 대부분의 작업에서는 벡터와 엔티티에서 값을 직접적으로
가져오지는 않을 것이다. 대신 좀 더 쉽고 안전하게 작업하도록 노력할

부록에서는 객체 내의 요소를 선택하는 기본 사항에 대해 조금 더 설명한다.

것이다. 그러나 c() 함수가 매우 유용한 도구이기 때문에 벡터 내에 있는 요소를 어떻게 참조할 수 있는지 기본은 알아두는 게 좋다.

이 책에서는 데이터셋 묶음을 작업하는 데 많은 시간을 할애할 것이다. 일반적으로 컴퓨터의 로컬에 저장된 파일 또는 원격으로 액세스할 수 있는 어딘가에 있는 파일로 수명life을 시작한다. 일단 R로 가져오면 어떤 종류의 객체가 된다. R에는 데이터를 저장하는 데 사용되는 여러 객체의 클래스가 있다. 그 가운데 하나는 행과 열의 숫자로 구성된 행렬matrix이다. 그러나 R에서 가장 일반적인 데이터 객체는 행(관측치)과 열(변수)로 구성되고 사각형 테이블로 볼 수 있는 데이터프레임data frame이다. 데이터프레임에서 열은 문자열, 수치형 등의 다양한 클래스로 구성될 수 있다. 다음은 socviz 라이브러리의 아주 작은 데이터셋이다.

```
titanic
```

```
##        fate    sex    n percent
## 1 perished   male 1364    62.0
## 2 perished female  126     5.7
## 3 survived   male  367    16.7
## 4 survived female  344    15.6
```

```
class(titanic)
```

```
## [1] "data.frame"
```

이 titanic 데이터에서 두 개의 열은 숫자이고 나머지는 숫자가 아니다. 그리고 여러 가지 방법으로 행과 열에 액세스할 수 있다. $ 연산자를 사용하면 데이터프레임의 명명된 열을 선택할 수 있다.

```
titanic$percent
```

```
## [1] 62.0 5.7 16.7 15.6
```

부록 1에서 여러 객체의 특정 요소를 선택하는 방법을 더 자세히 설명한다.

또한 데이터프레임에서 약간 확장된 버전인 티블^{tibble}을 자주 접하게 될 것이다. tidyverse 라이브러리는 티블을 광범위하게 사용한다. 티블은 데이터프레임과 마찬가지로 여러 클래스로 이뤄진 변수를 모두 단일 데이터 테이블에 저장한다. 또 저장한 정보를 알기 더 쉽게 돼 있고 콘솔과 상호작용할 때도 더 친숙하다. 우리가 원하면 데이터프레임을 티블로 변환할 수 있다.

```
titanic_tb ← as_tibble(titanic)
titanic_tb
```

```
## # A tibble: 4 x 4
##    fate     sex         n percent
##    <fct>    <fct>   <dbl>   <dbl>
## 1 perished male     1364      62
## 2 perished female    126     5.7
## 3 survived male      367    16.7
## 4 survived female    344    15.6
```

출력의 상단과 하단을 주의 깊게 살펴보고 티블 클래스가 데이터프레임에 비해 추가로 제공하는 정보가 무엇인지 확인해보자.

객체 내부를 보려면 구조(스트럭처)를 요청하라

str() 함수는 객체 안에 무엇이 있는지 보여주기 때문에 때때로 유용하다.

```
str(my_numbers)
```

```
##  num [1:7] 1 2 3 1 3 5 25
```

```
str(my_summary)
```

```
##  'summaryDefault' Named num [1:6] 1 1.5 3 5.71 4 ...
##  - attr(*, "names")= chr [1:6] "Min." "1st Qu." "Median"
    "Mean" ...
```

또한 RStudio의 **환경(Environment)** 탭을 통해 객체를 요약해서 볼 수 있다.

사전 경고: 비교적 간단한 객체도 있지만(벡터는 단순한 수열이다) 거대한 객체도 있다. 그래서 str()을 사용했을 때 콘솔에 허용하기 힘든 양의 정보가 출력될지도 모른다. 일반적으로 복잡한 객체는 좀 더 단순한 객체의 모음으로 구성되며 대개 큰 리스트로, 때로는 중첩된 구조로 조합된다. 이사처럼 복잡한 활동을 위한 전체 할 일 목록[to-do list]을 생각해보자. 전체 목록은 여러 하위 작업으로 구성될 수 있으며, 하위 작업의 일부는 개별 할 일 목록을 갖고 있을 것이다. 작업 중 하나는 이삿짐 업체의 일정 짜기와 관련 있고 다른 작업은 물건 기부하기, 세 번째는 새로운 집에서 전기, 수도, 가스 등 세팅하기와 관련 있을 것이다. 이와 유사하게 도표를 그리는 전체 작업에는 많은 개별적인 작업 아이템이 있기 때문에 도표를 만들기 위해 생성하는 객체들은 많은 부분과 하위 파트를 가질 것이다. 그래도 잘 짜여진 작은 단계를 순서대로 수행해내면 큰 객체를 만들 수 있다. 그리고 이사와는 달리 컴퓨터는 실제로 우리를 위해 작업을 수행할 것이다. 우리가 해야 할 일은 할 일 목록을 제대로 만드는 것이다.

2.4 인내심을 가지고 R을 대하라. 자기 자신에게도

다른 프로그래밍 언어와 마찬가지로 R은 여러분이 원하는 바가 아니라 실제로 요청한 것을 수행한다. 그래서 당황할 수도 있다. 힘이 넘치고 활기찬 로봇인 줄 알았는데 알고 보니 상상력이라고는 없어 보일 수도 있기 때문이다. 처음부터 유창하고 오류가 없는 코드를 쓰는 사람이란 없다. 단순한 오타에서 큰 착오에 이르기까지 실수는 프로그래밍을 할 때 늘 일어난다. 그렇기 때문에 오류 검사와 디버깅, 테스트가 프로그래밍의 핵심이기도 하다. 자기 자신에게도 인내심을 갖고 R을 배워 나가자. 오류가 늘 발생하기 마련이니 걱정하지 말자. 에러가 난다고 망가지는 건 없다. 코드가 왜 잘못됐는지 알아낼 때마다 언어가 어떻게 작동하는지 새로운 것을 배울 것이다.

주의 깊게 살펴봐야 할 세 가지 구체적인 사항은 다음과 같다.

- 괄호가 짝이 맞게 여는 괄호 "("에는 닫는 괄호 ")"가 있는지 확인한다.
- 식expression을 완료했는지 확인한다. 코드 입력을 완료했다고 생각하지만 R은 아직 완전한 표현식을 작성하지 않았다고 생각할 수도 있다. 이때는 콘솔에서 명령 프롬프트 > 대신 + 문자가 표시된다. **Esc** 또는 **Ctrl+C**를 눌러 콘솔로 강제로 돌아가 코드를 다시 입력할 수 있다.
- 구체적으로 ggplot에서는 표현식을 하나씩 추가해 표를 한 부분씩 작성한다. 이렇게 할 때 + 문자가 시작 부분이 아니라 줄 끝부분에 있는지 확인한다. 즉, 다음과 같이 작성한다.

```
ggplot(data = mpg, aes(x = displ, y = hwy)) + geom_point()
```

다음과 같이 작성하지 않는다.

```
ggplot(data = mpg, aes(x = displ, y = hwy))
+ geom_point()
```

RStudio도 코드 작성을 돕고자 최선을 다할 것이다. 구문syntax을 사용해 코드를 강조 표시한다. (괄호 등) 짝을 맞춰야 하는 문자를 찾는다. 실행이 안 되는 코드의 원인을 찾으려고 시도한다. 입력한 객체의 이름을 자동 완성해 오타가 줄어들도록 해준다. 도움말 파일을 더욱 쉽게 액세스할 수 있게 하고 함수의 인수를 직접 사용할 수 있게 한다. 천천히 진행하면서 소프트웨어가 어떻게 당신을 도우려고 하는지 보라.

2.5 R에 데이터 가져오기

무언가를 도표로 그리기 전에 사용 가능한 형식으로 R에 데이터를 가져와야 한다. 데이터를 정리하고 읽는 일은 R, Stata, SAS, SPSS 또는 다른 통계 소프트웨어를 사용하든 관계없이 분석에서 가장 만족도가 떨

모두 통계 분석을 위한 상용 소프트웨어 애플리케이션이다. 특히 Stata는 사회과학 분야에서 널리 사용되고 있다.

어지는 편이다. 그래서 이 책의 많은 데이터셋이 수동으로 읽어야 하는 데이터 파일이 아니라 socviz 라이브러리를 통해 미리 준비된 형태로 제공된다. 그러나 이 책에서 배운 기술을 쓰려면 나중으로 미루기보다는 오히려 빨리 대면하는 것이 좋다. 그러므로 지금 아는 편이 나을 것이다. R을 배울 때도 샘플 데이터셋으로 작업하는 대신 자신의 데이터로 코드를 시험해보는 것이 유용하고 동기부여가 될 수 있다.

쉼표로 구분된 데이터를 읽으려면 read_csv() 함수를 사용한다. 이 함수는 readr 패키지에 있으며, tidyverse 중 하나다. R과 tidyverse에는 다양한 Stata, SAS, SPSS 형식을 직접 가져오는 함수가 있고 haven 패키지에서 찾을 수 있다. 우리가 해야 할 일은 파일에서 read_csv()를 가리키는 것이다. 이 파일은 로컬 파일(예: data/라는 하위 디렉터리)이거나 원격 파일일 수 있다. read_csv()에 URL 또는 ftp 주소가 지정되면 자동으로 작업이 진행된다. 이 예에서는 신뢰할 수 있는 원격 위치에 저장된 organdonation.csv라는 CSV 파일이 있다. 온라인에서는 편의상 파일의 URL을 객체에 할당한 다음 read_csv()를 호출해 읽어와서 organs라는 객체에 저장한다.

```
url ← "https://cdn.rawgit.com/kjhealy/viz-organdata/master/
organdonation.csv"

organs ← read_csv(file = url)
```

```
## Parsed with column specification:
## cols(
##    .default = col_double(),
##    country = col_character(),
##    world = col_character(),
##    opt = col_character(),
##    consent.law = col_character(),
##    consent.practice = col_character(),
##    consistent = col_character(),
##    ccode = col_character()
## )
## See spec(...) for full column specifications.
```

콘솔에는 `read_csv()` 함수가 CSV 파일에서 만든 객체의 각 열에 클래스를 할당했다는 결과 메시지가 출력된다. 여기에는 정수 값을 가진 열과 일부 문자열이 있다(double은 정수 이외의 숫자용 클래스다). `read_csv()`가 이 정보를 알려주는 이유 중 하나는 각 열 또는 변수의 클래스가 무엇인지 알면 도움이 되기 때문이다. 변수의 클래스에 따라 어떤 작업을 수행할 수 있는지 결정된다. 또 tidyverse의 `read_csv()`(이름 사이에 밑줄이 들어간다) 함수가 예전 버전 `read.csv()`(이름 사이에 마침표가 들어간다)보다 더 많이 사용되고 과단성이 있기 때문에 이 정보를 보여준다. 새로운 `read_csv()`는 요청하기 전까지는 변수를 팩터factor로 분류하지 않는다. 이는 달리 언급하지 않는 한 문자의 벡터를 팩터로 취급하는 이전 함수와는 대조적이다. 팩터는 R에서 몇 가지 매우 유용한 기능을 갖고 있지만(특히 실험에서 다양한 종류의 실험군과 대조군을 나타낼 때), 종종 이들을 완전히 의식하지 못한 사용자를 혼동시킨다. 그러므로 `read_csv()`는 명시적으로 다른 방법을 언급하지 않는 한 팩터를 피한다.

R은 다양한 형식의 데이터 파일을 읽을 수 있다. `haven` 패키지는 다양한 상용 소프트웨어 패키지로 만든 파일을 읽을 수 있는 기능을 제공한다. 예를 들어 데이터셋이 Stata의 .dta 파일이면 `read_csv()`를 썼던 것과 마찬가지로 `read_dta()` 함수를 사용할 수 있다. 이 함수는 논리값, 정수, 숫자, 문자, 팩터로 저장돼 있는 변수를 읽고 쓸 수 있다. Stata는 haven 라이브러리가 부분적으로 지원하는 레이블된labled 데이터 클래스도 있다. 일반적으로 레이블이 지정된 변수를 R의 기본 클래스 중 하나로 변환하게 된다. Stata는 결손 데이터에 대한 코드 체계도 광범위하게 지원한다. 결손 데이터는 일반적으로 R에서 직접 사용되지 않고 단순히 NA로 코딩된다. 그러므로 R에 임포트된 레이블 변수가 올바르게 코딩돼 있는지 유의해야 한다. 실수로 누락된 데이터를 분석할 때 잘못 사용하지 않도록 해야 한다.

R에서 사용할 데이터를 준비할 때 유의할 사항이 있다. 특히 ggplot으로 그래프를 작성할 때 데이터가 "정돈된tidy" 형식이면 가장 좋다는 것을 명심하라. 이것은 기본적으로 데이터를 넓은wide 형식이 아닌 긴long 형식으로, 모든 관측 값은 행row에, 모든 변수는 열column에 기록해야

R은 데이터베이스를 직접 다룰 수 있지만 여기에서는 다루지 않는다.

자세한 내용은 haven 문서를 참조하라.

한다 것을 의미한다. 이에 대해서는 3장에서 자세히 설명할 것이다. 부록의 '정돈된 데이터 설명'에서도 참고할 수 있다.

2.6 첫 번째 그림 만들기

이제 충분한 기반이 마련됐다. 코드 작성은 당혹스러울 수 있지만 재미있는 작업을 신속하게 수행하도록 도와줄 수도 있다. 이 책의 목적은 R에 대한 모든 것을 가르쳐주는 것이 아니라 좋은 그래픽을 만드는 법을 가르쳐주는 것이므로 많은 세부 사항을 나중으로 (혹은 이 책이 끝날 때까지) 미룰 수 있다. 함수를 사용해 명명된 객체를 만들고 그 결과를 도표화해서 계속 진행할 것이다. 이미 사용 가능한 갭마인더^{gapminder} 데이터 셋을 사용한다. library()로 데이터를 로드하고 살펴보자.

```
library(gapminder)
gapminder
```

```
## # A tibble: 1,704 x 6
##    country     continent year lifeExp      pop gdpPercap
##    <fct>       <fct>     <int>  <dbl>    <int>     <dbl>
##  1 Afghanistan Asia       1952   28.8  8425333      779.
##  2 Afghanistan Asia       1957   30.3  9240934      821.
##  3 Afghanistan Asia       1962   32.0 10267083      853.
##  4 Afghanistan Asia       1967   34.0 11537966      836.
##  5 Afghanistan Asia       1972   36.1 13079460      740.
##  6 Afghanistan Asia       1977   38.4 14880372      786.
##  7 Afghanistan Asia       1982   39.9 12881816      978.
##  8 Afghanistan Asia       1987   40.8 13867957      852.
##  9 Afghanistan Asia       1992   41.7 16317921      649.
## 10 Afghanistan Asia       1997   41.8 22227415      635.
## # ... with 1,694 more rows
```

이것은 수년에 걸쳐 여러 국가를 관찰한 데이터 표다. 이 데이터로 산점도를 만들어보자. 다음 코드를 입력하고 무슨 일이 일어나고 있는지 파악해보자. 세부 사항에 대해 아직 너무 걱정하지 마라.

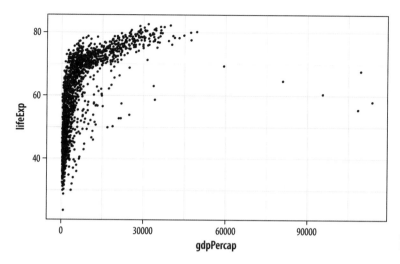

그림 2.6 오랜 기간에 걸친 여러 국가의 1인당 GDP 대비 기대수명

```
p ← ggplot(data = gapminder,
           mapping = aes(x = gdpPercap, y = lifeExp))
p + geom_point()
```

시작은 나쁘지 않다. 만든 그래프(그림 2.6)는 꽤 읽기 쉽고, 축에 정보 표시가 돼 있으며, 선택한 두 변수 사이에 일종의 관계를 보여준다. 여기에서 그래프는 개선될 수 있다. 그래프를 향상시키는 방법을 더 알아보자.

2.7 다음 알아볼 내용

이제 3장으로 넘어가면 된다. 그 전에 잠깐 시간을 할애해서 R과 RStudio에 익숙해지는 것도 좋다. 이 책의 부록에 있는 일부 자료는 읽어볼 만한 가치가 있다. 특히 R을 소개하는 추가 자료와 우리가 데이터를 불러올 때 일반적으로 발생할 수 있는 문제에 대한 설명을 읽어보면 좋다. 전체 무료이거나 일부 무료인 R 언어 온라인 강의가 몇 가지 있는데 시도해볼 만한 가치가 있다. 이 책을 계속 읽고자 사이트에서 다루는 자료를 전부 알 필요는 없지만 그 가운데 몇 가지는 유용할 수 있다. 사이트에 있는 자료를 보다가 늪에 빠지거나 당신과 관계없는 예제가 있더라

swirlstats.com

tryr.codeschool.com, datacamp.com

도 걱정하지 말자. 이런 자료는 당장 필요하지 않은 프로그래밍 개념과 도구를 다양하게 소개하고자 하는 경향이 있기 때문이다.

RStudio가 어떻게 작동하는지, RStudio가 어떤 일을 할 수 있는지 조금 익숙해질 필요가 있다. RStudio 웹사이트에는 많은 도움을 주는 소개 자료가 있다. RStudio, R마크다운, 책 전반에 걸쳐 사용할 다양한 tidyverse 패키지를 요약해놓은 유용한 치트시트cheat sheet가 많다. 이 치트시트는 차근차근히 설명하는 자료는 아니지만 한번 실행해보고 나면 이후에는 유용하게 참고할 수 있다.

rstudio.com

rstudio.com/resources/cheatsheets

잘 정리해둔 '커닝 페이퍼'처럼 핵심 명령어와 예시를 한두 페이지에 모아놓은 유용한 자료다. – 옮긴이

3 도표 만들기

3장에서는 ggplot의 핵심 함수를 사용해 산점도[scatterplot]를 만드는 방법을 설명한다. 한편으로는 천천히 신중하게 진행하면서 입력하는 명령어 뒤에 숨겨진 원리를 이해할 것이다. ggplot으로 데이터를 시각화하는 작업은 언제나 동일한 방식이 중심에 있기 때문이다. 따라서 핵심을 배울 가치가 있다. 하지만 다른 한편으로는 빠르게 진행할 것이다. 일단 기본 단계를 숙지하고 ggplot이 어떻게 도표의 일부분을 최종 이미지로 만들어내는지 이해한다면, 분석적이고 심미적으로 정교한 도표를 매우 빠르게 얻을 수 있다. 3장을 마칠 때쯤이면 각 패널에 회귀선이 매끄럽게 연결된 많은 국가의 시계열 데이터로 소규모 다중패널[small-multiple] 도표를 작성하는 방법을 알게 될 것이다.

3.1 ggplot의 동작 방식

1장에서 본 바와 같이 시각화는 선, 도형, 색상 등을 사용해 데이터를 표현하는 작업을 포함한다. 데이터에 있는 변수를 화면이나 페이지에 표현할 때는 관계를 구조화하는 과정 즉, 매핑이 존재한다. 또한 모든 매핑이 모든 종류의 변수에 대해 의미가 있는 것은 아니고, (이와는 관계 없이) 어떤 표현 방식은 다른 방식보다 이해하기 어렵다는 것을 알았다. ggplot은 도표의 데이터를 시각 요소에 매핑하고 원하는 도표 유형을 지정한 다음 어떻게 표시할지 세부적인 사항을 제어할 수 있는 도구 모음을 제공한다. 그림 3.1은 위의 데이터에서 하단의 완성된 도표까지의 과정을 보여준다. 지금은 세부 사항에 대해 신경 쓰지 말자. 이후 하나씩 살펴볼 것이다. ggplot에 익숙해지기 위해 가장 중요한 점은 차트의 논리적 구조를 생각해보는 것이다. 데이터의 변수와 화면에 표시되는 색상, 점, 모양 간의 관계는 코드를 작성해서 정한다. ggplot에서는 데

1. 정돈된 데이터			

p ← ggplot (data = gapminder, …

gdp	lifexp	pop	continent
340	65	31	Euro
227	51	200	Amer
909	81	80	Euro
126	40	20	Asia

2. 매핑

p ← ggplot (data = gapminder,
        mapping = aes (x = gdp,
        y = lifexp, size = pop,
        color = continent))

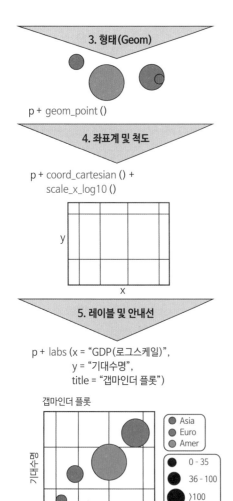

그림 3.1 ggplot 그래픽 문법의 주요 요소다. 3장에서는 이러한 단계를 자세히 설명한다.

library(tidyverse)

이터와 플롯 요소 사이의 이러한 논리적 연결을 미적 요소 매핑 또는 미적 효과aesthetics라고 한다. 그리고 **ggplot()** 함수에게 어떤 데이터인지 알려주고, 변수는 미적 요소에 어떻게 논리적으로 대응되는지를 안내함으로써 표 만들기를 시작한다. 그런 다음 결과를 가지고 산점도, 박스플롯, 막대그래프와 같이 원하는 일반적인 유형을 지정한다. ggplot에서 전체 도표 유형을 geom기하 객체라고 하고 각 geom에는 표를 생성하는 함수가 있다. 예를 들어 **geom_point()**는 산점도(분산형 차트)를 작성하고 **geom_bar()**는 막대그래프를, **geom_boxplot()**은 박스플롯을 만든다. **ggplot()** 객체와 **geom**을 합치려면 말 그대로 "+" 기호로 표현식에 추가해 결합하면 된다. 이 시점에서 도표를 그릴 때 필요한 정보는 ggplot에 충분히 제공됐다. 나머지는 세부 사항이다. 추가 사항을 지정하지 않으면 ggplot은 기본값을 사용해 최대한 분별력 있게 표를 만들려고 할 것이다. 그러나 표의 크기나 범례, 축의 레이블, 혹은 다른 사람이 표를 읽을 때 도움을 주는 다른 안내 사항을 정확하게 지정하고 싶을 때가 더 많을 것이다. 이러한 부분은 **geom_** 함수와 같은 방법으로 도표에 추가된다. 각 구성요소에는 고유한 기능이 있고, 수행할 작업을 지정하는 인수를 제공하며 문자 그대로 명령 순서에 추가한다. 이런 방법으로 체계적으로 하나씩 도표를 구축할 수 있다. 3장에서는 이 과정의 주요 단계를 살펴본다. 일련의 도표를 반복해서 작성하며 예제를 진행한다. 앞에서 언급했듯이 코드를 복사해 붙여 넣는 것이 아니라 직접 입력하며 손수 연습을 진행하는 것을 권장한다. 조금 지루하게 보일지도 모르지만 R의 문법에 익숙해지기 위한 가장 효과적인 방법이다. 오류의 발생을 막을 수는 없지만, 실수를 자가 진단할 수 있을 뿐만 아니라 높은 수준의 구조를 더 잘 이해할 수 있게 된다. R마크다운 파일을 메모용으로 열어 놓고 **tidyverse** 패키지를 로드해 코드 청크를 작성한 뒤 코드 사이사이에 메모와 코멘트를 남기자.

3.2 깔끔한 데이터

앞으로 사용할 tidyverse 도구는 당신의 데이터를 "깔끔한 데이터tidy data"라고 하는 특정 형식으로 읽고 싶어 한다(Wickham, 2014). 사회과학 자들은 폭이 넓은 형식wide-format 데이터와 길이가 긴 형식long-format 데이터의 구분에 익숙할 것이다. 긴 형식 테이블에서 각 변수는 열이고 각 관측치는 행이다. 와이드 형식 테이블에서는 일부 변수가 열에 걸쳐 펼쳐진다. 표 3.1은 시간에 따른 여러 국가의 기대수명 일부를 보여준다. 이 표는 연도 변수가 열에 분산돼 있기 때문에 와이드 형식이다.

이와 대조적으로 표 3.2는 동일한 데이터를 긴 형식으로 바꿨을 때의 시작 부분을 보여준다. ggplot이 원하는 깔끔한 데이터는 이 긴 형식 이다. 관련 용어로 이 표에서는 year 변수는 키key라고도 하며 lifeExp 변수는 특정 행에 대해 해당 키로 가져온 값value이다. 이 용어는 표를 넓은 형식에서 긴 형식으로 변환할 때 유용하다. 이건 굉장히 대략적인 설명이다. 이런 용어가 만들어진 배경에는 데이터를 표로 저장하는 형 식에 대해 연구했던 이론이 있지만, 지금은 이러한 세부 사항을 알 필요 는 없다. 깔끔한 데이터에 관한 자세한 내용은 부록을 참조하라. 또 "폭 이 넓은wide" 형식의 일반 표를 깔끔한 데이터로 전환하는 R 코드를 알 려주는 예제도 있다. 이 표에 있는 변수 일부는 열에 걸쳐 분산돼 있다. 표 3.1과 표 3.2를 비교해보면 깔끔한 표가 데이터를 가장 간략하게 표시하지 않는다는 것이 분명해보인다. 실제로 우리가 사람들에게 단

표 3.1 넓은 형식(wide format)의 기대수명 데이터

국가	1952	1957	1962	1967	1972	1977	1982	1987	1992	1997	2002	2007
Afghanistan	29	30	32	34	36	38	40	41	42	42	42	44
Albania	55	59	65	66	68	69	70	72	72	73	76	76
Algeria	43	46	48	51	55	58	61	66	68	69	71	72
Angola	30	32	34	36	38	39	40	40	41	41	41	43
Argentina	62	64	65	66	67	68	70	71	73	73	74	75
Australia	69	70	71	71	72	73	75	76	79	79	80	81

표 3.2 긴 형식(long format)의 기대수명 데이터

국가	year	lifeExp
Afghanistan	1952	29
Afghanistan	1957	30
Afghanistan	1962	32
Afghanistan	1967	34
Afghanistan	1972	36
Afghanistan	1977	38

```
p ← ggplot(data= <data>,
      mapping= aes(<aesthetic> = <variable>,
                   <aesthetic> = <variable>,
                   <...> = <...>)

p + geom_<type>(<...>)+
    scale_<mapping>_<type>(<...> )+
    coord_<type>(<...> )+
    labs(<...>)
```

그림 3.2 도표 작성을 위한 스키마

순히 수치만 보여주려고 할 때 보통 선택하는 데이터 표현 형식은 아니다. 정돈되지 않은 데이터^{untidy data}라고 해서 "지저분^{messy}" 하거나 "잘못된^{wrong}" 형태가 아니다. 표의 길이가 더 길어지더라도 깔끔한 데이터로 변환해 작업하면 더 직관적으로 매핑해 표를 일관성 있게 묘사할 수 있다.

3.3 매핑, 데이터를 시각 요소에 연결하기

레시피나 템플릿을 떠올리며 표 만들기를 시작해보자. 이 개념은 그림 3.2에 표현돼 있다. 먼저 우리가 가진 한 개의 객체, 즉 데이터로 시작하는데 이것은 ggplot이 이해할 수 있는 형태여야 한다. 보통 데이터프레임 혹은 티블과 같이 데이터프레임에서 일부 강화된 버전이 될 것이다. 이제 핵심 **ggplot** 함수에 데이터가 무엇인지 알려준다. 이 책에서는 도표의 핵심 정보를 담고 있는 p라는 객체를 생성해 작업을 수행할 것이다(p는 단지 편의상 붙인 이름이다). 그런 다음 도표 유형이나 geom을 선택하고 이를 p에 추가한다. 여기에서 척도 조정, 제목, 기타 레이블과 같이 필요에 따라 도표에 더 많은 기능을 추가한다.

첫 번째 도표를 만들기 위해 gapminder 데이터를 사용할 것이다. 데이터가 들어 있는 라이브러리가 로드됐는지 확인하라. 2장부터 동일한 RStudio 세션이나 R마크다운 문서에서 수행하는 경우 다시 로드할 필요가 없다. 그렇지 않으면 **library()** 함수를 사용해서 준비한다.

```
library(gapminder)
```

콘솔에서 객체명을 입력해 객체가 어떻게 생겼는지 다시 확인할 수 있다.

```
gapminder
```

```
## # A tibble: 1,704 x 6
##    country    continent  year lifeExp      pop gdpPercap
```

```
##    <fct>       <fct>   <int>  <dbl>   <int>     <dbl>
##  1 Afghanistan Asia     1952   28.8  8425333      779.
##  2 Afghanistan Asia     1957   30.3  9240934      821.
##  3 Afghanistan Asia     1962   32.0 10267083      853.
##  4 Afghanistan Asia     1967   34.0 11537966      836.
##  5 Afghanistan Asia     1972   36.1 13079460      740.
##  6 Afghanistan Asia     1977   38.4 14880372      786.
##  7 Afghanistan Asia     1982   39.9 12881816      978.
##  8 Afghanistan Asia     1987   40.8 13867957      852.
##  9 Afghanistan Asia     1992   41.7 16317921      649.
## 10 Afghanistan Asia     1997   41.8 22227415      635.
## # ... with 1,694 more rows
```

오랜 기간에 걸친 여러 국가의 1인당 GDP 대비 기대수명을 그래프로
나타내고 싶다고 가정해보자. 필요한 정보가 포함된 객체를 만든 후 거
기에서부터 살을 붙여 나간다. 먼저 ggplot() 함수에 어떤 데이터를 사
용 중인지 알려줘야 한다.

> 할당 연산자를 입력하려면 맥OS에서는 **Option + −**(마이너스)를 사용하고 윈도우에서는 **Alt + −**(마이너스)를 사용하라.

```
p ← ggplot(data = gapminder)
```

이 시점에서 ggplot은 데이터^data는 알고 있지만 어떻게 매핑^mapping해야
하는지는 모른다. 즉, 데이터의 어떤 변수를 어떤 시각적 요소로 도표
에 표시해야 하는지 알려줘야 한다. 또, 우리가 어떤 유형의 표를 원하
는지도 아직 모른다. ggplot에서는 다음과 같이 aes() 함수를 사용해
매핑을 지정한다.

> 함수의 도움말 페이지에 있는 예상 순서에 따라 변수를 제공하면, 전달하는 인수의 이름을 명시적으로 지정할 필요는 없다. 이 코드는 'data =' 및 'mapping ='을 생략해도 여전히 동작한다. 이 책에서는 명확성을 위해 모든 인수의 이름을 지정한다.

```
p ← ggplot(data = gapminder,
           mapping = aes(x = gdpPercap,
                         y = lifeExp))
```

여기서는 ggplot() 함수에 하나가 아닌 data와 mapping 두 개의 인수
를 지정했다. data 인수는 ggplot에게 사용할 변수를 어디에서 찾을 수
있는지 알려준다. 이렇게 하면 각 변수를 귀찮게 찾는 대신 여기에서 먼
저 찾아볼 것이다.

다음 차례는 매핑이다. mapping 인수는 데이터 객체나 문자열이 아니라 함수다. 함수가 다른 함수 안에 중첩될 수 있음을 기억하자. aes 함수에 제공한 인수는 ggplot이 나중에 사용할 정의값의 모음이다. 여기서는 "x축의 변수는 gdpPercap이 될 것이고 y축의 변수는 lifeExp가 될 것"이라는 뜻이다. aes() 함수는 이 변수들을 어디에서 찾을 수 있는지 알려주지 않는다. ggplot()이 data 인수에 주어진 객체에 변수들이 있다고 가정하기 때문이다. mapping = aes(...) 인자는 변수를 도표에 표시되는 시각 요소에 연결한다. x와 y값은 누구나 아는 값이며 다른 미적 요소 매핑에는 색과 모양, 크기, 선 유형(선이 실선인지 점선인지 아니면 다른 패턴인지)이 포함될 수 있다. 곧 예제를 살펴볼 것이다. 매핑은 어떤 특정한 색이나 도형이 도표에 표시되는지 직접적으로 지정하는 게 아니다. 변수가 어떤 시각 요소로 표현되는지를 지정한다. 여기에서 콘솔에 p를 입력하고 Enter를 입력하면 어떻게 되는가? 결과는 그림 3.3에 나와 있다.

```
p
```

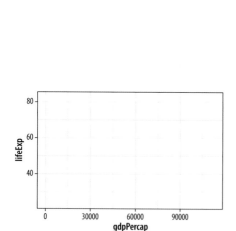

그림 3.3 이 빈 도표에는 geom이 없다.

p 객체는 ggplot() 함수로 생성됐고 우리가 원하는 매핑 정보 및 기본으로 추가된 정보를 이미 담고 있다(만약 p 객체에 얼마나 많은 정보가 있는지 보고 싶다면 str(p)를 실행해보라). 그러나 어떤 종류의 표를 그려야 하는지는 아직 알려주지 않았다. 이를 위해 도표에 레이어를 추가해야 하는데 이것은 geom_ 함수를 선택하는 것을 의미한다. x와 y값을 산점도에 나타내는 geom_point()를 사용할 것이다.

```
p + geom_point()
```

3.4 레이어별로 도표 만들기

2장 끝 부분에서 ggplot에 대해 간략하게 살펴봤지만, 적절한 그래프를 처음으로 만들어보려고 기반을 다지는 데 많은 시간을 보냈다. 소프트웨어 IDE를 설정하고 작업을 재현할 수 있게 했다.

그런 다음 R의 기본 작동 원리와 ggplot이 기대하는 깔끔한 데이터를 배웠다. 방금 전에는 ggplot의 주요 아이디어를 설명하는 논리를 살펴봤다. 여기에서는 변수와 미적 요소를 매핑한 후 체계적이고 예측 가능한 방식으로 표를 한 번에 하나씩 만들어 나갔다. 많은 작업을 통해 도표 하나를 만들어냈다. 좋은 소식은 지금부터 하는 작업에서 개념적인 변화는 많지 않을 것이라는 사실이다. ggplot에게 무슨 일을 해야 하는지 자세히 설명하는 것을 배우게 된다. 사용할 수 있는 geom(또는 도표 유형)에 대해 더 배우고 좌표계^{coordinate system}와 척도, (레이블과 눈금 표시와 같은) 가이드 요소 및 도표의 테마 특성을 제어하는 함수에 대해 알아보자. 이를 배우면 더 정교한 도표를 놀라운 속도로 만들 수 있게 된다. 그러나 개념적으로는 항상 똑같은 일이 될 것이다. 깔끔하게 정돈된 데이터 표로 시작해서 앞으로 수행할 작업은 다음과 같다.

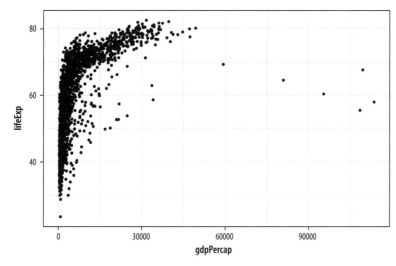

그림 3.4 GDP 대비 기대수명을 나타낸 산점도

data = ... 단계

mapping = aes(...) 단계

geom 선택하기

scale_, family, labs() 및 guides() 함수

실제로 표의 각 부분을 어떻게 그리는지 지시하는 내용을 중첩해서 큰 객체를 만들게 된다.

1. 데이터가 무엇인지 **ggplot()** 함수에 알린다.

2. **ggplot()**에게 우리가 알고 싶은 관계를 통보한다. 편의상 처음 두 단계의 결과를 p라는 객체에 넣을 것이다.

3. 데이터 간의 관계를 어떤 방식으로 보고 싶은지 **ggplot**에게 알린다.

4. 필요에 따라 geom 객체에 레이어를 쌓고 한 번에 하나씩 p 객체에 추가한다.

5. 몇 가지 추가 함수를 사용해 척도, 레이블, 눈금, 제목을 조정한다. 이들 함수 중 몇몇에 대해 잠시 뒤 자세히 알아볼 것이다.

먼저 ggplot이 이런 요소에 기본값을 사용하도록 할 것이다. 예를 들면 도표에서 사용되는 좌표계는 대부분 직교^cartesian 좌표계로써, x축과 y축으로 정의된 평면이다. 여러분이 별도로 언급하지 않는 이상 ggplot이 이 좌표계를 사용한다고 가정한다. 이제 빠르게 몇 가지를 수정해보자. 도표에 레이어를 추가하는 과정이 실제로 추가된다는 사실을 명심하라. 일반적으로 R에서는 단순히 함수를 객체에 추가할 수 없다. 오히려 객체를 입력으로 가져오고 객체를 출력으로 생성한다. 그러나 **ggplot()**에 의해 생성된 객체는 특별하다. 이렇게 객체를 만들면 도표를 한 번에 한 부분씩 쉽게 구성할 수 있고 매 단계마다 어떻게 보이는지 확인하기도 좋다. 이제 만들어 놓은 도표에 다른 **geom_** 함수를 시도해보자.

```
p ← ggplot(data = gapminder,
           mapping = aes(x = gdpPercap,
                         y=lifeExp))
p + geom_smooth()
```

그림 3.5를 통해 geom 중 일부는 단순히 평면 위에 점을 찍는 것보다 훨씬 많은 작업을 한다는 것을 알 수 있다. 여기서 **geom_smooth()**는 추세선^smoothed line을 계산하고 선에 대한 표준오차를 리본으로 음영 처리해서 보여준다. 데이터 점과 선을 함께 보고 싶다면 **geom_point()**를 다시 추가하면 된다(그림 3.6).

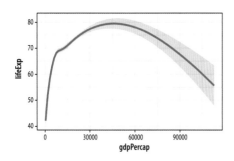

그림 3.5 추세선을 사용한 GDP 대비 기대수명 도표

```
p ← ggplot(data = gapminder,
           mapping = aes(x = gdpPercap,
                         y=lifeExp))
p + geom_smooth()
```

```
## `geom_smooth()` using method = 'gam' and formula 'y ~ s(x, bs
= "cs")'
```

콘솔 메시지 R은 **geom_smooth()** 함수가 **gam**이라는 메서드^method^를 사용하고 있음을 알려주며, 이 경우 일반화 가법 모형^Generalized Additive Model^에 적합하다는 의미다. 이는 **geom_smooth()**가 이해하는 다른 메서드가 있을 수 있으며, 대신 사용할 수 있는 방법이 있음을 암시한다. 명령은 인수를 통해 함수에 제공되므로 **geom_smooth()**에 대한 인수로 **method = "lm"**("선형 모형"의 경우)을 추가할 수 있다.

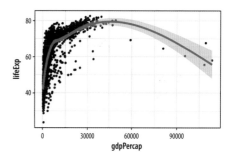

그림 3.6 추세선과 점을 함께 사용한 GDP 대비 기대수명 도표

```
p ← ggplot(data = gapminder,
           mapping = aes(x = gdpPercap,
                         y=lifeExp))
p + geom_point() + geom_smooth(method = "lm")
```

그림 3.5에서 3.7까지는 **geom_point()**나 **geom_smooth()**에 데이터가 어디서 왔는지, 또는 어떤 매핑을 사용해야 하는지 지정할 필요가 없었다. 이 함수들은 원래의 객체 **p**로부터 이 정보를 상속^inherit^받는다. 나중에 보게 되겠지만, 대신 geom에게 별도의 명령을 내리는 것이 가능하다. 그러나 제공되는 정보가 없는 경우 geom은 **ggplot()** 함수에서 필요한 명령이나 **ggplot()**으로 생성된 객체를 찾는다. 이 도표에서 데이터는 좌측에 상당히 밀집돼 있다. 1인당 국내 총생산은 보통 국가 전역에 걸쳐 고르게 분포돼 있지 않다. x축 스케일을 선형 스케일에서 로그 스케일로 변환하면 더 보기 좋게 될 것이다. 이를 위해 **scale_x_log10()**이라는 함수를 사용할 수 있다. 예상대로 이 함수는 도표의 x축을 상용로그(log10) 기준으로 조정한다. 이를 사용하기 위해서는 도표에 추가하기만 하면 된다.

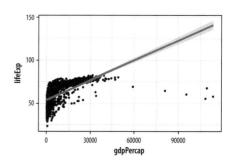

그림 3.7 적합하지 않은 선형 스케일로 나타낸 GDP 대비 기대수명 도표

```
p ← ggplot(data = gapminder,
          mapping = aes(x = gdpPercap,
                        y=lifeExp))
p + geom_point() +
    geom_smooth(method = "gam") +
    scale_x_log10()
```

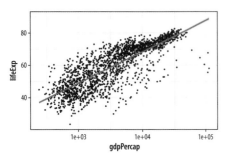

그림 3.8 x축을 로그 스케일로 변환하고 추세선을 함께 표시한 GDP 대비 기대수명 산점도

x축 변환을 통해 점과 추세선 모양이 모두 바뀌었다(그림 3.8)(lm에서 gam 으로 다시 전환했다). ggplot()과 관련 함수가 기본 데이터프레임을 변경 하지 않았지만 도표에 추세선이 표시되기 전에 데이터에 스케일 변환이 적용된다. 이런 방식으로 사용할 수 있는 다양한 스케일 변환이 있다. 각각은 적용하려는 방식과 적용할 축의 이름으로 정의된다. 여기에서는 scale_x_log10()을 사용했다.

단순히 적합한 척도와 추세선을 사용해서 GDP 대비 기대수명 도표를 보여주는 것이 목표였다면, 축의 레이블과 제목으로 표를 꾸며서 마무 리했을 것이다. 하지만 x축에서 사용한 과학적 표기법^{scientific notation}을 실 제 사용하는 값인 달러^{dollar}로 대체하고 싶을 수도 있다. 이 작업은 아주 쉽게 할 수 있다. 먼저 척도^{scale}를 수정해보자. 눈금의 레이블은 scale_ 함수로 제어할 수 있다. 자신이 만든 함수를 사용해서 축에 레이블을 붙 이는 것도 가능하지만(나중에 살펴보겠지만 수작업으로 레이블을 붙이는 것도 가능하다), 미리 준비된 형식 지정^{formatting} 함수가 포함된 편리한 scales 패키지가 있다. 전체 패키지를 library(scales)로 로드하거나 좀 더 편리하게 이 라이브러리에서 필요한 특정 포매터^{formatter}만 가져올 수 있다. 여기서는 dollar() 함수를 가져온다. 로드하지 않은 패키지에서 함수를 직접 가져오려면, 패키지::함수(thepackage::thefunction) 구문 을 사용한다. 다음과 같이 할 수 있다.

포매터라고 주로 쓰지만 '형식 변환기' 정도로 바꿔 쓸 수 있 다. 일례로 10000을 $10,000으로 바꿔주는 식이다. – 옮긴이

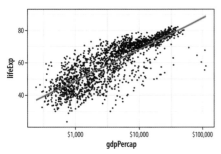

그림 3.9 로그 스케일로 x축을 변환하고 눈금을 개선한 뒤, 추세선과 함께 표시한 GDP 대비 기대수명 산점도

```
p ← ggplot(data = gapminder, mapping =
          aes(x = gdpPercap, y=lifeExp))
p + geom_point() +
    geom_smooth(method = "gam") +
    scale_x_log10(labels = scales::dollar)
```

나중에 스케일 변환에 관해 더 배우게 될 것이다. 지금은 두 가지를 기억하라. 첫째, scale_x_log10() 또는 scale_y_log10() 등을 도표에 추가해 x나 y축을 직접 변환할 수 있다. 이렇게 하면 x 또는 y축이 변형되고 기본적으로 축의 눈금은 과학적 표기법을 사용해 레이블이 지정된다. 둘째, 축의 눈금 아래에 출력된 텍스트의 포맷을 변경하는 labels 인수를 scale_ 함수에 제공할 수 있다. scale_x_log10() 함수 내에 labels=scales::comma와 같이 입력한다.

3.5 미적 요소 매핑과 설정하기

미적 요소 매핑은 변수를 크기, 색상, 모양처럼 시각 요소 중 하나로 표현하도록 정해준다. 변수는 아래와 같이 미적 요소에 매핑한다.

```
p ← ggplot(data = gapminder, mapping = aes(x = gdpPercap,
    y = lifeExp, color = continent))
```

이 코드는 "점을 보라색으로 칠해라"처럼 명령을 직접적으로 내리지 않는다. 대신 "변수 continent를 속성 'color'로 나타내라" 또는 "continent에 색상이 매핑될 것이다"와 같은 정보를 제공한다 매핑 기능을 사용해서 표의 점을 보라색으로 바꾸려고 하지 마라. 다음을 시도할 때 무엇이 일어나는지 보라.

```
p ← ggplot(data = gapminder, mapping = aes(x = gdpPercap,
    y = lifeExp,  color = "purple"))
p + geom_point() + geom_smooth(method = "loess") +
    scale_x_log10()
```

그림 3.10에서 무슨 일이 일어났는가? 왜 "보라색"이라고 적힌 범례가 있는가? 왜 포인트가 모두 보라색 대신 분홍빛이 도는 빨간색으로 변했는가? 기억할 것은, 미적 요소 매핑이란 데이터를 그래프에서 볼 수 있는 속성으로 변환하는 것이다. 해당 매핑이 지정된 곳에서 aes() 함수

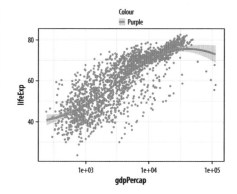

그림 3.10 어떤 문제가 생겼는가?

는 작업을 수행하려고 시도한다. 이 함수는 변수 하나를 색상 요소로 매 핑하려고 하기 때문에 당신이 변수를 제공한다고 가정한다. 우리가 준 건 아직 "보라색"이라는 단어밖에 없다. 그러나 aes()는 제공받은 단어 를 변수처럼 다루려고 최선을 다할 것이다. 데이터 표에 행이 있는 만큼 관찰 값도 있어야 한다. aes()는 R의 재사용 규칙에 의거해서 서로 길 이가 다른 벡터를 맞춰준다.

결과적으로 이는 데이터에 대한 새로운 범주형 변수를 만든다. "보라 색" 문자열은 데이터의 모든 행에 대해 재활용된다. 이제 새로운 칼럼 이 생겼다. 그 안에 있는 모든 요소는 "보라색"이라고 하는 동일한 값을 가진다. 그리고 요청받은 대로 ggplot은 컬러 요소와 매핑해 그려준다. 이 새로운 변수에 범례도 충실하게 만들었다. 기본적으로 ggplot은 점 을 "보라색"이라는 범주로 분류하고(여기에서는 모든 점이 이 범주에 속한다) 기본 색상 중 첫 번째 색상인 빨간색으로 지정한다. aes() 함수는 매핑 에만 사용된다. 속성을 특정 값으로 변경하는 데 사용하지 마라. 속성 값을 설정하려면 우리가 사용하는 geom_과 mapping = aes(...) 단계 의 바깥에서 진행한다. 다음을 보자.

1장에 나왔던 예로, 'my_number+1'이라는 명령은 벡터에 있는 모든 요소에 1을 더해줬다.

```
p ← ggplot(data = gapminder, mapping = aes(x = gdpPercap,
    y = lifeExp))
p + geom_point(color = "purple") + geom_smooth(method = "loess")
    + scale_x_log10()
```

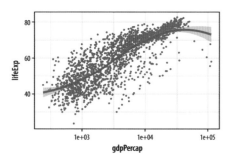

그림 3.11 점의 색상 속성을 직접 설정

geom_point() 함수는 직접 color 인수를 취할 수 있고 R은 "보라색" 색상을 알고 있다(그림 3.11). 이것이 그래픽의 기본 구조를 정의하는 미 적 요소 매핑은 아니다. 그래프의 문법이나 논리의 관점에서 볼 때, 점 이 보라색이라는 사실은 의미가 없다. 보라색이라는 색상을 통해 변수 로 데이터의 특성이 의미 있는 방식으로 표현되진 않는다.

```
p ← ggplot(data = gapminder, mapping = aes(x = gdpPercap,
    y = lifeExp))
p + geom_point(alpha = 0.3) + geom_smooth(color = "orange",
    se = FALSE, size = 8, method = "lm") + scale_x_log10()
```

다양한 geom_ 함수는 도표의 모양에 영향을 미치는 많은 인수를 전달받을 수 있지만 변수를 미적 요소에 매핑할 수는 없다. 따라서 이러한 인수는 aes() 함수 내부로 들어가지 않는다. 색상이나 크기와 같이 설정하려는 요소 중 일부는 표시 가능한 요소와 이름이 같다. geom_smooth()의 메서드 또는 se 인수와 같은 기타 요소는 도표의 다른 측면에 영향을 준다. 그림 3.12에 나오는 코드에서는 geom_smooth() 함수가 선을 주황색으로 설정하고 크기(즉, 두께)를 과도하게 큰 값인 8로 설정한다. 또한 se 옵션을 기본값인 TRUE에서 FALSE로 바꾼다. 그 결과 표준편차 리본이 표시되지 않는다.

한편 geom_smooth()를 호출해서 alpha 인자를 0.3으로 설정했다. 색상, 크기, 모양과 마찬가지로 "alpha"도 수치(및 일부 다른 플롯 요소)로 표현할 수 있고, 어떤 변수를 매핑할 수 있는 미학 속성이다. 알파는 오브젝트가 얼마나 투명하게 그려질지 조절한다. 0에서 1까지의 척도로 측정한다. 알파값이 0인 객체는 완전히 투명해져서 객체의 색상이나 크기와 같은 다른 매핑도 보이지 않게 된다. 알파값이 1인 객체는 완전히 불투명하다. 중간 값을 택하면 그림 3.13처럼 겹치는 데이터가 많이 있을 때 많은 관측치의 위치를 좀 더 쉽게 파악할 수 있으므로 유용할 수 있다.

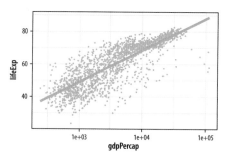

그림 3.12 다른 인수를 설정

연속 변수를 단색 그레이디언트에 매핑하는 것처럼 연속 변수를 알파 속성에 직접 매핑할 수도 있다. 그러나 이는 일반적으로 수량 변동을 정확하게 전달하는 효과적인 방법이 아니다.

```
p ← ggplot(data = gapminder, mapping = aes(x = gdpPercap,
    y=lifeExp))
p + geom_point(alpha = 0.3) + geom_smooth(method = "gam") +
    scale_x_log10(labels = scales::dollar) +
    labs(x = "GDP Per Capita", y = "Life Expectancy in Years",
        title = "경제성장률과 기대수명",
        subtitle = "데이터 포인트는 연도별 국가임",
        caption = "자료: 갭마인더")
```

그림 3.13 좀 더 세련된 GDP 대비 기대수명 도표

이제 꽤 세련된 도표를 만들 수 있다. 점의 alpha(투명도)값을 낮은 값으로 설정하고, 더 나은 x축과 y축 레이블을 만들고, 제목과 부제, 캡션을 추가한다. 위의 코드에서 알 수 있듯이, x, y 및 도표의 size, fill, color 등의 기타 미적특질 매핑 외에도, labs() 함수는 title, subtitle, caption에 대한 텍스트를 설정할 수 있다. 이 함수가 스케일의 주요 레이블을 제어한다. 축 눈금 표시와 같은 외관은 여기에서 사용된 `scale_x_log10()` 함수와 같은 다양한 `scale_` 함수가 담당한다. 곧 `scale_` 함수들로 무엇을 할 수 있는지 자세히 알아볼 것이다.

지금 다루고 있는 갭마인더 데이터 중에 색상 요소에 적절하게 매핑할 수 있는 변수가 있을까? continent 변수를 고려해보자. 그림 3.14를 보면 각각의 점들은 대륙별로 구분돼 색이 지정됐다. 그리고 색상 키를 알려주는 범례가 도표에 자동으로 추가됐다. 또, 하나였던 추세선이 이제 다섯 개가 됐고 continent 변수는 각각의 선에 표현된다. 미적특질 매핑은 상속되기 때문에 이런 결과가 나타난다. p 객체를 만들 때 호출했던 `ggplot()`에서 x, y뿐만 아니라 색상 요소도 설정된다. 다른 지시 사항이 없으면 원래 객체에 포함된 geom의 매핑 속성이 모두 상속된다. 이 예시에서는 점과 추세선이 모두 대륙별로 색상 지정됐다.

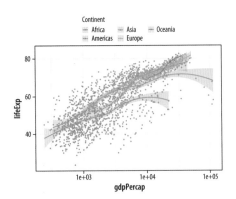

그림 3.14 continent 변수를 미적 요소 color에 매핑한다.

```
p ← ggplot(data = gapminder, mapping = aes(x = gdpPercap,
    y = lifeExp, color = continent))
p + geom_point() + geom_smooth(method = "loess") +
    scale_x_log10()
```

원한다면 그림 3.15와 같이 각 선의 표준오차 리본을 주조색$^{dominant color}$과 일치하도록 음영 처리할 수 있다. 표준오차 리본의 색상은 미적 요소 `fill`을 통해 조절된다. `color`가 선과 점의 외관에 영향을 미치는 반면, `fill`은 막대와 다각형의 채워진 영역, 평활기^{smoother}의 표준오차 리본 내부를 채우는 것이다.

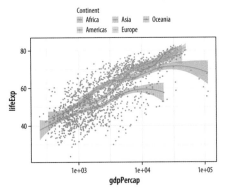

그림 3.15 continent 변수를 color에 매핑하고 fill을 사용해 표준 오차 부분을 수정한다.

```
p ← ggplot(data = gapminder, mapping = aes(x = gdpPercap,
    y = lifeExp, color = continent, fill = continent))
p + geom_point() + geom_smooth(method = "loess") +
    scale_x_log10()
```

이런 식으로 미적특질 color와 fill을 일관되게 구성하면 도표의 전체적인 모습이 개선된다. 이를 실현하기 위해서는 각각의 경우에 동일한 변수로 매핑이 되게 지정하면 된다.

3.6 미적특질은 geom마다 매핑될 수 있다

추세선을 5개나 만드는 건 너무 많고 한 줄만 있으면 될 것 같다. 그러
나 점은 대륙별로 색상을 구분해서 표현하고 싶다. 기본적으로 geom은
ggplot() 함수에서 기존 매핑을 상속받는데, 각 geom마다 다른 미적
특질을 지정해서 바꿀 수 있다. 처음에 ggplot()를 호출했을 때처럼 같
은 mapping = aes(...) 표현식을 사용하지만 이제는 geom_ 함수도 활용
해서 각각에 적용하려는 매핑을 명시해준다(그림 3.16). 초기 ggplot()
함수에 지정된 매핑(여기서는 x, y)은 이후 나오는 모든 geom을 통해 전
달된다.

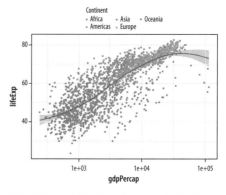

그림 3.16 각각의 시각적 속성을 geom을 사용해서 매핑.
추세선은 제외하고 점에만 대륙별로 색상 매핑을 한다.

```
p ← ggplot(data = gapminder, mapping = aes(x = gdpPercap,
    y = lifeExp))
p + geom_point(mapping = aes(color = continent)) +
    geom_smooth(method = "loess") +
    scale_x_log10()
```

연속 변수도 color에 매핑할 수 있다. 예를 들어 각 국가의 매년 인구
규모pop를 알려주는 로그를 색상으로 매핑할 수 있다(우리는 log() 함수를
사용해 aes()문에서 인구의 로그를 바로 가져올 수 있다. R이 이 작업을 검토할 것
이다). 이렇게 하면 ggplot은 그라데이션 눈금을 만든다. 그라데이션은
연속이지만 범례에는 간격별로 표시된다. 지금까지는 변수를 낮은 값부
터 높은 값까지 있는 카테고리 단계로 나눴다. 하지만 상황에 따라 인구
수와 같은 수량을 연속적인 그레이디언트 색(그림 3.17)으로 매핑하는 방
식이 더 효과적일 수 있다. 그러므로 데이터를 범주로 나누거나 잘라내
기보다는 연속된 형태로 먼저 볼 가치가 있다.

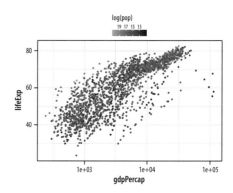

그림 3.17 연속형 변수를 color에 매핑한다.

```
p ← ggplot(data = gapminder, mapping = aes(x = gdpPercap,
    y = lifeExp))
```

```
p + geom_point(mapping = aes(color = log(pop))) +
    scale_x_log10()
```

마지막으로, ggplot이 스케일을 그리는 방식에 좀 더 주의를 기울여보자. 매핑된 모든 변수에는 스케일이 있기 때문에 도표가 어떻게 구성됐는지, 어떤 항목을 매핑했는지 범례를 통해 많은 것을 알 수 있다. 그림 3.15와 그림 3.16의 범례를 자세히 살펴보자.

그림 3.18의 왼쪽에 표시된 첫 번째 그림의 범례에는 몇 가지 시각적 요소가 있다. 각 대륙마다 점과 선, 음영 처리된 배경이 있다. 오른쪽에 표시된 두 번째 그림에는 음영 처리된 배경이나 선은 없고 대륙마다 점이 하나씩 있다. 그림 3.15와 3.16의 코드를 다시 보면 첫 번째 경우 continent 변수를 color와 fill 둘 다에 매핑한 것을 볼 수 있다. 그런 다음 geom_point()를 사용해 모양을 그렸으며 geom_smooth()를 사용해 각 대륙에 맞는 선을 그렸다. 점에 색상으로 표현하지만 추세선은 색상(선 자체)과 채우기(음영 처리된 표준오차 리본)로 표현한다. 범례에는 각 요소, 즉 점 색상, 선 색상, 리본 채우기가 표시된다. 두 번째 그림에서는 점들만 대륙별로 채색되도록 함으로써 단순화하기로 했다. 그런 다음 전체 그래프에 단 하나의 추세선만 그렸다. 따라서 그 그림의 범례에서, 채색된 선과 음영 처리된 상자는 모두 존재하지 않는다. geom_point()에서 대륙을 나타내는 색상 매핑에 대한 범례밖에 없다. 한편 그래프 자체에서 geom_smooth()로 그려지는 선은 기본적으로 밝은 파랑으로 표시되며 눈금과는 다르다. 음영 처리된 오류 리본은 기본적으로 회색으로 설정된다. 이런 작은 세부 사항은 우연이 아니다. 이런 사항들은 시각적 속성과 도표 이면에 있는 데이터 간의 관계에 대해 ggplot이 규칙에 맞게 고민한 결과다.

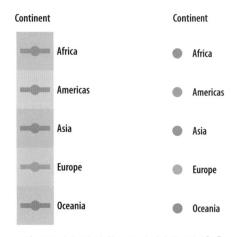

그림 3.18 가이드와 범례는 그들이 나타내는 매핑을 충실히 반영한다.

3.7 작업 저장하기

이제 직접 도표를 만들기 시작했으니 저장하는 방법과 크기 및 파일 형식을 조절하는 방법이 궁금할 것이다. R마크다운 문서에서 작업하고 있다면 앞서 본 것처럼 당신이 만든 그림이 그 안에 삽입될 것이다. 첫 번째 코드 청크에 옵션을 설정해 .Rmd 문서 내의 도표의 기본 크기를 설정할 수 있다. 다음 명령은 R에 8×5인치짜리 그림을 만들어야 한다고 알려준다.

```
knitr::opts_chunk$set(fig.width = 8, fig.height = 5)
```

때로는 기본값을 변경하지 않고 특정 도표의 크기를 바꾸고 싶은 경우가 있다. 이렇게 하려면 처음에 중괄호 안에 있는 특정 청크에 동일한 옵션을 추가할 수 있다. 각 청크는 3개의 백틱(`)과 함께 언어 이름(이 책에서는 항상 r)과 선택적 레이블을 포함하는 중괄호의 쌍으로 열린다.

```
```{r example}
p + geom_point()
```
```

레이블 뒤에 쉼표를 넣고 원하는 만큼 옵션을 추가할 수 있다. 이렇게 추가한 옵션은 해당 청크에만 적용된다. 너비가 12인치이고 높이가 9인치인 그림을 만들려면 중괄호 안에 {r example, fig.width = 12, fig.height = 9}와 같이 입력한다.

R마크다운으로 작성하지 않은 문서나 논문에 삽입하는 이미지는 따로 저장해둬야 할 것이다. 그림을 파일 내에 저장하는 작업은 여러 가지 방법으로 수행할 수 있다. ggplot으로 작업할 때는 **ggsave()** 함수를 사용하면 가장 쉽다. 가장 최근에 표시된 그림을 저장하려면 원하는 이름을 입력한다.

```
ggsave(filename = "my_figure.png")
```

그러면 그림이 웹 페이지에 표시하기에 적합한 형식인 PNG 파일로 저장된다. 대신 PDF로 저장하려면 파일 확장자를 변경하라.

다른 확장자로도 저장 가능하다. 상세히 알아보려면 이 함수의 도움말 페이지를 살펴보자.

```
ggsave(filename = "my_figure.pdf")
```

ggsave()에 제공하는 첫 번째 인수가 파일명이라면 filename =을 쓰지 않아도 된다. 또 플롯 객체를 ggsave()에 전달할 수도 있다. 예를 들어 최근의 플롯을 p_out이라는 객체에 넣은 다음 ggsave()에 그 객체를 저장하라고 알려줄 수 있다.

```
p_out ← p + geom_point() + geom_smooth(method = "loess") +
scale_x_log10()

ggsave("my_figure.pdf", plot = p_out)
```

작업물을 저장할 때 이미지만 따로 저장하는 하위 폴더를 한 개 이상 만들어두면 좋다. 그리고 저장할 그림의 이름은 합리적이어야 한다. fig_1.pdf나 my_figure.pdf는 좋은 이름이 아니다. 그림 이름은 간략하지만 내용을 설명할 수 있어야 하고 같은 프로젝트 내에서는 그림 간에 일관성이 있어야 한다. 또한 지금은 문제가 안 된다 할지라도 특정 문자를 포함하는 파일 이름을 미리 고려해서 피하는 것이 현명하다. 여기에는 어포스트로피('), 백틱(`), 공백, 앞뒤 슬래시 및 따옴표가 포함된다.

부록에서는 프로젝트 폴더의 파일을 어떻게 정리하는지 간략하게 설명한다. 프로젝트 폴더는 현재 작업 중인 논문이나 일의 본거지라고 생각하자. 그리고 그 폴더에 하위 폴더를 만들어서 데이터와 그림을 저장하자. 먼저 파일 관리자를 사용해 프로젝트 폴더 내에 "figures"라는 폴더를 만든다. 그림을 저장할 때, 키릴 뮬러^Kirill Müller의 편리한 here 라이브러리를 사용하면 전체 파일 경로를 입력할 필요 없이 파일 및 하위 폴더 작업을 좀 더 쉽게 할 수 있다. 라이브러리를 R마크다운 문서의 설정 ^setup 청크에 로드하라. 그렇게 하면 현재 프로젝트의 "here"가 어디에 있는지 알려준다. 다음에 서술한 내 경로 대신 당신의 실제 파일 경로와 사용자 이름이 표시된다.

```
# here() starts at /Users/kjhealy/projects/socviz
```

이 다음부터는 here() 함수를 사용해 작업을 좀 더 간단하고 안전하게 저장하고 불러올 수 있다. 그림에서 lifeexp_vs_gdp_gradient.pdf라는 파일로 p_out을 저장한다. "figures"라는 폴더가 프로젝트 폴더에 있다고 가정하면 다음과 같이 할 수 있다.

```
ggsave(here("figures", "lifeexp_vs_gdp_gradient.pdf"),
plot = p_out)
```

이 명령은 p_out을 here의 figures 디렉터리 내에, 구체적으로 설명하자면 현재 프로젝트 폴더에 lifeexp_vs_gdp_gradient.pdf라는 파일로 저장한다.

필요에 따라 (혹은 특정 컴퓨터 시스템에 따라) 다양한 형식으로 이미지를 저장할 수 있다. 염두에 둬야 할 가장 중요한 차이점은 벡터 형식과 래스터 형식이다. PDF 또는 SVG와 같은 벡터 형식의 파일은 선, 모양, 색상과 요소 간의 관계를 설명하는 명령의 집합으로 저장된다. 어도비 아크로뱃Adobe Acrobat이나 애플Apple의 PDF 미리보기 애플리케이션과 같은 뷰어 프로그램은 저장된 명령을 해석해 그림을 표시한다. 이런 식으로 그림을 표현하면 왜곡 없이 쉽게 크기를 조정할 수 있다. PDF 형식의 기본 언어는 포스트스크립트Postscript이다. 포스트스크립트는 현대식 조판 및 인쇄 언어이기도 하다. 따라서 PDF와 같은 벡터 기반 형식이 저널에 투고하기에 가장 적합하다.

반면 래스터 기반raster-based 형식은 이미지를 격자grid에 있는 각 픽셀의 위치, 색상, 밝기 등에 대한 정보와 함께 미리 정의된 크기의 픽셀 그리드로 저장한다. 이렇게 하면 공간을 절약하기 위해 이미지의 중복을 이용하는 압축 방법과 함께 사용할 때 더욱 효율적인 저장이 가능하다. JPG와 같은 형식은 압축된 래스터 형식이다. PNG 파일은 무손실 압축을 지원하는 래스터 이미지 형식이다. 엄청난 양의 데이터가 포함된 그래프의 경우 PNG 파일은 해당 PDF보다 훨씬 작다. 그러나 래스터 형식을 사용하면 쉽게 크기를 조정할 수 없다. 특히 크기를 확대할 경우 계단 현상이 발생하거나pixelated 거칠어지게 된다. JPG와 PNG 같은 형식은 이미지를 웹에 표시할 때 쓰는 표준 방식이다. 최신 SVG 형식은 벡터 기반 형식이지만 많은 웹 브라우저에서 지원한다.

일반적으로 여러 형식으로 작업 내용을 저장해야 한다. 결과물을 다양한 형식과 크기로 저장해야 할 때, 도표와 글꼴 크기를 여러 형태로 시험해보면 좋은 결과를 얻을 수 있을 것이다. ggsave()의 scale 인수를 여기에서 사용할 수 있다(scale=1.3, scale=5 등 다른 값을 시험해볼 수 있다). 또한 ggsave()를 사용해 선택한 단위로 도표의 높이와 너비를 명시적으로 설정할 수 있다.

```
ggsave(here("figures", "lifexp_vs_gdp_gradient.pdf"),
       plot = p_out, height = 8, width = 10, units = "in")
```

이제 방법을 알았으니 더 많은 그래프를 만들어보자.

3.8 다음 알아볼 내용

gapminder 데이터를 가지고 놀아보자. 다음에 나오는 내용을 시도하면서 geom_point()와 geom_smooth() 각각 혹은 둘 다 함께 사용해볼 수 있다.

- geom_smooth() 함수를 geom_point() 대신 넣을 때 어떻게 되는가? 도표가 어떻게 그려지는지 아는가? 도표를 그릴 때 어떻게 유용한지 생각해보라.
- aes() 함수의 매핑을 변경해 GDP 대비 기대수명이 아니라 인구pop 대비 기대수명을 표로 그려보자. 어떤 형태의 표인가? 데이터셋에서 관찰 단위는 무엇인가?
- 다른 스케일 매핑을 시도해보라. scale_x_log10() 외에도 scale_x_sqrt()와 scale_x_reverse()를 시도할 수 있다. y축 변환에 대

응하는 함수도 있다. x 대신 y를 쓴다. 이 매핑으로 실험해 도표에 어떤 변화가 있고 어떤 의미가 있는지 확인하라.

- continent 대신 year에 color를 매핑하면 어떻게 되는가? 결과가 예상한 대로인가? year가 어떤 클래스인지 생각해보라. gapminder를 입력해 각 변수의 클래스에 대한 간략한 정보를 포함하는 데이터 앞쪽 일부분을 훑어볼 수 있다.

- color = year를 매핑하는 대신 color = factor(year)를 입력하면 어떻게 되는가?

- 다양한 산점도를 접해 가면서 그림 3.13을 좀 더 비판적인 시각으로 바라보자. 표를 상당히 세련되게 꾸몄지만 실제로 연도별 국가 데이터를 표시하는 것이 가장 좋은 방법일까? 시간적 차원과 국가 차원의 데이터 구조를 무시함으로써 무엇을 얻고 무엇을 잃었는가? 더 잘할 수 있는 방법은 없을까? 다른 시각화 방식은 어떤 결과를 가져올지 스케치해보자.

실험을 시작할 때 두 가지를 기억하라. 첫째, 한치 앞을 가늠할 수 없어도 항상 이것저것 시도해보자. 콘솔을 두려워하지 말자. 코드를 통해 그래픽을 만들 때의 좋은 점은 재현할 수 없는 것을 망가뜨리지 않는다는 것이다. 만약 무언가가 작동하지 않으면 문제를 파악하고 수정한 후 코드를 다시 실행해 그래프를 다시 만들 수 있다.

이 라이선스는 실수로 데이터를 덮어쓰거나 삭제하는 데까지 확장되지 않는다. 그래도 최소한의 백업은 유지하면서 프로젝트를 책임감 있게 관리해야 한다. 그러나 분명한 것은 R 내와 콘솔에서 그래프를 실험하는 수준에서는 많은 재량을 가질 수 있다.

둘째, ggplot에서의 주요 동작은 항상 동일하게 흘러간다는 것을 기억하라. 데이터 표에서 시작해 표시할 변수를 위치, 색상, 모양과 같은 미적 요소에 매핑하고, 하나 이상의 geom을 선택해 그래프를 그린다. 코드에서 데이터 및 매핑에 대한 기본 정보로 객체를 만든 다음 필요하면 부가 정보를 추가하거나 계층화^{layering}해 코드를 완성한다. 표를 작성하고 미적 매핑을 할 때 계층화를 사용하는 방식에 익숙해지면 앞으로의 작업은 더 쉬워진다. 화면에 특정 모양이나 색상을 그리는 방법을 생각할 필요 없이 많은 geom_ 함수가 이를 처리해준다. 같은 방식으로 새로운 geom을 사용자가 지정한 미적 매핑을 표시하는 방법으로 생각하면 더 쉽게 배울 수 있다. ggplot을 사용하는 대부분의 학습 곡선^{learning}

curve에는 데이터와 플롯의 표현에 대한 이 사고 방식에 익숙해지는 것이 포함된다. 4장에서는 이러한 아이디어를 좀 더 자세히 설명하고, 도표가 "잘못"되는 몇 가지 흔한 방식(즉, 이상하게 보일 때)을 다루고 이러한 문제를 인식하고 피하는 방법을 배운다.

4 적절한 숫자 표시하기

4장에서는 ggplot에서 중심이 되는 작업 흐름workflow에 더 능숙해지고 이를 이용해 할 수 있는 작업을 확장할 것이다. 새로운 종류의 그래프를 만드는 것도 우리의 목표다. 이는 새로운 종류의 geom, 즉 특정 종류의 도표를 만드는 함수를 배운다는 뜻이다. 뿐만 아니라 도표를 그릴 때 ggplot이 무슨 일을 하는지 더 잘 이해하고, 플롯할 데이터를 미리 준비하는 코드를 작성하는 방법에 대해 더 많이 배운다.

보통 처음 작성한 코드에는 문제가 많다. 그렇기 때문에 새로운 언어를 배울 때 연습 문제를 손수 타이핑하고 따라 해보는 것이 중요하다. 언어 구문이 어떻게 작동하는지, 어디에서 실수로 에러가 발생하는지, 그때 컴퓨터는 어떻게 되는지 더 잘 이해할 수 있다. 버그와 오류를 맞닥뜨리면 당황하게 되지만 이를 통해 조금 더 배울 수 있다. 오류가 애매모호해 보여도 보통 악의적이거나 무작위random로 발생하지는 않는다. 그러므로 오류가 발생하면 그 원인을 찾을 수 있다.

R과 ggplot에서는 코드의 오류로 인해 비정상으로 보이지 않는 그림이 발생할 수 있다. 미적특질aesthetic이 변수에 매핑되는 대신 실수로 상수 값으로 설정되는 가장 흔한 문제 중 하나를 이미 봤다. 4장에서는 ggplot에서 유용하지만 문제가 자주 발생하는 기능을 설명한다. 이런 기능은 ggplot에 데이터의 내부 구조(그룹화), 플롯(패시팅faceting)을 위해 데이터를 분할하는 방법, 플롯을 만들기 전에 ggplot이 데이터를 계산하거나 데이터를 요약하는 방법(변형transforming)과 관련 있다. 이 가운데 일부는 ggplot의 일부이므로 해당 통계 기능을 사용해 기하 구조가 데이터를 도표화하기 전에 데이터에 어떻게 작용하는지 자세히 알아보겠다. ggplot에서 다양한 변형을 직접 수행하는 것이 가능하지만 더 편리한 방법이 있다는 것도 알게 될 것이다.

108

언어학자 노엄 촘스키(Noam Chomsky)의 예문(Colorless green ideas sleep furiously)을 응용한 말이다. "아버지 가 방에 들어가신다"같이 무의미하지만 통사적으로 문법에 맞는 (문법적으로 말이 되는 올바른 문장인 동시에 의미적으로 아무 말도 안 되는) 문장의 예. 문장의 의미가 통해야 문법적으로 분석할 가치가 있다는 것을 잘 시사한다. 그래픽의 '문법'을 강조하기 위한 부제이므로 그대로 옮긴다. – 옮긴이

이후 데카르트 좌표계 외에 다른 좌표계도 알아볼 것이다.

4.1 무색의 초록 데이터가 맹렬하게 잠을 잔다 (Colorless Green Data Sleeps Furiously)

R과 ggplot을 사용해 코드를 작성하는 것은 무언가를 시각적으로 "말하려say"고 노력한다는 것이다. 보통 몇 차례 반복을 해야 당신이 말하는 바를 정확히 말할 수 있다. 이것은 여기서 은유metaphor 그 이상이다. ggplot 라이브러리는 윌킨슨(2005)이 발전시킨 그래픽의 "문법"("grammar" of graphics)을 구현한 것이다. 문법은 데이터를 그래픽으로 표현하기 위한 법칙과 필요시 데이터를 변형하기 위한 법칙으로 이뤄진다. 전자를 사용해 위치나 색상, 크기가 다양한 점, 선, 등의 도형으로 매핑한다. 후자를 사용하면 점 등으로 이뤄진 데이터에 추세선을 더하거나 로그 스케일로 척도를 조정할 수도 있고 결괏값을 데카르트 좌표계 등으로 투영할 수도 있다.

그러나 일반적인 다른 문법처럼 이 문법도 말이 구조를 갖추게 도와주지만, 자동으로 의미 있고 합리적인 내용이 되게 만들 수는 없다. 문법을 활용해서 절을 추가하면 시각적 요소에 데이터를 매핑하고, 표의 종류를 결정하고, 축의 배율을 조정하는 긴 "문장"을 만들 수 있다. 그러나 이 문장은 쉽게 왜곡될 수 있다. 구문 오류로 인해 코드가 실행되지 않을 수도 있다. geom_ 함수 사이에 + 부호를 넣지 않거나 어딘가에 괄호 하나가 빠져서 함수를 제대로 닫지 못할 수도 있다. 그러면 R은 (아마도 이해하기 어려운 방식으로) 무엇인가 잘못됐다고 불평할 것이다. 다른 때에는 코드가 성공적으로 실행되서 플롯을 만들겠지만, 기대했던 것과 다르게 생겼을 수도 있다. 간혹 결과물이 정말 이상하게 보일 수도 있다. 이런 경우는 ggplot에 문법적으로는 문제가 없지만 비논리적인 명령을 내렸거나 말하려던 내용을 실수로 왜곡해서 전달했을 가능성이 있다. 이러한 문제는 종종 말하고 싶은 내용을 그래픽으로 표현하기 위해 필요한 모든 정보를 ggplot이 전달받지 못했을 때 발생한다.

4.2 그룹화 데이터와 "그룹" 미적특질

gapminder 데이터셋으로 다시 시작하겠다. 각 나라의 수명을 표시하는 궤적을 플롯한다고 가정해보라. year를 x로, lifeExp를 y로 매핑한다. 문서를 빠르게 살펴봤더니 geom_line() 함수가 x축의 변수 순서대로 관측치를 연결해 선을 그리는 일을 한다는 것을 알게 됐다. 우리에게 필요한 함수같다. 다음과 같이 코딩해보자.

```
p ← ggplot(data = gapminder, mapping = aes(x = year,
    y = gdpPercap))
p + geom_line()
```

그림 4.1은 뭔가 잘못됐다. 어떻게 된 일일까? ggplot이 데이터의 구조는 꽤 잘 추측했지만, 연간 관측치가 국가별로 그룹화돼 있다는 사실은 전혀 몰랐다. 이런 정보는 직접 알려줘야 한다. 그렇지 않았기 때문에 geom_line()은 명령받은 방식대로 씩씩하게 데이터셋에 있는 연도별 관측 값을 순서대로 모두 결합해버렸다. 첫 번째 행은 1952년 값으로 시작하는데, 이것이 아프가니스탄의 관측치라는 사실은 알 수 없다. 이 다음에는 아프가니스탄의 1953년 데이터로 옮겨 가지 않고, 1952년에 관측한 다른 국가 값들을 찾아낸다. 그리고 짐바브웨의 관측치까지 모든 국가를 알파벳 순서대로 연결한다. 이제 1957년 첫 관측치로 이동한다.

이렇게 도표로 그린 결과는 의미가 없다. 모든 사람들이 ggplot으로 표를 조금씩 작업해 가면서 괴상한 결과물을 만들어낸다. 이런 실수는 우리가 표를 원하는 모습으로 만들어 가다 생기는 작은 해프닝일 뿐이다. 도표 생성에는 문제가 없었는데 결과가 비정상으로 보인다면 데이터와 geom을 사용하는 미적특질 간의 매핑에 문제가 발생했을 확률이 높다. 이런 일은 너무 흔해서 심지어 "우연히 만들어진 R트(Accidental aRt)"라는 트위터 계정이 있을 정도도. 그러니 절망하지 마라.

이 경우 group 미적특질을 사용해 ggplot에 국가 단위 구조를 명시적으로 알릴 수 있다.

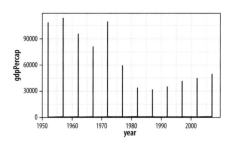

그림 4.1 시간에 따른 국가별 데이터 플롯 시도

만약 데이터셋에 국가가 하나밖에 없었다면 정상적인 결과가 보였을 것이다.

https://twitter.com/accidental__art – 옮긴이

```
p ← ggplot(data = gapminder, mapping = aes(x = year,
    y = gdpPercap))
p + geom_line(aes(group = country))
```

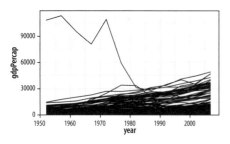

그림 4.2 시간 경과에 따른 데이터를 국가별로 다시 표시한다.

그림 4.2의 도표는 아직 다듬어지지 않았지만, 각 선이 시간 경과에 따른 국가의 궤적을 나타내며 데이터를 적절하게 보여준다. 혹시 관심이 있을지 몰라 일러두자면 혼자 튀어나온 이상치^outlier 궤적은 쿠웨이트의 관측치다.

group 속성은 일반적으로 ggplot이 알아야 하는 그룹화 정보가 매핑되는 변수에 내장돼 있지 않은 경우에만 필요하다. 대륙별로 점을 그릴 때 color를 continent에 매핑하면 continent가 이미 범주형 변수이므로 그룹화 기준이 명확하고 표를 그리기에 충분한 정보가 된다. 그러나 x를 year로 매핑할 때는 ggplot이 국가별로 선을 그려야 한다고 알려주는 정보가 year 변수에 없다. 그래서 명시적으로 알려줘야 한다.

4.3 소규모 다중 도표를 만드는 패싯

방금 만든 도표는 전반적인 추세는 뚜렷이 알 수 있지만 너무 많은 선이 있어서 좀 지저분해 보인다. 이럴 때 데이터를 세 번째 변수로 세분화해 "작은 복합" 도표로 작성할 수 있다. 이는 많은 정보를 간결하고 일관되게 비교할 수 있는 강력한 기법으로 패싯^facet 변수의 각 값을 기준으로 별도의 패널을 그린다. 패싯은 geom이 아니라 일련의 geom을 구성하는 방법이다. 여기에서는 facet_wrap()에 continent 변수를 사용해 대륙(continent)별로 도표를 분할한다.

facet_wrap() 함수는 여러 인수를 취할 수 있다. 가장 중요한 인수는 물결표(틸드^tilde) 문자 '~'를 사용하는 첫 번째 인수로 R의 "식^formula" 구문을 사용해서 지정한다. 패싯은 일반적으로 단면 수식이다. 대부분의 경우 수식의 오른쪽에 단일 변수만 있으면 된다. 그러나 패시팅은 데이터가 충분할 정도로 복잡한 경우 복수 통로를 가진 분할표^contingency table와 동일한 그래픽이 적용될 수 있도록 충분히 강력하다. 첫 번째

예제에서는 변수 하나를 사용해서 데이터를 구분해본다. `facet_wrap`
`(~continent)`.

```
p ← ggplot(data = gapminder, mapping = aes(x = year,
    y = gdpPercap))
p + geom_line(aes(group = country)) + facet_wrap(~continent)
```

각 패싯 상단에 레이블이 지정된다. 그림 4.3의 전체 레이아웃은 축 레
이블과 다른 척도의 중복을 최소화한다. 이전처럼 다른 geom들도 포
함시킬 수 있으며, 이때는 각 패싯 내에 계층화된다는 사실을 기억하자.
`facet_wrap()`에 ncol 인수를 사용해 패싯을 배치하는 데 사용되는 열
수를 조정할 수도 있다. 여기서 표시되는 대륙은 5개이므로 같은 줄에
보여주면 더 효과적일 수도 있다(즉, 열은 5개가 된다).

또, 그래프에 추세선을 더하고 외관을 개선해서 더 효과적으로 만들 수
있다(그림 4.4). 특히 국가 추세를 밝은 회색으로 만들 것이다. 이 작업
을 위해 코드를 조금 더 작성해보자. 각 코드가 무엇을 하는지 확실치
않으면 ggplot의 부가적 특성을 이용하라. 아래에서 위 방향으로 각 +
`some_function(...)`문을 한 번에 하나씩 차례대로 제거해 도표가 어떻
게 바뀌는지 확인한다.

```
p ← ggplot(data = gapminder, mapping = aes(x = year,
    y = gdpPercap))
p + geom_line(color="gray70", aes(group = country)) +
    geom_smooth(size = 1.1, method = "loess", se = FALSE) +
    scale_y_log10(labels=scales::dollar) +
    facet_wrap(~ continent, ncol = 5) +
    labs(x = "Year",
        y = "1인당 GDP",
        title = "다섯 대륙의 1인당 GDP")
```

이 도표는 x와 y 변수를 미적 매핑하고, 대륙별country로 그룹화한다. 또
두 가지 geom(선형 도표와 평활 곡선)을 사용하고, y축도 로그 변환 후 적
절한 눈금 레이블을 추가했고, 변수(continent) 하나를 사용해 패시팅한

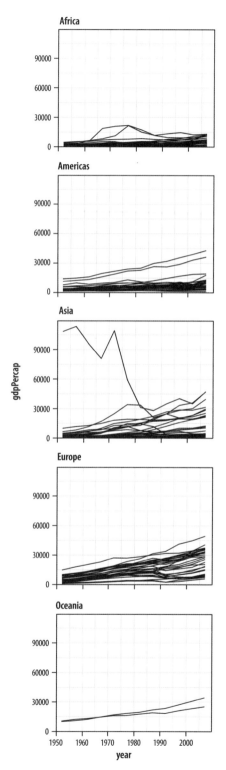

그림 4.3 대륙별 패시팅 결과

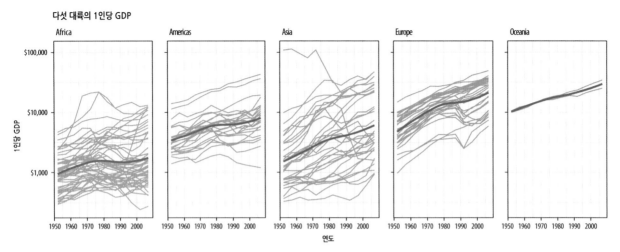

그림 4.4 한 번 더 대륙별 패시팅

국가별로 패시팅했다면 그룹화 작업은 불필요했겠지만 패널이 150개로 늘어날 것이다.

여기에서는 GSS 데이터를 단순한 방식으로 활용할 예정이다. 구체적으로 4장에서는 표본 가중치를 고려하지 않고 표를 작성한다. 6장에서는 빈도를 계산하는 방법을 배우고 복합 조사 혹은 가중치를 적용한 다른 통계 자료를 살펴본다.

후 마지막으로 축 레이블을 수정하고 제목도 추가했다.

`facet_wrap()` 함수는 단일 범주 변수를 기준으로 하는 소규모 다중 도표를 만들 때 가장 유용하게 쓰인다. 패널은 순서대로 그리드 위에 정렬된다. 결과 레이아웃에서 보이는 행과 열의 개수도 지정할 수 있다. 패싯은 좀 더 복잡할 수 있다. 예를 들어 어떤 데이터를 두 개의 범주형 변수로 교차 분류해야 한다면 `facet_grid()`를 대신 사용해보라. 이 함수는 그리드 위에 패널을 정렬하는 대신 실제 2차원 배열로 도표를 배치한다.

이 차이점을 알아보고자 다음 절과 나중에 계속 보게 될 새로운 데이터셋인 `gss_sm`을 소개한다. 이 데이터셋은 미국 종합사회조사기관GSS, General Social Survey의 2016년 자료 중 일부다. GSS는 사회과학자들이 관심을 갖는 다양한 주제를 미국 성인을 대상으로 장기간에 걸쳐 설문 조사를 시행한다. gapminder 데이터는 주로 국가 내에서 연도별로 측정된 연속 변수로 구성된다. 1인당 GDP와 같은 값은 광범위한 범위 내의 모든 값을 가질 수 있으며 변화 폭이 크지 않다. 유일한 범주형 변수는 대륙으로서 순서를 매길 수 없는 값이다.

각 국가는 하나의 대륙에 속하지만 대륙 자체에는 자연적인 순서가 없다. 그와 대조적으로 GSS에는 많은 범주형 측정값이 있다. 사회과학 분야에서 특히 개인 수준 조사 데이터를 분석할 때는 종종 다양한 종류의 범주 데이터를 접한다. 인종이나 성별 같은 경우에는 범주에 특별한 순서가 없다. 그러나 초등학교에서 대학원까지 범위가 있는 최종 학력 같은 항목은 척도를 측정할 수 있다. 의견을 조사할 때는 예/아니요와 같은 답변으로, 혹은 중립적인 숫자를 중간에 두고 전체를 5점이나 7점 너비의 척도로 기록할 수 있다. 한편, 자녀 수와 같이 숫자로 된 측정값 중에는 비교적 좁은 범위 내에서 정수 값만 선택할 수 있는 경우도 많다. 실제로 0에서 시작해서 "6명 혹은 그 이상"의 최상위 값까지 범주형 변수의 순서를 매길 수도 있다. 특히 수입과 같이 연속적인 수로 표현 가능한 값도 달러값을 있는 그대로 보고하지 않고 정리된 범주 타입으로만 알리는 경우가 많다. gss_sm의 GSS 데이터에는 이러한 종류의 측정값이 많다. 지금까지 해왔던 것처럼 콘솔에서 이름을 입력하면 내용을 살짝 볼 수 있다. glimpse(gss_sm)을 입력하면, 데이터의 모든 변수를 요약해서 볼 수 있다. 이제 응답자의 나이와 자녀 수 사이의 관계를 조사한 뒤 추세선을 추가한 산점도(그림 4.5)를 만들 것이다. gss_sm에서 childs 변수는 응답자의 자녀 수다(동일한 조사 결과인 kids라는 변수

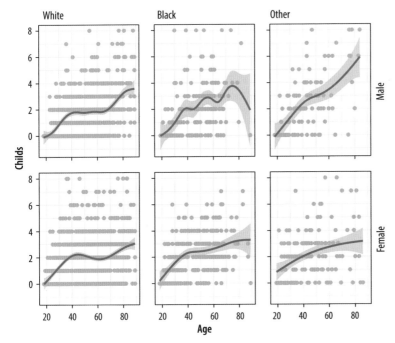

그림 4.5 두 가지 범주형 변수를 사용한 패시팅. 각 패널은 나이와 자녀 수의 관계를 나타내는데, 성별(행)과 인종(열)으로 도표를 분할했다.

가 있지만 해당 변수의 클래스는 숫자가 아닌 순서형 팩터다).

그런 다음 응답자의 성별 및 인종을 기준으로 이 관계를 패시팅한다. 우리는 facet_grid 함수에서 R의 공식 표기법을 사용해 성별과 인종을 구분한다. 이번에는 결과를 교차분석하기 때문에 이 수식은 양면에 걸쳐 있다. facet_grid(sex ~ race).

```
p ← ggplot(data = gss_sm,
           mapping = aes(x = age, y = childs))
p + geom_point(alpha = 0.2) +
    geom_smooth() +
    facet_grid(sex ~ race)
```

산점도를 통해 본 것처럼 이러한 종류의 다중 패널 레이아웃은 두 개 이상의 범주형 변수를 포함하고 값이 연속적으로 변하는 데이터를 요약할 때 특히 유용하다. 카테고리(따라서 패널)는 적절한 방법으로 정렬된다. 양방향 비교에만 국한되지 않고 더 많은 범주형 변수가 수식에 추가되면 복잡한 다중 도표를 표현할 수 있다(예 : sex ~ race + degree). 그러나 변수와 관련된 범주가 많아지면 여러 차원을 나타내는 도표가 지나치게 복잡해진다.

4.4 geom은 데이터를 변환할 수 있다

지금까지 geom_smooth()를 사용해 도표에 추세선을 추가하는 예제를 몇 가지 살펴봤다. LOESS 라인을 그리기도 했고, 때로는 OLS 회귀로부터의 직선을, 때로는 일반화 가법 모형Generalized Additive Model의 결과를 그렸다. 이 메서드 간의 차이를 깊이 고민할 필요는 없었다. 우리가 사용하려는 geom_smooth()의 메서드 인자를 알려주는 것 이외에, 기본 모델을 지정하는 코드를 작성하지 않아도 됐다. geom_smooth() 함수가 나머지 작업을 수행했다.

이처럼 일부 geom은 geom_point()와 마찬가지로 숫자에 직접 데이터를 플롯한다. geom_point()는 변수를 x와 y로 지정하고 그리드에 점을 플롯한다. 그러나 다른 geom들은 분명히 도표를 표시하기 전에 데이터에 더 많은 작업을 수행한다. 모든 **geom_** 함수에는 기본적으로 사용되는 **stat_** 함수가 있다.

그 반대도 마찬가지다. 모든 **stat_** 함수에는 **geom_** 함수가 있고 특별한 명령이 없으면 기본값으로 도표화된다. 이를 아는 것이 중요하지 않지만 다음 절에서 볼 수 있듯이 기본값에서 geom에 대한 다른 통계량^{statistic}을 계산할 때가 있다.

geom_ 함수와 같이 작동하는 **stat_** 함수가 수행한 계산이 때때로 불명확해 보일 수도 있다. 예를 들어 새로운 geom, **geom_bar()**를 사용해 생성한 그림 4.6을 고려하라.

```
p ← ggplot(data = gss_sm, mapping = aes(x = bigregion))
p + geom_bar()
```

여기서 우리는 **aes(x = bigregion)**로 한 가지 매핑만 지정했다. 이렇게 만든 막대그래프는 미국에서 지역별로 조사한 관측 값을 보여준다. 결과는 합리적으로 보인다. 그런데 데이터에는 없는 y축 변수 count가 나타났다. 이 변수는 **geom_bar**가 기본 **stat_** 함수인 **stat_count()**를 호출해 보이지 않는 곳에서 계산한 값이다. 이 함수는 두 개의 새로운 변수인 count와 prop(비율 부족분)을 계산한다. count 통계는 기본적으로 **geom_bar()**가 사용하는 통계다.

```
p ← ggplot(data = gss_sm, mapping = aes(x = bigregion))
p + geom_bar(mapping = aes(y = ..prop..))
```

절대적인 카운트가 아닌 상대적인 빈도를 보여주는 차트를 원한다면 대신 prop 통계를 얻어야 할 것이다. ggplot은 카운트나 비율을 계산할 때 도표에서 매핑으로 사용할 수 있는 임시 변수를 반환한다. 관련 통계는 prop이 아니라 **..prop..**이라고 한다. 이 임시 변수가 작업 중인 다른 변수와 혼동되지 않고자 두 변수의 이름은 두 개의 마침표로 시작하고 끝난다(이미 데이터셋에 count나 prop이라는 변수를 갖고 있기 때문이다).

예시로 p + stat_smooth()를 입력해보자.

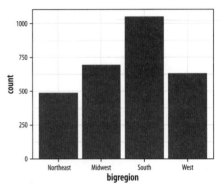

그림 4.6 막대그래프

그래서 aes() 함수에서 일반적으로 <mapping> = <..static..>과 같이 호출한다. 이제 y를 사용해서 계산된 비율을 확인해보자. aes(y = ..prop..)으로 사용한다.

그림 4.7과 같이 도표 결과에는 아직 문제가 있다. 더 이상 y축에서 카운트를 계산하지 않지만 막대의 비율이 모두 1이 돼 모든 막대의 높이가 같다. 우리가 원하는 것은 이 값들을 합쳤을 때 1이 되는 것이므로, 그림 4.8과 같이 지역별 관측 값을 전체 대비 비율값으로 가져와야 한다. 또 다시 그룹화 문제가 됐다. 어떤 면에서는 앞서 우리가 ggplot에게 연간 데이터를 국가별로 그룹화하라고 알렸던 문제의 반대다. 이 경우 ggplot에 비율을 계산할 때 x-범주를 무시하고 총 수 관측치를 대신 분모로 사용하도록 지시해야 한다. 이 작업을 위해 aes() 호출 내에서 group = 1을 지정한다. 값 1은 ggplot에게 prop 계산을 위해 분모를 설정할 때 전체 데이터셋을 사용하도록 지시하는 일종의 "더미 그룹"이다.

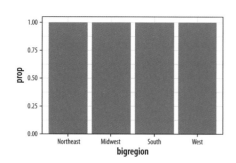

그림 4.7 막대그래프를 비율을 사용해 그린 첫 시도

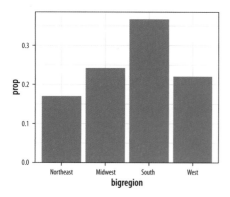

그림 4.8 정확한 비율로 표시된 막대그래프

```
p ← ggplot(data = gss_sm, mapping = aes(x = bigregion))
p + geom_bar(mapping = aes(y = ..prop.., group = 1))
```

설문 조사에서 또 다른 질문을 살펴보자. gss_sm 데이터에는 "귀하의 종교는 무엇인가? 개신교, 가톨릭, 유대교, 기타 종교, 혹은 무교인가?"라는 질문에서 파생된 religion 변수가 포함돼 있다.

```
table(gss_sm$religion)

##
## Protestant   Catholic   Jewish   None   Other
##       1371        649       51    619     159
```

x축에 범주형 변수인 religion이 표시되고 막대는 religion에 따라 표시됐으면 한다. 회색 막대가 단조로워 보여서 색상으로 채우기를 원한다면 religion 변수를 fill에 매핑해 x와도 매핑할 수 있다. fill이 도형의 내부를 칠하는 일을 한다. religion을 color로 직접 매핑하면 막

$ 문자를 사용하면 데이터프레임이나 티블 내의 개별 열에 접근할 수 있다.

대의 테두리 선에만 색상이 지정되고 내부는 회색으로 유지된다.

```
p ← ggplot(data = gss_sm, mapping = aes(x = religion,
    color = religion))
p + geom_bar()

p ← ggplot(data = gss_sm, mapping = aes(x = religion, fill =
    religion))
p + geom_bar() + guides(fill = FALSE)
```

이렇게 함으로써 우리는 두 개의 미적 요소를 동일한 변수에 매핑했다. x와 fill 모두 religion에 매핑된다. 여기까지는 아무런 문제가 없었지만, 결과적으로는 두 개의 별도 매핑이 됐기 때문에 매핑마다 각각의 스케일이 생긴다(그림 4.9). 기본적으로는 색상 변수를 소개하는 범례가 표시된다. 그런데 이미 x축에서 종교 범주가 분리돼 있기 때문에 범례로 한 번 더 표기하면 중복된다. 간단한 방법으로 guides() 함수를 사용해 특정 매핑에 대한 안내 정보를 표시할지 여부를 제어할 수 있다. guides(fill = FALSE)를 설정하는 것은 실제로 그림의 독자에게 이 매핑에 대한 안내 정보가 표시될 필요가 없다는 의미로 범례가 제거된다. FALSE로 매핑을 위한 가이드를 설정하는 것은 시작하기 위해 해제할 범례가 있는 경우에만 효과가 있다. x = FALSE 또는 y = FALSE를 시도하면 아무런 영향을 미치지 않는다. 이러한 매핑에는 별도의 추가 안내선이나 범례가 없으므로 아무런 효과가 없다. x와 y 스케일을 모두 없애는 것은 가능하지만, 이것은 scale_류와 다른 함수를 통해 수행된다.

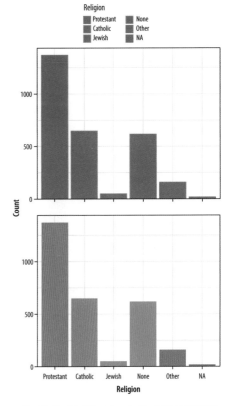

그림 4.9 종교적 선호도가 color에 매핑된 결과(위)와 color와 fill에 매핑된 결과(아래)

4.5 약간 어색한 방식으로 표시된 빈도 도표

geom_bar()로 fill 미학속성을 적절히 사용하면 두 개의 범주형 변수를 교차 분류할 수 있다. 이것은 수량이나 비율의 빈도 테이블과 그래픽으로 동일하다. 일례로 GSS 데이터를 사용해 미국의 지역별 종교 선호도 분포를 조사할 수 있다. 다음 단락에서는 ggplot을 사용해 이 작업을 수행할 예정이다. 그러나 곧 알게 되겠지만 이런 종류의 빈도 테이블을 만드는 것이 가장 투명하지 않다. 5장에서는 그래프를 무작정 그리기 전에 우리가 미리 테이블을 계산하고 그 결괏값을 ggplot에 전달해서 오류가 적고 더 간단한 접근법을 소개하려고 한다. 이 절을 통해 작업하면서, 뭔가 약간 어색하거나 혼란스럽다는 것을 알게 되면 그것이 정확히 무엇인지 알 수 있다.

미국의 통계 조사 지역별 종교 선호도를 보고 싶다고 가정해보자. 즉, bigregion 변수 내에서 비례적으로 세분화된 religion 변수를 확인하고 싶다. 막대그래프로 카테고리를 교차 분류할 때 결과를 표시하는 방법은 여러 가지가 있다. geom_bar()를 사용하면 출력은 position 인수로 제어된다. fill을 religion에 매핑하는 것으로 시작하자.

```
p ← ggplot(data = gss_sm, mapping = aes(x = bigregion,
    fill = religion))
p + geom_bar()
```

geom_bar()는 기본값인 누적 막대그래프(그림 4.10)로 출력되고 y축에 카운트가 표시된다(막대 내부에도 누적 세그먼트가 표시된다). 각 지역은 x축에, 종교 선호도를 조사한 수는 막대 내에 쌓인다. 1장에서 봤듯이 독자가 정렬되지 않은 눈금으로 차트의 길이와 영역을 비교하기는 다소 어렵다. 따라서 차트 하단에 있는 카테고리의 상대적인 위치는 (x축에 모두 정렬돼 있기 때문에) 읽기 쉬운 편이지만 "가톨릭" 카테고리의 상대적 위치는 파악하기 더 어렵다. 이에 대한 대안으로 position 인자를 "fill"로 설정할 수 있다(이것은 시각적 속성 fill과는 다르다).

```
p ← ggplot(data = gss_sm, mapping = aes(x = bigregion,
    fill = religion))
p + geom_bar(position = "fill")
```

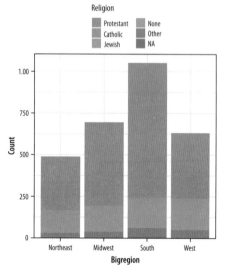

그림 4.10 지역별 종교 선호도를 보여주는 누적 막대그래프

이제 (그림 4.11) 막대는 모두 같은 높이가 됐기 때문에 그룹 전체의 비율을 비교하기 쉽다. 그러나 전체 값에 비해 각 카테고리 값을 상대적으로

비교하기 힘들어졌다. 만약 그림 4.11에서와 같이 지역별 종교의 비율
이나 퍼센티지를 보고 싶을 때 막대를 쌓는 대신 모두 분리해서 별도의
막대를 사용하면 어떨까? 첫 번째로 position = "dodge"를 사용해 각
지역의 막대를 나란히 표시할 수 있다. 그러나 이러한 방식을 취한다면
ggplot은 막대를 나란히 배치하지만 y축을 비율을 표시하지 않고 각 범
주 내의 사례 수로 다시 변경한다. 그림 4.8을 통해 봤듯이 비율을 표시
하려면 y = ..prop..으로 매핑해야 하고 이를 통해 정확한 통계를 계산
할 수 있다. 효과가 있는지 확인해보자.

```
p ← ggplot(data = gss_sm, mapping = aes(x = bigregion,
    fill = religion))
p + geom_bar(position = "dodge", mapping = aes(y = ..prop..))
```

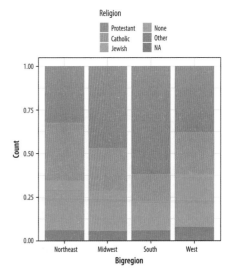

그림 4.11 position을 fill로 조정해 카테고리 간의 상대적인 비율을 표시

결과(그림 4.12)는 확실히 다채로워졌지만 우리가 원하던 도표는 아니다.
그림 4.7에서와 같이 그룹화에 문제가 있는 것 같다. 변수 하나를 전체
값에 대한 비율로 보고 싶을 때 group = 1을 매핑해 ggplot이 전체 값
N에 대한 비율을 계산하게 했다. 이 경우 그룹 변수는 religion이기 때
문에 미적 요소 group에 그 변수를 매핑해볼 수도 있다.

```
p ← ggplot(data = gss_sm, mapping = aes(x = bigregion,
    fill = religion))
p + geom_bar(position = "dodge", mapping = aes(y = ..prop..,
    group = religion))
```

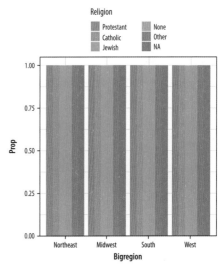

그림 4.12 비율값을 표현하려고 한 첫 번째 묶음 막대그래프

실행해보면 religion 값이 지역에 걸쳐 세분화되고 y축에 비율이 표시
되는 막대그래프가 출력된다. 그림 4.13에서 막대를 조사해보면 각 지
역 내에서는 막대를 합쳐도 1이 되지 않는다는 것을 알 수 있다. 대신
특정 종교를 나타내는 지역별 막대를 모두 합치면 1이 된다.

이 표를 통해 개신교도Protestant라고 자처하는 사람들의 거의 절반이 남
부에 살고 있음을 알 수 있다. 한편 개신교도의 10% 가량은 북동부에
살고 있다. 마찬가지로 자신을 유대인이라고 응답한 사람의 절반 이상

120

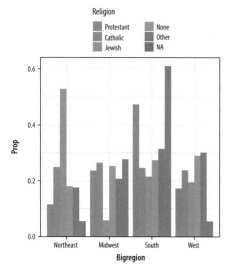

그림 4.13 비율값을 비교한 두 번째 묶음 막대그래프. 소집단의 비율은 해마다 변동하는 경향이 있다.

은 동북 지역에 살고 있고 남부에는 약 4분의 1 정도가 살고 있음을 보여준다.

아직 원했던 결과를 얻지 못했다. 우리의 목표는 그림 4.10의 누적 막대그래프를 가져와 비율을 서로 겹치지 않고 나란히 표시하는 것이다.

```
p ← ggplot(data = gss_sm, mapping = aes(x = religion))
p + geom_bar(position = "dodge", mapping = aes(y = ..prop..,
    group = bigregion)) + facet_wrap(~bigregion, ncol = 1)
```

가장 쉬운 방법은 geom_bar()가 한꺼번에 모든 작업을 하지 못하게 막고, 그 대신 ggplot이 각 종교의 비례 막대그래프를 만든 후에 이 결과를 지역에 따라 패싯하면 된다. 그림 4.14를 보면 각 패널 내에서 비율이 계산되고 우리가 원하는 대로 분류됐다. 이 방식에는 각 범주 내에 너무 많은 막대를 생성하지 않는다는 추가적인 장점도 있다.

이 도표를 더 다듬을 수 있지만 지금은 여기서 중단할 것이다. ggplot에서 빈도 도표를 직접 작성하다 보면 정확하게 원하는 결과를 얻는 대신 오히려 나도 모르게 매핑을 임의로 반복해 올바른 분석을 도출하려고 한다. 5장에서는 tidyverse의 dplyr 라이브러리를 사용해 도표화를 시도하기 전에 원하는 테이블을 생성하는 방법을 배운다. 이런 접근

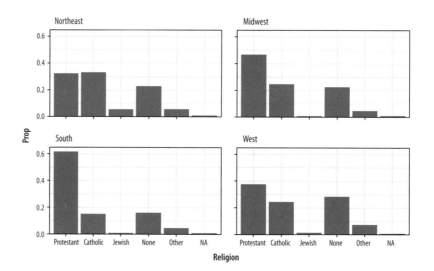

그림 4.14 비율값을 지역으로 패시팅한 결과

법은 좀 더 신뢰할 수 있고 오류를 확인하기도 쉽다. 또한 요약문 작성
보다 더 많은 작업에 사용할 수 있는 도구를 제공한다.

4.6 히스토그램과 밀도 도표

다양한 geom은 데이터를 여러 방식으로 변형하지만 ggplot에서 사
용하는 어휘는 일관적이다. 예를 들어 히스토그램을 사용해 연속 변수
를 요약할 때 유사한 변형 방식을 볼 수 있다. 히스토그램은 연속 변수
를 세그먼트 또는 "구간^{bin}"으로 잘라서 각 빈에서 발견되는 관측치 수
를 세는 방법으로 연속 변수를 요약하는 방법이다. 가로 막대그래프에
서 범주는 우리에게 주어지는데(예: 국가 또는 종교적 소속 지역), 히스토그
램으로 표현할 때 어느 범위를 기준으로 데이터를 정리할지 결정해야
한다.

예를 들어 ggplot에는 미국 중서부 여러 주에 있는 카운티에 대한 정보
가 포함된 중서부 데이터셋이 제공된다. 카운티의 규모는 다양하므로
지리적 영역의 분포를 보여주는 히스토그램을 만들 수 있다. 면적은 평
방마일 단위로 측정된다. 막대를 사용해 연속 변수를 요약하기 때문에
관측치를 그룹 또는 빈으로 나누고 각 관측치의 개수를 계산해야 한다.
기본적으로 geom_histogram() 함수는 어림짐작에 따라 현재 구간의
크기를 선택한다.

```
p ← ggplot(data = midwest, mapping = aes(x = area))
p + geom_histogram()
```

```
## `stat_bin()` using `bins = 30`. Pick better value with
## `binwidth`.
```

```
p ← ggplot(data = midwest, mapping = aes(x = area))
p + geom_histogram(bins = 10)
```

막대그래프와 마찬가지로 새로 계산된 변수 count가 그림 4.15의 x축
에 나타난다. R의 설명에 따르면 stat_bin() 함수는 30개의 빈을 선택

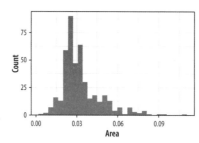
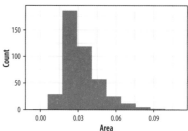

그림 4.15 같은 변수로 작성한 히스토그램. 각각 다른 수의 빈을 사용했다.

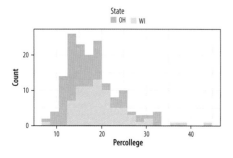

그림 4.16 두 히스토그램 비교하기

했지만 우리는 다른 값도 시도해볼 수 있다. 히스토그램을 그릴 때 bins와 x축의 origin을 실험해볼 가치가 있다. 각각의 값은 특히 bins는 결과물의 모습을 크게 다르게 만든다.

히스토그램은 단일 변수를 기준으로 삼아 요약할 수도 있지만 동시에 여러 변수를 사용해 분포를 비교할 수도 있다. 그러므로 관심 있는 변수로 히스토그램을 패싯할 수도 있고 fill 매핑을 사용해 동일한 도표에서 이들을 비교할 수도 있다(그림 4.16).

```
oh_wi <- c("OH", "WI")

p ← ggplot(data = subset(midwest, subset = state %in% oh_wi),
           mapping = aes(x = percollege, fill = state))
p + geom_histogram(alpha = 0.4, bins = 20)
```

여기서는 두 개의 주를 선택하기 위해 데이터의 부분 집합^subset을 지정한다. 이를 위해 "OH"와 "WI"라는 두 요소만 있는 문자 벡터를 만든다. 그런 다음 subset() 함수를 사용해 데이터를 가져온 후 필터링해 벡터에 있는 문자와 주^州 이름이 일치하는 행만 선택한다. %in% 연산자는 subset()을 사용할 때 하나 이상의 변수를 필터링할 수 있는 편리한 방법이다.

연속 변수를 사용해 작업할 때 데이터를 나누고 히스토그램을 작성하는 대신 기본 분포의 커널 밀도 추정을 계산할 수 있다. geom_density() 함수는 이를 수행한다(그림 4.17).

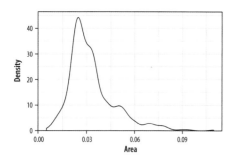

그림 4.17 카운티의 커널 밀도 추정치

```
p ← ggplot(data = midwest, mapping = aes(x = area))
p + geom_density()
```

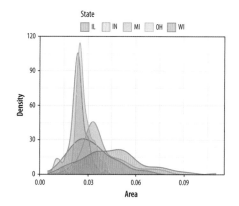

그림 4.18 분포 비교하기

color를 사용해 선에 색을 입히고, fill을 이용해 밀도 곡선을 채울 수도 있다. 보통 이렇게 만든 도표는 잘 보이기 마련이지만, 색으로 채운 여러 영역이 겹치면 중첩된 부분을 읽기 어려워진다(그림 4.18과 4.19를 통해 확인할 수 있다). 밀도 곡선의 기준선을 제거하려면 geom_line (stat = "density")을 추가하면 되는데 그 때문에 미적 요소 fill은 사용할 수 없게 된다. 어떤 경우에는 이 작업으로 결과물을 개선할 수도 있다. 주^州 지역의 도표와 함께 시도해보고 비교 방식을 확인해보자.

```
p ← ggplot(data = midwest, mapping = aes(x = area, fill =
    state, color = state))
p + geom_density(alpha = 0.3)
```

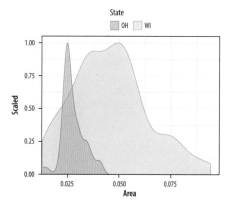

그림 4.19 비례 밀도

geom_bar()와 마찬가지로, geom_histogram()과 geom_density()가 사용하는 stat_ 함수는 카운트 기반으로 기본값을 계산한다. 하지만 우리가 요청하면 비례 측정값을 반환할 것이다. geom_density()의 경우 stat_density() 함수는 기본 ..density.. 통계치 또는 ..scaled..를 반환할 수 있으며, 이는 비례 밀도 추정을 제공한다. 또한 ..count..라는 통계치를 반환할 수 있다. 밀도는 점의 수를 곱한 값으로 누적 밀도 도표에 사용할 수 있다.

```
p ← ggplot(data = subset(midwest, subset = state %in% oh_wi),
    mapping = aes(x = area, fill = state, color = state))
p + geom_density(alpha = 0.3, mapping = (aes(y = ..scaled..)))
```

4.7 필요할 때 변형 방지하기

처음부터 봤듯이 ggplot은 일반적으로 전체 데이터셋에서 차트를 만든다. 우리가 geom_bar()를 호출하면 계산과 동시에 물밑에서 stat_ count()를 사용해 표시되는 수 또는 비율을 산출한다. 이전 절에서는 우리가 스스로 데이터를 그룹화하고 집계한 후에 ggplot에 데이터를 전달하려고 했다. 그런데 보통 우리가 사용하는 데이터는 사실상 이미 요약된 표다. 기존 데이터에서 한계 빈도 또는 백분율 표를 계산할 때 이런 상황이 발생할 수 있다. 통계 모형의 결과를 도표를 나타낼 때도 나중에 볼 수 있듯이 이런 상황을 겪을 수 있다. 또는 누군가가 이미 만든 도표의 데이터(인구조사, 발언 또는 공식 보고서)를 이용해 다시 그래프를 만들고 싶을 수도 있다. 예를 들어 타이타닉호 참사에서 살아남은 사람에 대한 개개인 단위의 데이터는 없지만 성별을 기준으로 생존자 수를 기록한 소규모 표는 있는 경우다.

```
titanic
```

```
##       fate    sex    n percent
## 1 perished   male 1364    62.0
## 2 perished female  126     5.7
## 3 survived   male  367    16.7
## 4 survived female  344    15.6
```

요약summary된 표에 백분율 값이 이미 있기 때문에 ggplot을 사용해 값을 계산하지 않아도 된다. 즉, geom_bar()가 일반적으로 호출하는 stat_ 함수의 서비스는 필요하지 않다. geom_bar()에 변수를 그리기 전에 변수에 어떤 작업도 하지 말라고 지시할 수 있다. 이를 위해 geom_bar() 호출 시 stat = 'identity'라고 알린다. 또한 범례를 차트 상단으로 옮긴다(그림 4.20).

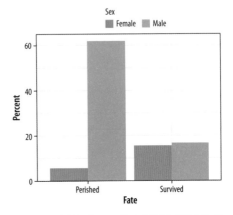

그림 4.20 성별을 기준으로 한 타이타닉의 생존자 및 희생자

```
p ← ggplot(data = titanic, mapping = aes(x = fate, y = percent,
                                          fill = sex))
p + geom_bar(position = "dodge", stat = "identity") +
    theme(legend.position = "top")
```

ggplot은 편의상 geom_col()이라는 함수를 제공하는데, 이 함수는 사용자가 stat = "identity"를 명시하지 않아도 동일한 효과를 적용한다.

이후 계산 작업이 필요하지 않은 도표에 이 함수를 사용할 것이다.
geom_bar() 및 geom_col()의 position 인수는 "identity"의 값을 취할 수도 있다. stat = "identity"는 "요약 계산 작업을 하지 마라"라는 뜻이다. position = "identity"는 "주어진 값대로 플롯하라"를 의미한다. 이렇게 하면 막대그래프에서 양수 값과 음수 값의 흐름을 플로팅하는 것과 같은 작업을 수행할 수 있다. 이러한 종류의 그래프는 선 차트의 대안으로 공공 정책 자료에서 자주 볼 수 있는데, 특정 임곗값이나 기준선 대비 변경폭을 알고 싶을 때 사용된다. socviz의 **oecd_sum** 테이블에는 미국 및 다른 OECD 국가에서 조사한 출생 연도 대비 평균 기대수명을 알려주는 정보가 있다.

```
oecd_sum
```

```
## # A tibble: 57 x 5
## # Groups:   year [57]
##     year other   usa  diff hi_lo
##    <int> <dbl> <dbl> <dbl> <chr>
##  1  1960  68.6  69.9 1.3   Below
##  2  1961  69.2  70.4 1.2   Below
##  3  1962  68.9  70.2 1.30  Below
##  4  1963  69.1  70   0.9   Below
##  5  1964  69.5  70.3 0.800 Below
##  6  1965  69.6  70.3 0.7   Below
##  7  1966  69.9  70.3 0.400 Below
##  8  1967  70.1  70.7 0.6   Below
##  9  1968  70.1  70.4 0.3   Below
## 10  1969  70.1  70.6 0.5   Below
## # ... with 47 more rows
```

other 열은 미국을 제외한 OECD 국가의 평균 기대수명이고 usa 열은 미국의 기대수명을 나타낸다. 그리고 diff는 앞선 두 값의 차이이며, hi_lo는 미국의 수치가 그해의 OECD 평균값에 비해 얼마나 높거나 낮은지를 나타낸다. 시간의 경과에 따라 차이를 그려보고 hi_lo 변수를 사용해 차트의 열을 채워볼 것이다(그림 4.21).

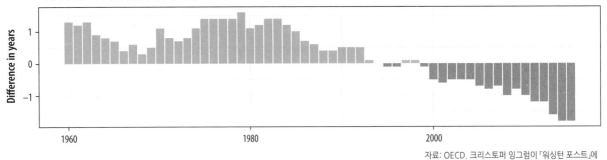

미국 기대 수명 차이

미국과 OECD 국가 간의 평균 기대 수명 차이, 1960 - 2015

자료: OECD. 크리스토퍼 잉그럼이 「워싱턴 포스트」에
2017년 12월 27일 작성한 차트

그림 4.21 막대그래프에서 geom_col()으로 양수 값과 음수 값을 플롯한다.

```
p ← ggplot(data = oecd_sum,
          mapping = aes(x = year, y = diff, fill = hi_lo))
p + geom_col() + guides(fill = FALSE) +
    labs(x = NULL, y = "Difference in Years",
         title = "미국 기대수명 차이",
         subtitle = "미국과 OECD 국가 간의 평균 기대수명 차이,
                     1960-2015,
         caption = "자료: OECD. 크리스토퍼 잉그럼이
                    「워싱턴 포스트」에 2017년 12월 27일 작성한 차트")
```

타이타닉^{titanic} 도표와 마찬가지로 geom_col()은 기본적으로 stat과 position을 모두 "identity"로 설정한다. geom_bar()를 사용하되 동일한 효과를 얻으려면 geom_bar(position = "identity")가 필요하다. 앞에서 봤던 것처럼 끝에 있는 guides(fill = FALSE) 명령은 ggplot에게 불필요한 범례를 삭제하도록 지시한다. 그렇지 않으면 fill 매핑을 수반하기 위해 자동으로 생성된다.

이제 우리는 데이터를 시각화하기 위해 반드시 거쳐야 하는 핵심 단계에 꽤 익숙해졌다. 사실 ggplot의 기본 설정 덕분에 이제 보기 좋고 유용한 도표를 만들 수 있다. 그리고 깔끔한 데이터셋으로 시작해 변수를 미적 요소에 매핑하거나 다양한 geom을 선택하고 도표의 척도를 약간씩 조정하는 방법을 알게 됐다. 계산이 더 필요 없는 통계 수치를 적절

하게 사용해서 그래프에 표기하는 방법도 배웠고, 하나 이상의 변수로 핵심 도표를 패싯하는 법도 알게 됐다. 또 축에 레이블을 설정하고 제목, 부제, 추가 설명도 쓸 수 있다. 이제 우리는 이러한 기술을 더 능숙하게 활용할 수 있다.

4.8 다음 알아볼 내용

- 4장 초반부에 있는 gapminder 도표를 다시 찾아보고 다양한 방법으로 데이터를 가공하고 실험해보자. 인구수와 1인당 GDP로 플로팅하고 그 결과를 연도나 나라로 패시팅해보자. 패싯의 결과로 많은 패널이 생성되기 때문에 화면에 도표를 바로 그릴 때 시간이 오래 걸릴 수 있다. 그러므로 그 대신, 도표를 객체에 지정^{assign}하고 figures/ 폴더에 PDF 파일로 저장하라. 그림의 높이와 너비를 실험해보라.

- facet_grid(sex ~ race)로 작성된 수식과 facet_grid(~ sex + race)로 작성된 수식의 차이점을 확인해보라.

- facet_grid 대신 facet_wrap(~ sex + race)과 같은 복잡한 수식을 사용하면 어떤 일이 발생하는지 실험해본다. facet_grid()와 마찬가지로 facet_wrap() 함수는 두 개 이상의 변수를 동시에 처리할 수 있다. 그러나 완전히 교차 분류된 격자 대신 랩^{wrap}된 일차원 테이블에 결과를 배치할 것이다.

- 빈도 폴리곤은 히스토그램과 밀접하게 관련된다. 막대를 사용해 관측 횟수를 표시하는 대신 연결된 선으로 표시한다. 4장에서 geom_freqpoly()를 사용하는 대신 geom_histogram()를 여러 상황에서 시도할 수 있다.

- 히스토그램은 하나의 변수에 대한 관측 값을 저장하고 각 bin에 개수가 있는 막대를 표시한다. 두 개의 변수를 한 번에 수행할 수도 있다. geom_bin2d() 함수는 x와 y의 두 매핑을 취한다. 먼저 도표를 그리드로 나누고 관측 수로 빈을 색칠한다. gapminder 데이터에

서 이 함수를 사용해서 평균수명과 1인당 GDP를 비교해보자. 히스토그램과 마찬가지로 x 또는 y의 구간^{bin} 수와 너비를 다양하게 지정할 수 있다. `bins = 30` 또는 `binwidth = 1`을 전달하는 대신 x와 y에 숫자를 제공하라(예: `bins = c(20, 50)`). 만약 `binwidth`에 특정 값을 지정하면 매핑 중인 변수와 동일한 척도의 값을 선택해야 한다.

- 밀도 추정치도 2차원으로 그릴 수 있다. `geom_density_2d()` 함수는 두 변수의 결합분포를 추정하는 등고선을 그린다. 예를 들어 대학 교육을 받는 비율^{percollege} 대비 빈곤율^{percbelowpoverty}보다 낮은 비율로 도표화하는 중서부 데이터를 사용해보라. `geom_point()` 레이어 유무에 관계없이 시도해보라.

5 그래프 표, 레이블 추가, 메모 작성

5장은 지금까지 만든 기초를 토대로 썼다. 세 가지 방식으로 조금 더 정교한 방법을 알아본다. 첫째, 도표 작성을 위해 데이터를 ggplot으로 보내기 전에 미리 데이터를 변환하는 방법을 배운다. 4장에서 살펴봤듯이 ggplot의 geom은 종종 데이터를 요약해버린다. 이런 방식이 편리할 때도 있지만 때로는 어색하거나 약간 불분명해 이해하기 힘들 수도 있다. 따라서 ggplot에 데이터를 보내기 전에 올바른 형태로 데이터를 정리해두는 편이 더 좋으며 tidyverse에 있는 dplyr 라이브러리를 이용해 데이터를 정리할 수 있다. 이제 "동작 동사action verb" 중 일부를 사용해 데이터를 선택select하고 그룹화group하며 요약summarize 및 변환transform하는 방법을 배워 볼 것이다.

둘째, geom의 종류를 더 알아보고 그중에서 선택하는 방법을 더 자세히 배울 것이다. 더 많은 종류를 알게 되면 원하는 결과를 얻기 위해 적용할 geom을 고르기도 더 쉬워질 것이다. 그리고 새로운 geom을 배울수록 더욱 과감해지고 ggplot의 기본 옵션과 설정에서 벗어날 것이다. 더불어, 도표에 표시된 변수의 순서를 변경하는 방법과 도표화하기 전에 사용하는 데이터의 하위 집합을 설정하는 방법을 배운다.

셋째, 단계적으로 커스터마이징해보면서 지금까지 당연한 것으로 여겼던 스케일, 가이드, 테마 함수를 자세히 알 수 있다. 커스터마이징을 하면 그래프의 내용과 외형을 좀 더 세밀하게 제어할 수 있다. 더불어 세 함수를 이용해 데이터를 좀 더 체계적이고 파악하기 쉬운 형태로 표시하고 도표에서 관심 있는 요소를 강조할 수 있어서 독자들이 해석하기 더 쉬워진다. 서로 다른 geom 레이어를 쌓아 올리기 위해 이 방법을 사용하기 시작할 것이다. 따라서 체계적이고 이해하기 쉬운 방법으로 정교한 그래프를 생성할 수 있다.

기본 접근 방식은 변하지 않을 것이다. 도표가 얼마나 복잡하든, 혹은 기능을 계층화하고 조정할 수 있는 개별 단계가 얼마나 많은지에 관계 없이 항상 동일한 작업을 수행할 것이다. 우리가 원하는 것은 변수를 미학속성 요소로 매핑해 정리한 데이터 테이블과 특정 유형의 그래프다. 이를 계속해서 따라가다 보면 어떤 유형의 그래프라도 자신 있게 만들 수 있을 것이다.

5.1 파이프를 사용한 데이터 요약

4장에서는 변수의 분포와 상대 빈도의 도표를 그리기 시작했다. 한 측정값을 다른 측정값으로 교차 분석하는 것은 데이터 분석에서 기본적인 설명 작업 중 하나다. 표 5.1과 5.2는 신앙과 지역 분포에 관한 GSS 데이터를 요약하는 두 가지 일반적인 방법을 보여준다. 표 5.1은 열 머리말을 보여주는데, 여기서 각 열에 있는 숫자를 모두 합치면 100이 되고, 이를 통해 예를 들자면 지역에 걸친 개신교의 분포를 알 수 있다. 한편 표 5.2에서는 각 행에 있는 숫자를 모두 합치면 100이 되기 때문에 지

표 5.1 열 마진(각 열에 있는 숫자를 합치면 100이 된다)

	개신교	가톨릭	유대교	무교	기타	알 수 없음 (NA)
북동부	12	25	53	18	18	6
중서부	24	24	6	25	21	28
남부	47	25	22	27	31	61
서부	17	24	20	29	30	6

표 5.2 행 마진(각 행에 있는 숫자를 합치면 100이 된다)

	개신교	가톨릭	유대교	무교	기타	알 수 없음 (NA)
북동부	32	33	6	23	6	0
중서부	47	25	0	23	5	1
남부	62	15	1	16	5	1
서부	38	25	2	28	8	0

역별 종교 단체의 분포를 알 수 있다.

4장에서 geom_bar()가 수량과 상대 빈도를 모두 도표화할 수 있다는 것을 알았다. 그러나 실제는 geoms(그리고 stat_ 함수)에게 맡긴 작업 때문에 다소 혼란스러울 수도 있다. 행 마진, 열 마진, 아니면 전체 상대빈도를 계산했는지 여부를 추적하는 것은 너무 쉽다. 즉석에서 계산하게 코딩하다 보면 결국 매핑하는 함수가 가득 차서 이해하기 힘들어진다. 대신 빈도 테이블을 계산한 다음 플롯할 수 있는데, 테이블을 먼저 신속하게 점검하기 때문에 오류가 발생했는지 미리 확인할 수 있는 이점이 있다.

지역 내에서 종교에 대한 행렬의 도표를 원한다고 가정해보자. GSS 데이터의 기본 테이블에서 원하는 요약 도표로 갈 수 있도록 약간의 데이터 마이닝을 할 기회를 갖는다. 이렇게 하기 위해 tidyverse의 구성요소인 dplyr에서 제공하는 도구를 사용한다. 이 도구는 t를 조작하고 변형하는 기능을 제공한다. 즉석에서 데이터를 사용할 수 있다. bigregion과 종교 변수를 가진 개인단위의 gss_sm 데이터프레임부터 시작한다. 이 작업의 목표는 종교적 선호도의 백분율이 지역별로 그룹화된 요약표다.

그림 5.1에 개략적으로 표시된 바와 같이, 약 2,500 GSS 응답자의 개인 수준 표부터 시작할 것이다. 그런 다음 지역별로 그룹화된 각 종교 환경 설정의 수를 보여주는 새로운 테이블로 요약하고자 한다. 마지막으로

1. 지역과 종교에 관한 개인단위의 GSS 데이터

id	bigregion	religion
1014	Midwest	Protestant
1544	South	Protestant
665	Northeast	None
1618	South	None
2115	West	Catholic
417	South	Protestant
2045	West	Protestant
1863	Northeast	Other
1884	Midwest	Christian
1628	South	Protestant

2. 인구조사 지역별 종교 선호도 요약 수

bigregion	religion	N
Northeast	Protestant	123
Northeast	Catholic	149
Northeast	Jewish	15
Northeast	None	97
Northeast	Christian	14
Northeast	Other	31

3. 인구조사 지역별 종교 선호도 비율

bigregion	religion	N	pct
Northeast	Protestant	123	28.3
Northeast	Catholic	149	34.3
Northeast	Jewish	15	3.4
Northeast	None	97	22.3
Northeast	Christian	14	3.2
Northeast	Other	31	7.1

그림 5.1 개인단위의 데이터를 변환하는 방법

우리는 이 지역 내 카운트를 백분율로 변환한다. 여기서 분모는 각 지역 내의 총 응답자 수다. dplyr 라이브러리는 이것을 읽기 쉽게 하기 위한 몇 가지 도구를 제공한다. 특별한 연산자인 %>%를 사용한다. 이것은 파이프 연산자다. 그림 5.1에서 노란색 삼각형의 역할을 한다. 한 테이블에서 다음 테이블로 이동시키는 데 도움이 된다는 것이다.

여기서는 ggplot 객체로 시작해 새로운 요소를 레이어하는 등의 부가적인additive 방식으로 도표를 작성했다. 비유하자면 %>% 연산자를 사용해 데이터프레임으로 시작하고 시퀀스 또는 파이프라인을 수행해 일반적으로 작고 집계된 테이블로 변환할 수 있다고 생각해보라. 데이터는 파이프의 한쪽에서 처리되고, 작업은 함수를 통해 수행되며 결과는 다른 파이프로 나온다. 파이프라인은 일반적으로 다음 네 가지 작업 중 한 가지 이상을 수행하는 일련의 작업이다.

```
rel_by_region ← gss_sm %>%
```

- 데이터를 "지역별 종교" 또는 "연도별 간행물별 저자"와 같이 요약을 위해 중첩된 구조로 그룹화group한다.

```
group_by(bigregion, religion) %>%
```

- 필터filter 또는 선택select 부분 데이터를 행, 열 또는 둘 모두로 비교한다. 이것은 작업하고자 하는 테이블의 일부분을 돌려준다.

```
summarize(N = n()) %>%
```

- 현재 그룹화 수준에서 새 변수를 작성해 데이터를 변경mutate한다. 이는 테이블을 집계하지 않고 테이블에 새로운 열을 추가한다.

```
mutate(freq = N / sum(N), pct = round((freq*100), 0))
```

- 그룹화된 데이터를 요약summarize하거나 집계하라. 이것은 높은 수준의 그룹화로 새로운 변수를 만든다. 예를 들어 mean() 또는 n()으로 평균을 계산할 수 있다. 결과적으로 더 작은 요약 테이블이 만들어지며, 필요하다면 요약하거나 변형할 수 있다.

dplyr 함수인 group_by(), filter(), select(), mutate(), summarize()를 사용해 파이프라인에서 이러한 작업을 수행한다. 그것들은 쉽게 파이핑될 수 있게 만들어졌다. 즉, 파이프 연산자의 왼쪽에서 입력을 받아서 오른쪽으로 결과를 전달하는 방법을 이해한다. dplyr 문서에는 이러한 그룹화, 필터링, 선택 및 변환 기능을 소개하는 유용한 비네트vignette가 있다. 위컴과 그롤먼드(2016)에는 이러한 도구에 관한 더 자세한 설명과 더 많은 예제가 있다.

rel_by_region이라는 새 테이블을 만든다. 코드는 다음과 같다.

```
rel_by_region ← gss_sm %>%
    group_by(bigregion, religion) %>%
    summarize(N = n()) %>%
    mutate(freq = N / sum(N),
           pct = round((freq*100), 0))
```

이 코드는 무슨 작업을 하고 있는가? 먼저 익숙한 대입 연산자인 <-를 사용해 평소와 같이 객체를 생성한다. 다음은 파이프라인이다. 파이프 연산자 "%>%"를 함께 연결해 객체와 함수를 왼쪽에서 오른쪽으로 읽는다.

왼쪽의 객체는 파이프를 "통과"하며, 파이프의 우측에 지정된 것은 해당 객체로 전달된다. 그런 다음 결과 객체가 오른쪽으로 다시 전달되고 파이프라인의 끝까지 내려간다.

왼쪽에서부터 코드를 읽으면 다음과 같이 된다.

- rel_by_region이라는 새 객체를 만든다. gss_sm 데이터로 시작한 다음

  `rel_by_region ← gss_sm %>%`

- 행을 bigregion별로 그룹화하고, 그중 하나는 religion으로 그룹화한다.

  `group_by(bigregion, religion) %>%`

- 이 표를 요약해 bigregion, religion 및 각 지역에 대한 각 종교 그룹 내의 관찰 수를 나타내는 새로운 요약 변수 N이라는 세 개의 열이 있는 새 테이블을 만든다.

  `summarize(N = n()) %>%`

- 이 새로운 표를 사용해 N 변수를 사용해 각 종교 카테고리의 상대 비율[freq]과 백분율[pct]의 두 개의 새로운 열을 계산한다. 이 카테고리는 여전히 지역별로 그룹화돼 있다. 결과를 가장 가까운 백분율 포인트로 반올림한다.

  `mutate(freq = N / sum(N), pct = round((freq*100), 0))`

이런 일을 하는 방식으로 파이프라인을 따라 지나가는 객체와 그 객체에 작용하는 함수는 그들의 맥락에 대한 몇 가지 가정을 지닌다. 먼저, 작업 중인 기본 데이터프레임 객체의 이름을 지정하지 않아도 된다. 모

든 것은 gss_sm에서 암묵적으로 이월된다. 파이프라인 내에서 요약 및 기타 변환으로 생성된 일시적 또는 암시적 객체도 함께 전달된다.

둘째, group_by() 함수는 그룹화된 데이터 또는 중첩된 데이터가 summarize() 단계 내에서 처리되는 방법을 설정한다. mean() 또는 sd() 또는 n()과 같이 summarize() 내에서 새 변수를 만드는 데 사용되는 함수는 가장 안쪽의 그룹화 수준에 먼저 적용된다. 그룹화 레벨은 가장 바깥쪽에서 제일 안쪽까지 group_by() 내에서 왼쪽에서 오른쪽으로 이름이 지정된다. 따라서 함수 호출 요약(N = n())은 bigregion 내의 각 종교 값에 대한 관측 수를 계산하고 이를 N이라는 새 변수에 넣는다. dplyr의 함수가 함수를 볼 때 요약 작업은 하나의 그룹화 수준에서 결과 요약은 다음 단계로 올라간다. 이 경우 개인 수준의 관찰에서 시작해 지역 내에서 종교에 따라 그룹화한다. summarize() 작업은 각 관측치를 집계해 각 종교와 관련된 사람들의 수를 각 지역별로 계산한다.

셋째, mutate() 단계는 N 변수를 사용해 지역 내의 각 하위 그룹에 대한 상대적 빈도 freq를 생성하고, 마지막으로 반올림된 비율로 설정된 상대 빈도 pct를 생성한다. 이러한 mutate() 작업은 테이블에서 열을 추가하거나 제거하지만 그룹화 수준은 변경하지 않는다.

mutate()와 summarize() 둘 다에서 이전에 보지 못했던 방식으로 새로운 변수를 생성할 수 있다. 보통 함수 내에서 name = value와 같은 것을 볼 때 이름은 일반적으로 명명된 인수이며 함수는 우리에게 필요한 특정 값에 대한 정보를 기대한다. 일반적으로 함수에 알 수 없는 명명된 인자 (aes(chuckles = year))를 지정하면 이를 무시하거나 에러 메시지를 띄우거나 중단한다. 그러나 summarize() 및 mutate()를 사용하면 명명된 인수를 만들 수 있다. 우리는 여전히 N과 freq 및 pct에 특정 값을 할당하지만 이름도 선택한다. 이들은 요약 테이블의 새로 작성된 변수가 가질 이름이다. summarize() 및 mutate() 함수는 사전에 무엇이 될지 알 필요가 없다. 마지막으로, mutate()를 사용해 freq 변수를 만들면 함수 내에서 해당 이름을 만들 수 있을 뿐만 아니라 mutate() 도 똑같은 함수의 다음 줄에서 바로 그 이름을 사용할 수 있도록 충분히 영리하다. 우리가 pct 변수를 만들 때 호출한다. 이것은 만들고자 하는

예를 들면 aes(x = gdpPercap, y = lifeExp)의 경우처럼

모든 새로운 변수에 대해 **mutate()** 호출을 반복적으로 작성할 필요가 없다는 것을 의미한다. 파이프라인은 2,867개의 행과 32개의 칼럼을 가진 **gss_sm** 데이터프레임을 가져와 부분적으로 다음과 같이 보이는 24개의 행과 5개의 열이 있는 요약 테이블 **rel_by_region**으로 변환한다.

---

rel_by_region

```
## # A tibble: 24 x 5
## # Groups:   bigregion [4]
##    bigregion religion      N    freq   pct
##    <fct>     <fct>      <int>   <dbl> <dbl>
##  1 Northeast Protestant   158 0.324     32
##  2 Northeast Catholic     162 0.332     33
##  3 Northeast Jewish        27 0.0553     6
##  4 Northeast None         112 0.230     23
##  5 Northeast Other         28 0.0574     6
##  6 Northeast <NA>           1 0.00205    0
##  7 Midwest   Protestant   325 0.468     47
##  8 Midwest   Catholic     172 0.247     25
##  9 Midwest   Jewish         3 0.00432    0
## 10 Midwest   None         157 0.226     23
## # ... with 14 more rows
```

group_by()에 지정된 변수는 새로운 요약 표 summarize() 및 mutate()로 작성된 변수가 추가되고 원래 데이터셋의 다른 모든 변수는 삭제된다.

이전에 **ggplot()** 시퀀스의 각 추가 단계가 무엇인지 파악하려고 할 때, 그 단계가 포함되지 않은 경우 도표가 어떻게 보이는지 한 번에 하나씩 제거해 역으로 작업하는 것이 도움이 될 수 있다. 같은 방법으로, 파이프라인된 코드를 볼 때 끝에서부터 시작해 한 번에 하나의 "%>%" 단계를 제거해 결과적인 중간 오브젝트가 어떻게 보이는지 확인하는 것이 도움이 될 수 있다. 위 코드에서 **mutate()** 단계를 제거하면 어떻게 될까? **rel_by_region**은 다음과 같이 보이는가? **summarize()** 단계를 제거하면 어떻게 되는가? 각 단계에서 테이블이 얼마나 큰가? 어떤 수준의 그룹화인가? 어떤 변수가 추가되거나 제거됐는가?

데이터를 표시하기 전에 순차적인 집계 및 변환을 필요로 하지 않는 도 표는 일반적으로 ggplot에 직접 작성하기가 쉽다. 레이아웃의 세부 사 항은 매핑 변수와 레이어의 조합으로 처리되기 때문이다. 데이터의 한 단계 필터링 또는 집계(비율 계산 또는 특정 관찰 부분 집합)도 간단하다. 그 러나 표시하고자 하는 결과가 데이터에서 제거된 몇 단계이고, 특히 테 이블을 그룹화하거나 집계하고 무언가 그리기 전에 결과에 대해 더 많 은 계산을 수행하려는 경우 dplyr의 도구를 사용해 먼저 요약 테이블을 생성하라. 이는 ggplot() 호출 내에서 가능하다. 코드를 읽기 쉽게 만 드는 것 외에도 파이프를 사용하면 결과에 대한 온전성 검사를 좀 더 쉽 게 수행할 수 있으므로 올바른 순서로 그룹화하고 요약한 사항을 확인 할 수 있다. 예를 들어 rel_by_region을 사용해 올바르게 작업한 경우 종교와 연관된 pct 값은 각 영역 내에서 100으로 합쳐져야 한다. 반올 림 오류가 있을 수 있다. 아주 짧은 파이프라인을 사용해 이를 빠르게 확인할 수 있다.

```
rel_by_region %>% group_by(bigregion) %>% summarize(total =
sum(pct))
```

```
## # A tibble: 4 x 2
##   bigregion total
##   <fct>     <dbl>
## 1 Northeast   100
## 2 Midwest     101
## 3 South       100
## 4 West        101
```

이전과 마찬가지로 요약 테이블에서 백분율 값으로 직접 작업하기 때문 에 geom_bar() 대신 geom_col()을 사용할 수 있다.

```
p ← ggplot(rel_by_region, aes(x = bigregion, y = pct,
    fill = religion))
p + geom_col(position = "dodge2") +
    labs(x = "지역", y = "비율", fill = "종교") +
    theme(legend.position = "top")
```

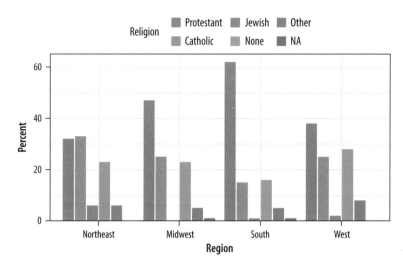

그림 5.2 지역별 종교 선호도

dodge 대신 dodge2라는 다른 position 인수를 사용한다. 그러면 막대가 나란히 놓인다. geom_col()에서 미리 계산된 값을 처리할 때 기본 위치는 비례적으로 쌓인 세로 막대그래프를 만드는 것이다. dodge를 사용하면 같은 열 안에 누적되지만 결과는 잘못 읽힌다. dodge2를 사용하면 하위 범주(종교적 소속)를 그룹(지역) 내에 나란히 배치한다.

그림 5.2의 막대그래프의 값은 그림 4.10의 누적 계수에 대한 백분율이다. 종교적 소속은 지역 내에서 100%에 이른다. 문제는 빈도 테이블을 깔끔하게 생성하는 방법을 알았지만 이는 여전히 나쁜 수치다! 바가 너무 많아서 너무 혼잡하다. 더 잘할 수 있다.

일반적으로 닷지 막대그래프는 분할facet 도표로 좀 더 명확하게 표현될 수 있다. 패싯을 사용하면 범례가 필요 없으므로 차트를 더 쉽게 읽을 수 있다. 또한 새로운 함수를 소개한다. 종교를 x축에 매핑하면 레이블이 겹쳐서 읽을 수 없게 된다. 눈금선 레이블을 수동으로 조정해 비스듬하게 출력할 수는 있지만 읽기가 쉽지 않다. 종교를 y축에, 퍼센트 점수를 x축에 두는 것이 더 합리적이다. geom_bar()가 내부적으로 작동하는 방식 때문에 단순히 x와 y 매핑을 바꾸면 작동하지 않는다(시도해보고 어떤 일이 일어나는지 보라). 하려는 작업은 결과가 그려지는 좌표계를 변형해 x축과 y축을 뒤집는 것이다. coord_flip()을 사용해 이 작업을 수행한다.

4장의 그림 4.13에 사용한 코드로 돌아간 뒤 "dodge" 인수 대신 이 "dodge2" 인수를 사용하라.

```
p ← ggplot(rel_by_region, aes(x = religion, y = pct,
    fill = religion))
p + geom_col(position = "dodge2") +
    labs(x = NULL, y = "비율", fill = "Religion") +
    guides(fill = FALSE) +
    coord_flip() +
    facet_grid(~ bigregion)
```

대부분 도표의 경우 좌표계는 직교^cartesian 좌표이며 x축과 y축으로 정의된 평면에 도표를 표시한다. coord_cartesian() 함수는 이를 관리하지만 호출할 필요는 없다. coord_flip() 함수는 도표가 만들어진 후 x축과 y축을 전환한다. 그것은 미학에 변수를 다시 매핑하지 않는다. 이경우 religion은 여전히 x에 매핑되고 pct는 y에 매핑된다. 종교명은축 레이블을 이해할 필요가 없으므로 labs() 호출에서 x = NULL로 설정한다(그림 5.3 참조).

dplyr의 그룹화 및 필터링 작업이 나중에 할 수 있는 것을 더 많이 보게 될 것이다. 유연하고 강력한 프레임워크다. 지금은 ggplot() 또는geom_ 함수의 본문에 코드를 작성하지 않고도 데이터 테이블을 빠르게요약하는 방법으로 생각하라.

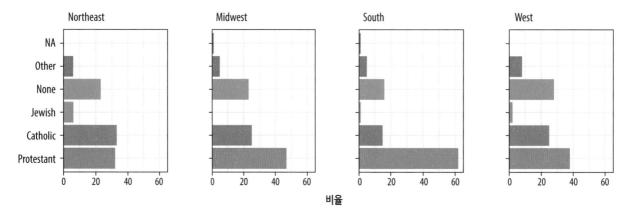

그림 5.3 지역별 종교 선호, 면분할 버전

5.2 그룹 또는 카테고리별 연속 변수

새로운 데이터셋인 organdata 테이블을 보자. gapminder와 마찬가지로 국가—연도^{country-year} 구조를 갖고 있다. 여기에는 17개 OECD 국가에서 이식용 장기 기증에 관한 10년 이상 가치 있는 정보가 포함돼 있다. 장기 조달률은 이식 수술에 사용하기 위해 시신 장기 기증자로부터 얻은 인간 장기의 수를 측정한 것이다. 이 기증 데이터와 함께 데이터셋에는 다양한 인구통계학적 조치와 건강 및 복지 정책에 대한 몇 가지 범주형 측정 및 법, gapminder 데이터와 달리 일부 관측치가 누락됐다. 이들은 누락된 데이터에 대한 NA, R의 표준 코드 값으로 지정된다. organdata 테이블은 socviz 라이브러리에 포함돼 있다. 이를 로드하고 빠르게 살펴보라. 이번에는 다양성을 위해 head()를 사용하는 대신 데이터셋의 처음 6개 열을 선택하고 sample_n()이라는 함수를 사용해 임의로 10개의 행을 선택하는 짧은 파이프라인을 만들 것이다. 이 함수는 두 가지 주요 인수를 취한다. 먼저 샘플링할 데이터 테이블을 제공한다. 파이프라인을 사용하기 때문에 이것은 파이프의 시작 부분에서 암묵적으로 전달된다. 그런 다음 원하는 샘플의 수를 전달한다.

select()에서 이 방법으로 숫자를 사용하면 데이터프레임의 번호가 매겨진 열이 선택된다. 변수 이름을 직접 선택할 수도 있다.

```
organdata %>% select(1:6) %>% sample_n(size = 10)
```

```
## # A tibble: 10 x 6
##    country year       donors   pop pop_dens   gdp
##    <chr>   <date>      <dbl> <int>    <dbl> <int>
##  1 Italy   2000-01-01   14.2 57762     19.2 24629
##  2 Italy   NA             NA 56719     18.8 17430
##  3 Italy   1995-01-01   10.1 57301     19.0 20652
##  4 Sweden  1996-01-01   11.9  8841     1.96 22029
##  5 Sweden  1991-01-01   16.4  8617     1.92 19000
##  6 Germany 2000-01-01   12.5 82212     23.0 24942
##  7 France  1993-01-01   17.1 57467     10.4 19763
##  8 Sweden  1998-01-01   14.6  8851     1.97 23525
##  9 France  2001-01-01   17.8 59192     10.7 27394
## 10 France  1991-01-01   19.1 56976     10.3 18989
```

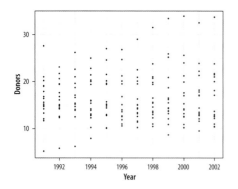

그림 5.4 그다지 유용하지 않다.

일부 데이터를 단순하게 그래프로 나타내는 것부터 시작하자. 기증자의 산점도를 연도별로 비교해볼 수 있다(그림 5.4).

```
p ← ggplot(data = organdata, mapping = aes(x = year, y = donors))
p + geom_point()
```

```
## Warning: Removed 34 rows containing missing values
## (geom_point).
```

누락된 값에 대해 ggplot의 경고 메시지가 표시된다. 지금부터는 출력을 복잡하게 만들지 않기 위해 경고가 표시되지 않게 하겠지만, 보통은 코드가 정상적으로 실행되는 경우에도 R이 알려주는 경고를 읽고 이해하는 것이 좋다. 다수의 경고가 발생하는 경우 R은 모든 경고를 수집하고 warnings() 함수를 사용해 경고를 확인하길 권장한다.

gapminder 데이터와 마찬가지로 geom_line()을 사용해 각 국가의 시계열을 그릴 수 있다. 이를 위해 ggplot에 그룹화 변수가 무엇인지 알려줘야 한다. 이번에는 너무 많지 않기 때문에 국가별로 그림을 추가할 수 있다(그림 5.5).

```
p ← ggplot(data = organdata, mapping = aes(x = year, y = donors))
p + geom_line(aes(group = country)) + facet_wrap(~country)
```

기본적으로 패싯은 국가별 사전순으로 정렬된다. 이를 순간적으로 바꾸는 방법을 알아보자.

국가별 차이에 초점을 맞추되 시간 추세에 주의를 기울이지 마라. geom_boxplot()을 사용해 국가별 연도별 변동 그림을 얻을 수 있다. 기본적으로 geom_bar()가 x에 매핑하는 카테고리에 의한 관측 수를 계산하는 것처럼 geom_boxplot()에서 작동하는 stat_boxplot() 함수는 상자와 수염whisker을 그릴 수 있는 통계를 계산한다. geom_boxplot()은 분류할 변수(여기서는 country)와 요약하려는 연속 변수(여기서는 donors)를 말한다.

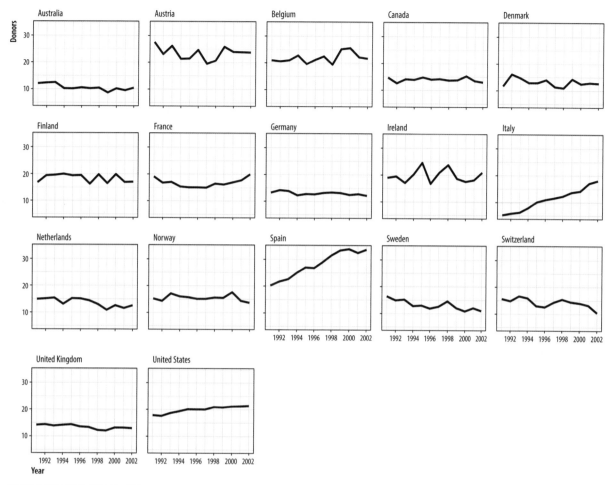

그림 5.5 작은 면으로 나뉜 선그래프

```
p ← ggplot(data = organdata, mapping = aes(x = country,
    y = donors))
p + geom_boxplot()
```

그림 5.6의 박스플롯은 흥미로워 보이지만 두 가지 문제를 해결할 수 있다. 먼저 4장에서 살펴본 것처럼 레이블이 겹쳐지기 때문에 x축에 국가 이름을 사용하는 것은 어색하다. 그림 5.7에서는 `coord_flip()`을 다시 사용해 축을 전환한다(매핑은 제외).

```
p ← ggplot(data = organdata, mapping = aes(x = country,
    y = donors))
p + geom_boxplot() + coord_flip()
```

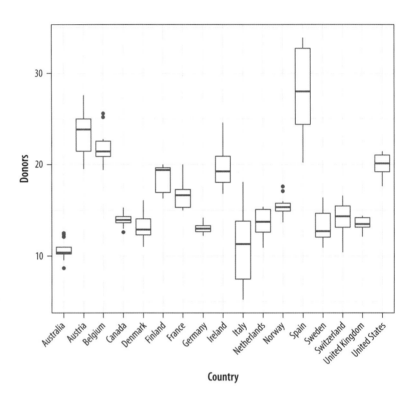

그림 5.6 국가별 박스플롯의 첫 번째 시도

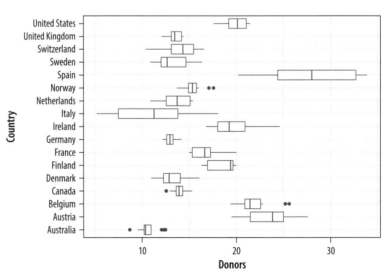

그림 5.7 국가를 y축으로 이동

더 읽기 쉽지만 여전히 완벽하진 않다. 일반적으로 도표가 의미 있는 순서로 데이터를 제시하기를 원한다. 분명한 방법은 평균 기증률이 높은 국가에서 낮은 국가순으로 나열하는 것이다. donors의 평균에 의해 country 변수를 재정렬함으로써 이를 달성한다. reorder() 함수가 다시 정렬하는 역할을 할 것이다. 두 가지 필수 인수가 필요하다. 첫 번째는 다시 정리하고자 하는 범주형 변수 또는 요소다. 이 경우 country이다. 두 번째 변수는 재정렬하려는 변수다. 여기 donors가 기증률이다. reorder()의 세 번째 인수와 선택적 인수는 요약 통계로 사용하려는 함수다. reorder()에 처음 두 개의 필수 인수만 지정하면 기본적으로 첫 번째 변수의 범주가 두 번째 인수의 평균값으로 재정렬된다. 범주형 변수(예: median 또는 sd)의 순서를 변경하려는 현명한 함수를 사용할 수 있다. 추가적인 난관이 있다. R에서 평균을 구하려고 시도할 때 변수에 누락된 값이 있으면 기본 mean 함수를 이행하지 못하고 오류가 발생한다. 평균을 계산할 때 누락된 값을 제거해도 문제가 없다고 명시해야 한다. 이는 na.rm = TRUE 인수를 reorder()에 제공해 내부적으로 mean()에 해당 인수를 전달한다. x 미학속성에 매핑되는 변수를 재정렬하므로 코드에서는 그 시점에서 reorder()를 사용한다.

```
p ← ggplot(data = organdata, mapping = aes(x = reorder(country,
    donors, na.rm = TRUE), y = donors))
p + geom_boxplot() + labs(x = NULL) + coord_flip()
```

labs() 호출 시 국가 이름이 무엇인지 분명하기 때문에 labs(x = NULL)에서 축 레이블을 비워둔다. ggplot은 바이올린 도표를 포함해 기본 박스플롯에 몇 가지 변형을 제공한다. geom_violin()을 사용해 그림 5.8을 다시 시도하라. 너비를 포함해 상자와 수염 모양의 세부 사항을 제어하는 수많은 논의가 있다. 박스플롯은 그림 5.9에서와 같이 color와 fill값을 가져와 다른 geom과 같은 미학속성을 매핑할 수 있다.

```
p ← ggplot(data = organdata,
            mapping = aes(x = reorder(country, donors, na.rm =
```

```
                                TRUE), y = donors, fill = world))
p + geom_boxplot() + labs(x = NULL) +
  coord_flip() + theme(legend.position = "top")
```

그들의 분포를 비교하기 위해 범주형 변수를 y축에 두는 것은 유용한 트릭이다. 따라서 더 많은 카테고리에 대한 요약 데이터를 효과적으로 표시할 수 있다. 도표는 매우 작고 행별로 비교적 많은 수의 케이스에 적합하다. 이 접근 방식은 변수를 x축에 비교할 때 이점을 제공하기 때문에 여러 범주에서 더 쉽게 비교할 수 있다. 각 카테고리 내의 관측 수

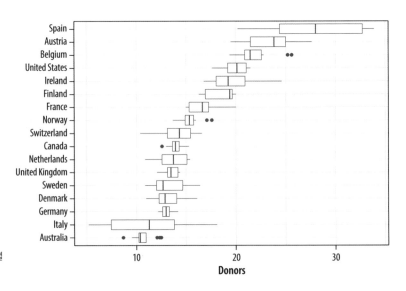

그림 5.8 박스플롯은 평균(mean) 기증률에· 의해 재정렬됐다.

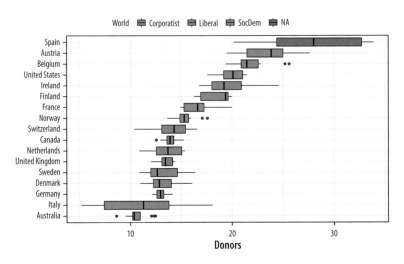

그림 5.9 fill 속성이 매핑된 박스플롯

가 상대적으로 적으면 박스플롯을 건너뛰거나 보완할 수 있으며 개별
관측도 표시할 수 있다. 그림 5.10에서 기본 geom_point() 플롯 모양
은 fill이 아니라 color 속성을 갖기 때문에 fill 대신 world 변수로
채운다.

```
p ← ggplot(data = organdata,
           mapping = aes(x = reorder(country, donors, na.rm
                         = TRUE), y = donors, color = world))
p + geom_point() + labs(x = NULL) +
    coord_flip() + theme(legend.position = "top")
```

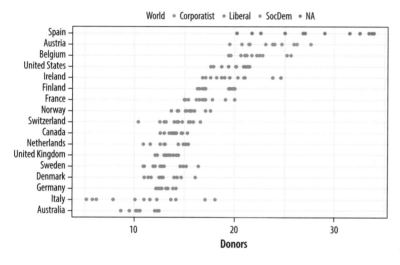

그림 5.10 박스플롯 대신 점도표 사용

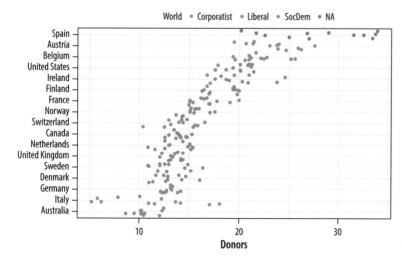

그림 5.11 점 흩뜨리기(jittering)

이와 같이 geom_point()를 사용하면 관측값의 오버플로팅이 발생한다. 이 경우 다른 값에서 얼마나 많은 관측치가 있는지 더 잘 알려면 데이터를 조금 흩뜨려 놓는 것이 유용할 수 있다. 이를 위해 geom_jitter()를 사용한다(그림 5.11). 이 geom은 geom_point()와 매우 유사하게 작동하지만 각 관측치를 작은 양만큼 임의로 미세하게 바꿔놓는다.

```
p ← ggplot(data = organdata,
           mapping = aes(x = reorder(country, donors, na.rm =
                               TRUE), y = donors, color = world))
p + geom_jitter() + labs(x = NULL) +
    coord_flip() + theme(legend.position = "top")
```

지터의 기본 수량은 목적에 대비해 너무 적다. geom 내의 position_jitter() 함수에 대한 height 및 width 인수를 사용해 이를 제어할 수 있다. 여기에서 1차원 요약을 만들기 때문에 너비가 필요하다. 그림 5.12는 더 적절한 지터 양의 데이터를 보여준다.

왜 높이를 사용하지 않았는지 알 수 있겠는가? 모르겠다면 직접 해보고 어떤 일이 발생하는지 확인해보라.

```
p ← ggplot(data = organdata,
           mapping = aes(x = reorder(country, donors, na.rm =
                               TRUE), y = donors, color = world))
p + geom_jitter(position = position_jitter(width = 0.15)) +
    labs(x = NULL) + coord_flip() + theme(legend.position = "top")
```

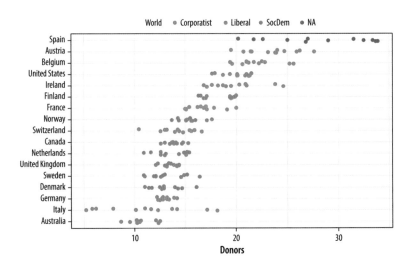

그림 5.12 흩뜨린 도표

범주당 하나의 점을 갖는 범주형 변수를 요약하려면 이 방법을 사용해야 한다. 결과는 일반적으로 막대그래프 또는 테이블보다 나은 데이터를 표현하는 간단하고 매우 효과적인 방법인 클리블랜드 점도표^{Cleveland dotplot}가 될 것이다. 예를 들어 클리블랜드의 평균 기부금 도트 포인트를 만들 수 있다.

이것은 또한 dplyr 파이프라인으로 데이터를 처리할 수 있는 또 다른 기회를 제공한다. 하나는 큰 국가 연도 데이터프레임을 국가별 요약 통계의 작은 테이블로 집계하는 데 사용된다. 이 작업을 위해 파이프라인을 사용하는 방법은 여러 가지가 있다. 요약하고자 하는 변수를 선택하고 mean()과 sd() 함수를 반복적으로 사용해 원하는 변수의 평균 및 표준편차를 계산할 수 있다.

```
by_country ← organdata %>% group_by(consent_law, country) %>%
   summarize(donors_mean = mean(donors, na.rm = TRUE),
           donors_sd = sd(donors, na.rm = TRUE),
           gdp_mean = mean(gdp, na.rm = TRUE),
           health_mean = mean(health, na.rm = TRUE),
           roads_mean = mean(roads, na.rm = TRUE),
           cerebvas_mean = mean(cerebvas, na.rm = TRUE))
```

파이프라인은 두 단계로 구성된다. 먼저 consent_law와 country로 데이터를 그룹화한 다음 summarize()를 사용해 여섯 개의 새 변수를 만든다. 각 변수는 원래 organdata 데이터프레임에서 해당 변수에 대한 각 국가 점수의 평균 또는 표준편차다.

평소와 같이 summarize() 단계는 원본 데이터와 그룹화에 대한 정보를 상속한 다음 가장 안쪽 그룹 수준에서 계산을 수행한다. 이 경우 각 국가에 대한 모든 관측치가 필요하며 요청한 대로 평균 또는 표준편차를 계산한다.

대체 보기의 경우 그룹화 문구에서 country를 year로 변경하고 어떤 일이 발생하는지 확인하라.

```
by_country
```

```
## # A tibble: 17 x 8
## # Groups:   consent_law [2]
```

```
##    consent_law country donors_mean donors_sd gdp_mean health_mean
##    <chr>       <chr>         <dbl>     <dbl>    <dbl>       <dbl>
## 1  Informed    Austra...       10.6      1.14   22179.       1958.
## 2  Informed    Canada          14.0      0.751  23711.       2272.
## 3  Informed    Denmark         13.1      1.47   23722.       2054.
## 4  Informed    Germany         13.0      0.611  22163.       2349.
## 5  Informed    Ireland         19.8      2.48   20824.       1480.
## 6  Informed    Nether...       13.7      1.55   23013.       1993.
## 7  Informed    United...       13.5      0.775  21359.       1561.
## 8  Informed    United...       20.0      1.33   29212.       3988.
## 9  Presumed    Austria         23.5      2.42   23876.       1875.
## 10 Presumed    Belgium         21.9      1.94   22500.       1958.
## 11 Presumed    Finland         18.4      1.53   21019.       1615.
## 12 Presumed    France          16.8      1.60   22603.       2160.
## 13 Presumed    Italy           11.1      4.28   21554.       1757
## 14 Presumed    Norway          15.4      1.11   26448.       2217.
## 15 Presumed    Spain           28.1      4.96   16933        1289.
## 16 Presumed    Sweden          13.1      1.75   22415.       1951.
## 17 Presumed    Switze...       14.2      1.71   27233        2776.
## # ... with 2 more variables: roads_mean <dbl>, cerebvas_mean <dbl>
```

이전과 마찬가지로 group_by()에 지정된 변수가 새 데이터프레임에 유지되고 summarize()로 작성된 변수가 추가되며 원래 데이터의 다른 모든 변수는 삭제된다. 또한 국가는 파이프라인 시작 부분의 group_by() 구문의 가장 바깥쪽 그룹 변수인 consent_law 내에서 사전순으로 요약된다.

파이프라인을 사용한 이 방법은 쓸 만하지만 코드는 다시 살펴볼 필요가 있다. 우선 mean() 및 sd() 함수의 이름을 반복해서 입력하고 각 함수에 요약할 변수의 이름과 함수를 확인하기 위해 항상 na.rm = TRUE 인수를 부여해야 한다. 누락된 값에 대해 불평하지 말라. 원래 변수 이름의 끝에 _mean이나 _sd를 추가해 같은 방식으로 새 요약 변수의 이름을 반복적으로 지정한다. organdata에 있는 모든 수치 변수에 대한 평균과 표준편차를 계산하기를 원한다면 우리 코드는 더 오래 걸릴 것이다. 또한 이 버전에서는 world와 같이 그룹화하지 않은 다른 시간 불변의 범주형 변수를 잃게 된다. 코드에서 이와 같은 반복된 동작을 볼 때 더 나은 방법이 있는지 묻는다.

원하는 작업은 organdata의 모든 수치 변수에 mean()과 sd() 함수를 적용하는 것이지만 수치적 변수에'만' 적용하는 것이다. 그런 다음 결과를 일관된 방식으로 이름을 지정하고 world와 같은 모든 범주형 변수를 포함하는 요약 표를 반환한다. R의 함수 프로그래밍 능력을 사용해 더 나은 버전의 by_country 객체를 만들 수 있다. 코드는 다음과 같다.

```
by_country <- organdata %>% group_by(consent_law, country) %>%
  summarize_if(is.numeric, funs(mean, sd), na.rm = TRUE) %>%
  ungroup()
```

파이프라인은 이전처럼 organdata를 가져와서 consent_law와 country 별로 그룹화한다. 다음 단계에서는 수동으로 변수의 하위 집합의 평균 및 표준편차를 사용하는 대신 summarize_if() 함수를 대신 사용한다. 이름에서 알 수 있듯이 데이터의 각 열을 검사하고 이에 대한 테스트를 적용한다. 테스트가 통과됐는지, 즉 TRUE 값을 반환하는지만 요약한다. 여기서 테스트는 is.numeric() 함수다. 이 함수는 벡터가 숫자 값인지 확인한다. 그렇다면 summarize_if()는 organdata에 원하는 요약 함수를 적용할 것이다. 우리는 평균편차와 표준편차를 모두 사용하기 때문에 원하는 기능을 나열하기 위해 funs()를 사용한다. 그리고 na.rm = TRUE 인자를 마무리한다. 이 인수는 mean()과 sd()를 각각 사용할 때 전달된다. 파이프라인의 마지막 단계에서 데이터를 ungroup()해 결과가 평범한 티블이 되도록 한다.

파이프라인이 반환하는 결과는 다음과 같다.

```
by_country
```

```
## # A tibble: 17 x 28
##    consent_law country donors_mean pop_mean pop_dens_mean gdp_mean gdp_lag_mean health_mean
##    <chr>       <chr>         <dbl>    <dbl>         <dbl>    <dbl>        <dbl>       <dbl>
## 1 Informed    Australia      10.6   18318.         0.237   22179.       21779.       1958.
## 2 Informed    Canada         14.0   29608.         0.297   23711.       23353.       2272.
## 3 Informed    Denmark        13.1    5257.        12.2     23722.       23275.       2054.
```

```
##  4 Informed  Germany         13.0   80255.   22.5   22163.   21938.   2349.
##  5 Informed  Ireland         19.8    3674.    5.23  20824.   20154.   1480.
##  6 Informed  Netherlands     13.7   15548.   37.4   23013.   22554.   1993.
##  7 Informed  United Kingdom  13.5   58187.   24.0   21359.   20962.   1561.
##  8 Informed  United States   20.0  269330.    2.80  29212.   28699.   3988.
##  9 Presumed  Austria         23.5    7927.    9.45  23876.   23415.   1875.
## 10 Presumed  Belgium         21.9   10153.   30.7   22500.   22096.   1958.
## 11 Presumed  Finland         18.4    5112.    1.51  21019.   20763.   1615.
## 12 Presumed  France          16.8   58056.   10.5   22603.   22211.   2160.
## 13 Presumed  Italy           11.1   57360.   19.0   21554.   21195.   1757.
## 14 Presumed  Norway          15.4    4386.    1.35  26448.   25769.   2217.
## 15 Presumed  Spain           28.1   39666.    7.84  16933.   16584.   1289.
## 16 Presumed  Sweden          13.1    8789.    1.95  22415.   22094.   1951.
## 17 Presumed  Switzerland     14.2    7037.   17.0   27233.   26931.   2776.
## # ... with 20 more variables: health_lag_mean <dbl>, pubhealth_mean <dbl>, roads_mean <dbl>,
## #   cerebvas_mean <dbl>, assault_mean <dbl>, external_mean <dbl>, txp_pop_mean <dbl>,
## #   donors_sd <dbl>, pop_sd <dbl>, pop_dens_sd <dbl>, gdp_sd <dbl>, gdp_lag_sd <dbl>,
## #   health_sd <dbl>, health_lag_sd <dbl>, pubhealth_sd <dbl>, roads_sd <dbl>, cerebvas_sd <dbl>,
## #   assault_sd <dbl>, external_sd <dbl>, txp_pop_sd <dbl>
```

모든 숫자 변수가 요약됐다. 함수 이름에 donors_mean과 donors_sd 등이 추가된 원래 변수를 사용해 이름이 지정된다. 이는 다양한 방법으로 데이터를 신속하게 변환하는 간결한 방법이다. 다양한 작업을 수행하는 summarize_ 함수 패밀리와 데이터를 집계하기보다는 데이터를 추가할 때 사용할 mutate_ 함수의 보완적인 그룹이 있다. 데이터를 국가별로 요약하면 그림 5.13에서 geom_point()로 점을 그릴 수 있다. 각 국가별 consent_raw에 따라 결과에 색상을 지정해보겠다.

```
p ← ggplot(data = by_country,
           mapping = aes(x = donors_mean, y = reorder(country,
                         cdonors_mean), color = consent_law))
p + geom_point(size=3) +
    labs(x = "기증자 조달율",
         y = "", color = "Consent Law") +
    theme(legend.position="top")
```

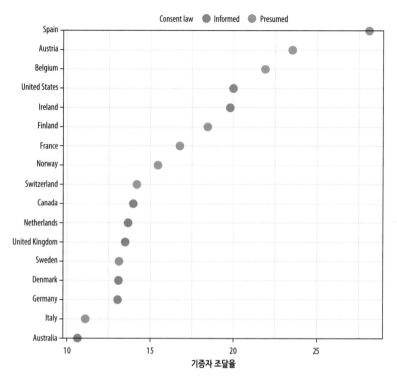

그림 5.13 점이 채색된 클리블랜드 점도표

또는 원한다면 점을 채색하는 대신 패싯을 사용할 수 있다. `facet_wrap()`을 사용해 `consent_law` 변수를 두 개의 패널로 나눈 다음 각 패널 내에서 기증률로 국가 순위를 매길 수 있다. y축에 범주형 변수가 있기 때문에 주목할 가치가 있는 두 가지 조언^wrinkle^이 있다. 먼저 `facet_wrap()`을 기본값으로 두면 패널이 나란히 그려진다. 이것은 동일한 척도로 두 그룹을 비교하는 것을 어렵게 만든다. 대신 도표는 왼쪽에서 오른쪽으로 읽히므로 유용하진 않다. 이를 방지하기 위해 하나의 열만 갖고 싶다고 말하면 패널을 다른 패널 위에 겹쳐서 표시한다. 이것은 `ncol = 1` 인수다. 두 번째로 y축에 범주형 변수가 있기 때문에 기본 패싯 도표에는 모든 국가의 이름이 두 패널의 y축에 나타난다(y축은 연속형 변수였고, 이것은 원한 바대로다). 이 경우 도표의 각 패널에 있는 행의 절반만 포인트를 가질 것이다. 이를 피하기 위해 y축 스케일을 자유롭게 사용할 수 있다.

이것은 `scales = "free_y"` 인수다. 다시 두 변수가 연속된 면이 있는 도표의 경우 x축 또는 y축을 허용하므로 일반적으로 척도를 사용하지

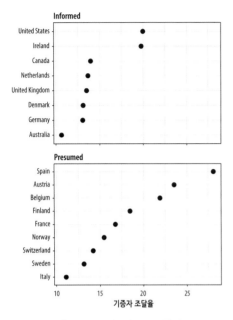

그림 5.14 y축에 자유 스케일이 있는 분할 점도표

않으려 한다. 각 패널에 대해 전체 데이터셋의 범위가 아닌 해당 패널 내부의 데이터 범위만 다를 수 있다. 일반적으로 소규모 다중 도표의 포인트는 패널 전반에서 비교할 수 있어야 한다. 즉, 각 패널에 x축 또는 y축 범위가 지정돼 비교 가능성을 손상시키기 때문에 자유 척도^{free scale}는 일반적으로 좋은 아이디어가 아니다. 그러나 그림 5.14에서와 같이 하나의 축이 범주화된 경우 범주형 축을 해제하고 연속 축을 고정된 상태로 둘 수 있다. 결과적으로 각 패널은 동일한 x축을 공유하므로 비교하기 쉽다.

```
p ← ggplot(data = by_country,
           mapping = aes(x = donors_mean,
                         y = reorder(country, donors_mean)))

p + geom_point(size = 3) +
    facet_wrap(~ consent_law, scales = "free_y", ncol = 1) +
    labs(x = "기증자 조달율",
         y = "")
```

일반적으로 클리블랜드 점도표를 가로 혹은 세로 막대그래프보다 선호한다. 차트를 만들 때 y축에 범주를 넣고 제공하는 숫자 요약과 가장 관련이 있는 방식으로 순서를 지정하라. 이러한 종류의 도표는 모델 결과 또는 오류 범위가 있는 모든 데이터를 요약하는 훌륭한 방법이기도 하다. `geom_point()`를 사용해 점도표를 그린다. `geom_dotplot()`이라고 부르는 geom이 있지만 다른 종류의 그림을 생성하도록 설계됐다. 일종의 히스토그램이며 개별 관측치가 점들로 표시되고 그 점들 중 몇 개가 겹쳐져 얼마나 많은지 보여준다.

곡선 및 점에 대한 정보를 도표에 포함하고자 하는 경우 클리블랜드 스타일 점도표를 확장할 수 있다. `geom_pointrange()`를 사용하면 ggplot에 주변 지점 추정치와 범위를 표시할 수 있다. 여기서 위에 계산된 기부금의 표준편차를 사용할 것이다. 그러나 이 또한 신뢰구간을 가진 모델 계수의 추정치를 제시하는 자연스러운 방법이기도 하다. `geom_pointrange()`를 사용하면 x와 y 변수를 평소와 같이 매핑할 수 있지만

geom_point보다 조금 더 많은 정보가 필요하다. 인수 ymax와 ymin으로 정의되는 점의 양쪽에 그릴 선의 범위를 알아야 한다. y값(donors_mean)에 표준편차(donors_sd)를 더한 값 또는 뺀 값이 주어진다. 함수 인수에 숫자가 필요한 경우 원하는 숫자로 해결되는 수학 표현식을 제공하면 된다. R이 결과를 계산해줄 것이다.

```
p ← ggplot(data = by_country, mapping = aes(x = reorder(country,
          donors_mean), y = donors_mean))


p + geom_pointrange(mapping = aes(ymin = donors_mean - donors_
    sd, ymax = donors_mean + donors_sd)) +
    labs(x = "", y = "기증자 조달율") + coord_flip()
```

geom_pointrange()는 y, ymin, ymax가 인수로 예상되므로 그림 5.15에서 donors_mean을 y로 매핑하고 국가 코드 변수를 x로 매핑한 다음 coord_flip()을 사용해 끝에 있는 축을 뒤집는다.

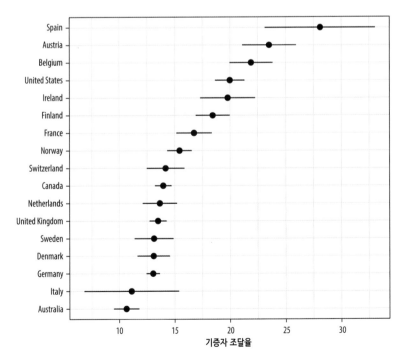

그림 5.15 측정 변수의 표준편차로 범위가 지정된 점과 수염 도표

5.3 텍스트를 직접 도표화하기

산점도와 함께 레이블을 나타내거나 유용한 레이블을 직접 도표화하는 것이 유용할 때가 있다. geom_text()를 이용해서 할 수 있다.

```
p ← ggplot(data = by_country, mapping = aes(x = roads_mean,
                                            y = donors_mean))
p + geom_point() + geom_text(mapping = aes(label = country))
```

그림 5.16의 텍스트는 점과 동일한 x와 y 매핑을 사용해 배치됐기 때문에 점의 꼭대기에 그려져 있다. 이를 처리하는 한 가지 방법은 그래프에서 정밀도가 큰 문제가 되지 않는다면 그래프에서 geom_point()를 삭제해 점을 제거하는 것이다. 두 번째는 텍스트의 위치를 조정하는 방법이다. geom_text()에 hjust 인자를 사용해 레이블을 왼쪽 또는 오른쪽으로 정렬할 수 있다. hjust = 0으로 설정하면 레이블이 왼쪽 정렬되고 hjust = 1이면 오른쪽으로 정렬된다.

```
p ← ggplot(data = by_country,
           mapping = aes(x = roads_mean, y = donors_mean))

p + geom_point() + geom_text(mapping = aes(label = country),
    hjust = 0)
```

그림 5.17에서 레이블을 미세하게 조정하기 위해 hjust에 다른 값을 시도해보고 싶은 유혹이 생길 수도 있지만, 이는 완벽한[robust] 접근 방식은 아니다. 레이블의 길이에 비례해 공간이 추가되기 때문에 종종 이상한 결과가 나온다. 결과적으로 긴 레이블은 원하는 것보다 더 멀리 떨어진 지점으로 이동한다. 이 문제를 해결할 수 있는 방법이 있지만 다른 문제가 있다.

geom_text()로 더 씨름하는 대신 ggrepel을 사용하라. 이 유용한 패키지는 ggplot에 새로운 geom을 추가한다. ggplot이 R의 플로팅 기능을 확장하듯이 ggplot의 기능을 확장하는 많은 패키지가 있으며 새로운

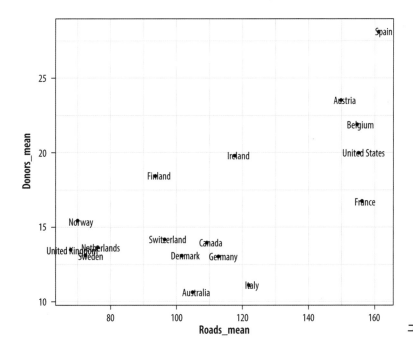

그림 5.16 레이블과 텍스트 플롯

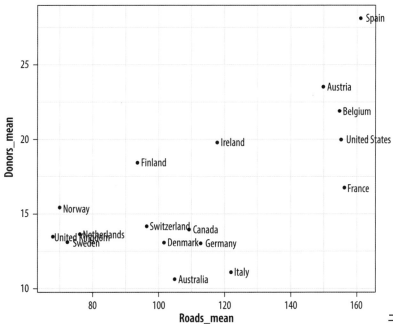

그림 5.17 수평 위치를 조정한 점과 텍스트 레이블 플롯

유형의 `geom`을 제공하기도 한다. `ggrepel` 패키지는 `geom_text_repel()`과 `geom_label_repel()`을 제공한다. 두 geom은 기본 `geom_text()`보다 훨씬 유연하게 레이블을 선택할 수 있다. 먼저 라이브러리가 설치됐는지 확인한 다음 `library` 함수를 이용해 로드하라.

```
library(ggrepel)
```

`geom_text()` 대신 `geom_text_repel()`을 사용할 것이다. `geom_text_repel()`이 수행할 수 있는 작업을 보여주기 위해 데이터셋을 전환하고 socviz 라이브러리에 제공된 몇몇 역사적인 미국 대통령 선거 데이터를 사용한다.

```
elections_historic %>% select(2:7)
```

```
## # A tibble: 49 x 6
##    year winner                 win_party ec_pct popular_pct popular_margin
##    <int> <chr>                 <chr>     <dbl>   <dbl>       <dbl>
## 1  1824 John Quincy Adams      D.-R.     0.322   0.309      -0.104
## 2  1828 Andrew Jackson         Dem.      0.682   0.559       0.122
## 3  1832 Andrew Jackson         Dem.      0.766   0.547       0.178
## 4  1836 Martin Van Buren       Dem.      0.578   0.508       0.142
## 5  1840 William Henry Harrison Whig      0.796   0.529       0.0605
## 6  1844 James Polk             Dem.      0.618   0.495       0.0145
## 7  1848 Zachary Taylor         Whig      0.562   0.473       0.0479
## 8  1852 Franklin Pierce        Dem.      0.858   0.508       0.0695
## 9  1856 James Buchanan         Dem.      0.588   0.453       0.122
## 10 1860 Abraham Lincoln        Rep.      0.594   0.396       0.101
## # ... with 39 more rows
```

```
p_title ← "대통령 선거 : 일반 투표 및 선거인단 투표 격차"
p_subtitle ← "1824-2016"
p_caption ← "2016년 데이터는 잠정치임"
x_label ← "당선자의 일반 투표 점유율"
y_label ← "당선자의 선거인단 투표 점유율"

p ← ggplot(elections_historic, aes(x = popular_pct, y = ec_pct,
```

```
                             label = winner_label))

p + geom_hline(yintercept = 0.5, size = 1.4, color = "gray80") +
    geom_vline(xintercept = 0.5, size = 1.4, color = "gray80") +
    geom_point() +
    geom_text_repel() +
    scale_x_continuous(labels = scales::percent) +
    scale_y_continuous(labels = scales::percent) +
    labs(x = x_label, y = y_label, title = p_title, subtitle =
    p_subtitle, caption = p_caption)
```

그림 5.18은 1824년(일반 투표의 규모가 처음 기록된 해)부터 미국 대통령 선거를 취하고 선거인단 투표율에 대한 일반 투표 득표율을 그려준다. 점유는 백분율이 아닌 비율(0에서 1까지)로 데이터에 저장되므로 `scale_x_continuous()`와 `scale_y_continuous()`를 사용해 눈금의 레이블을 조정해야 한다. 우리는 특정 대통령 임기에 관심이 있으므로 그 점들에 레이블을 붙이고 싶다. 그러나 많은 데이터 요소가 서로 가깝게 배치돼 있기 때문에 레이블이 겹치지 않도록 하거나 다른 점을 가릴 필요가 있다. `geom_text_repel()` 함수는 이 문제를 잘 처리한다. 이 도표에는 비교적 긴 제목이 있다. 코드에 직접 넣을 수도 있지만 대신 더 편하게 작업하기 위해 텍스트를 몇몇 객체에 할당한다. 그런 다음 플롯 수식에 있는 값을 사용한다. 이 도표에서 특정 점에 대한 관심은 각 점이 있는 xy 평면의 사분면과 x축(일반 투표 점유율과 함께)과 y축(선거인단 투표 몫) 50% 임곗값에서 얼마나 떨어져 있는지다. 이 점을 강조하기 위해 각 방향의 50% 선에 두 개의 참조선을 그린다. 이들은 점과 레이블이 참조선 위에 겹쳐질 수 있도록 그리기 프로세스의 시작 부분에 그려진다. `geom_hline()`과 `geom_vline()`이라는 두 개의 새로운 geom을 사용해 선을 만든다. 각각 `yintercept`와 `xintercept` 인수를 취하고 선은 크기에 맞게 채색할 수 있다. 또한 제공된 기울기와 절편을 기반으로 직선을 그리는 `geom_abline()` geom이 있다. 산점도에서 45도의 기준선을 그릴 때 유용하다.

일반적으로 이와 같이 도표의 플롯의 모든 점에 레이블을 지정하는 것은 좋지 않다. 더 나은 접근 방식은 특정 관심 포인트를 몇 개 선택하는 것이다.

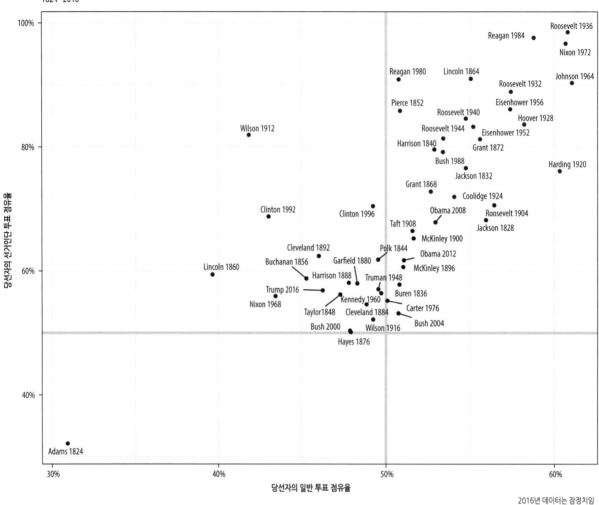

그림 5.18 ggrepel로 텍스트 레이블

ggrepel 패키지에는 레이블을 점과 함께 효과적으로 도표화하는 데 도움이 되는 몇 가지 유용한 geom과 옵션이 있다. 레이블 알고리즘의 성능은 일관성 있게 매우 우수하다. 대부분의 경우 geom_text()보다 더 나은 첫 번째 선택이 될 것이다.

5.4 이상치 라벨링

때로는 모든 단일 항목에 레이블을 지정하지 않고 데이터에서 관심 있는 부분을 골라내고자 한다. geom_text() 또는 geom_text_repel()을 계속 사용할 수 있다. 레이블을 지정할 점을 선택하면 된다. geom_text_repel()에 geom_point()가 사용하는 것과 다른 데이터셋을 사용하도록 지시함으로써 이를 수행한다. subset() 함수가 작업을 수행한다.

```
p ← ggplot(data = by_country,
            mapping = aes(x = gdp_mean, y = health_mean))

p + geom_point() +
  geom_text_repel(data = subset(by_country, gdp_mean > 25000),
                  mapping = aes(label = country))

p ← ggplot(data = by_country,
            mapping = aes(x = gdp_mean, y = health_mean))

p + geom_point() +
  geom_text_repel(data = subset(by_country,
                                gdp_mean > 25000 | health_mean <
                                1500 | country %in% "Belgium"),
                  mapping = aes(label = country))
```

그림 5.19의 상단 부분에서 텍스트 geom에 대한 새로운 데이터 인수를 지정하고 subset()을 사용해 작은 데이터셋을 즉시 생성한다. subset() 함수는 by_country 객체를 사용하고 gdp_mean이 25,000을 초과하는 경우만 선택해 그 점만 도표에 레이블이 지정된다. 논리식으로 표현할 수만 있으면 우리가 원하는 대로 기준을 정할 수 있다. 예를 들어 다음 쪽에 있는 그림에서 gdp_mean이 25,000보다 큰 경우 또는 health_mean이 1,500 미만이거나 국가가 벨기에(Belgium)인 경우를 선택한다. 이 모든 도표에서 geom_text_repel()을 사용하기 때문에 국가 레이블이 도표의 가장자리에서 잘리는 이전 문제에 대해 더 이상 걱정할 필요가 없다.

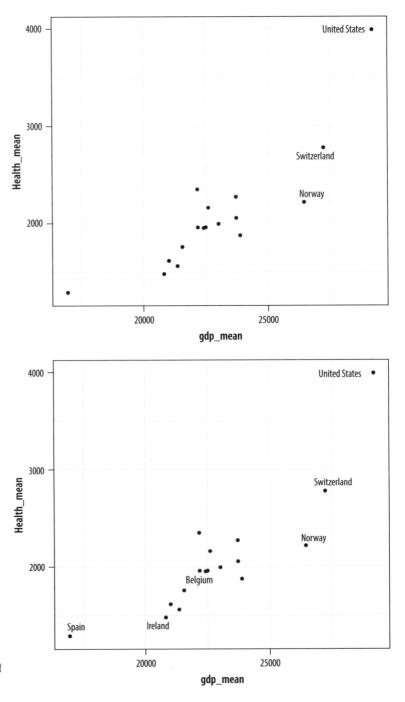

그림 5.19 위: 한 가지 기준에 따라 텍스트에 레이블 지정
아래: 여러 기준에 따른 라벨링

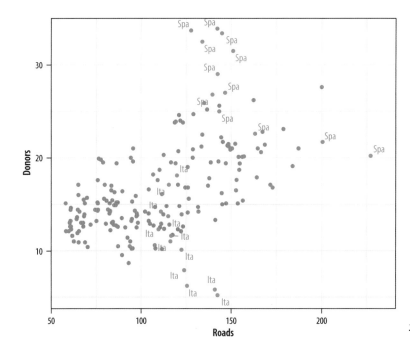

그림 5.20 더미 변수를 이용한 라벨링

또는 이 목적을 위해 데이터셋에 더미 변수를 만들어 특정 지점을 선택할 수도 있다. 그림 5.20에서는 ind라는 organdata에 열을 추가한다. 관측치는 ccode가 "Ita" 또는 "Spa"이고 year(연도)가 1998보다 큰 경우 TRUE로 코딩된다. 이 새로운 ind 변수는 플롯 코드에서 두 가지 방식으로 사용된다. 첫째, 일반적인 방식으로 그것을 color 속성에 매핑한다. 둘째, 텍스트 geom에 레이블을 지정할 데이터의 하위 집합으로 사용한다. 그런 다음에는 guides() 함수를 사용해 label 및 color 속성으로 인해 표시되는 범례를 숨긴다.

```
organdata$ind ← organdata$ccode %in% c("Ita", "Spa") &
  organdata$year > 1998


p ← ggplot(data = organdata,
           mapping = aes(x = roads,
                          y = donors, color = ind))


p + geom_point() +
    geom_text_repel(data = subset(organdata, ind),
                    mapping = aes(label = ccode)) +
    guides(label = FALSE, color = FALSE)
```

5.5 도표 영역에 쓰기와 그리기

때로는 그림에 직접 주석을 달고 싶다. 아마도 변수에 매핑되지 않은 중요한 것을 일러줘야 할 수도 있다. 이를 위해 annotate()를 사용한다. 데이터에서 변수 매핑을 허용하지 않기 때문에 geom은 아니다. 대신 geom을 사용해 일시적으로 기능을 활용해 도표에 무언가를 배치할 수 있다. 가장 명백한 용례usecase는 임의의 텍스트를 도표에 넣는 것이다 (그림 5.21).

텍스트 geom을 사용하기 위해 annotate()를 전해줄 것이다. geom_text()에 역할을 넘긴다. 즉, annotate() 호출에서 geom의 모든 인수를 사용할 수 있다. 여기에는 예상되는 x, y, label 인수뿐만 아니라 크기, 색상 및 텍스트를 맞출 수 있는 hjust 및 vjust 설정이 포함된다. 이것은 레이블에 여러 줄이 있을 때 특히 유용하다. 특별한 "개행newline" 코드인 \n을 사용해 여분의 줄을 포함한다. \n은 공백 대신 필요에 따라 줄바꿈을 사용한다.

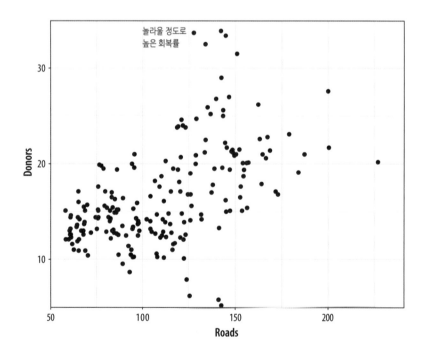

그림 5.21 annotate()를 포함한 임의의 텍스트

```
p ← ggplot(data = organdata, mapping = aes(x = roads, y = donors))
p + geom_point() + annotate(geom = "text", x = 91, y = 33,
                            label = "놀라울 정도로\n
                            높은 회복률",  hjust = 0)
```

annotate() 함수는 다른 geom과도 사용이 가능하다. 직사각형, 선분 및 화살표를 그릴 때 사용하라. 여러분이 사용하는 geom에 맞는 인자를 전달하는 것을 잊지 마라. 함수에 대한 두 번째 호출을 사용해 이 도표에 직사각형을 추가할 수 있다(그림 5.22).

```
p ← ggplot(data = organdata,
           mapping = aes(x = roads, y = donors))
p + geom_point() +
  annotate(geom = "rect", xmin = 125, xmax = 155,
           ymin = 30, ymax = 35, fill = "red", alpha = 0.2) +
  annotate(geom = "text", x = 157, y = 33,
           label = "놀라울 정도로\n높은 회복률",
           hjust = 0)
```

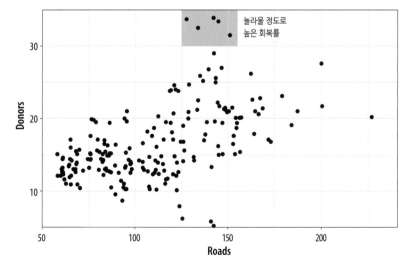

그림 5.22 두 가지 다른 geom과 annotate() 사용

5.6 척도, 가이드, 테마 이해하기

5장에서는 ggplot 어휘를 두 가지 방식으로 점차 확장했다. 첫째, 새로운 종류의 그림을 그릴 수 있는 새로운 geom_ 함수를 도입했다. 둘째, 그래프의 외관의 일부 측면을 제어하는 새로운 함수를 사용했다. 축 레이블을 조정하기 위해 scale_x_log10(), scale_x_continuous()와 다른 scale_ 함수를 사용했다. 색상 매핑 및 레이블 매핑에 대한 범례를 없애기 위해 guides() 함수를 사용했다. 또한 theme() 함수를 사용해 범례의 위치를 그림의 측면에서 맨 위로 옮겼다.

새로운 geom에 대해 배우는 것은 우리가 이미 봐 온 것이다. 각 geom은 다른 유형의 도표를 만든다. 서로 다른 도표에는 작업을 위해 서로 다른 매핑이 필요하므로 각 geom_ 함수는 그리는 그래프의 종류에 맞게 조정된 매핑을 사용한다. geom_point()를 사용해 x 및 y 매핑을 제공하지 않고 산점도를 만들 수는 없다. geom_histogram()을 사용하려면 x 매핑을 제공해야 한다. 비슷하게 geom_pointrange()는 ymin과 ymax 매핑을 필요로 하므로 라인 범위를 그릴 위치를 알 수 있다. geom_ 함수는 선택적 인자도 취할 수 있다. geom_boxplot()을 사용할 때 outlier.shape 및 outlier.color와 같은 인수를 사용해 이상치를 표시할 수 있다.

두 번째 종류의 확장은 몇 가지 새로운 함수를 도입했으며 새로운 개념을 도입했다. scale_ 함수, guides() 함수, theme() 함수의 차이점은 무엇인가? 왜 온라인 도움말에 너무 많은 scale_ 함수가 나열돼 있는가? 어떤 것을 필요로 하는지 어떻게 알 수 있는가?

근본적인 출발점은 다음과 같다.

- 모든 미학적 매핑에는 척도가 있다. 해당 눈금 표시 또는 눈금 조정 방법을 조정하려면 scale_ 함수를 사용하라.
- 많은 척도에는 독자가 그래프를 해석하는 데 도움이 되는 범례나 키가 있다. 이들을 가이드라고 부른다. guides() 함수를 사용해 조정할 수 있다. 아마도 가장 일반적인 용례는 때로는 필요가 없을 때 범례를 안 보이도록 만드는 것이다. 또 다른 하나는 범례와 컬러 바

에서 키 배열을 조정하는 것이다.

● 그래프에는 표시되는 데이터의 논리적 구조에 엄격하게 연결되지 않은 다른 함수가 있다. 여기에는 배경색, 레이블에 사용된 폰트 또는 그래프에서 범례의 배치와 같은 것들이 포함된다. 이를 조정하려면 theme() 함수를 사용하라.

ggplot의 전반적인 접근 방식에 따라 그래프의 일부 눈에 보이는 특징 feature을 조정하면 먼저 해당 특징의 기본 데이터와의 관계에 대해 생각할 필요가 있다. 대략적으로 말해서 원하는 변경이 특정 geom의 실질적인 해석에 영향을 미친다면, 아마도 geom의 aes() 함수를 사용해 미학을 변수에 매핑하거나 scale_ 함수를 통해 변경을 지정하는 것일 것이다. 원하는 변경이 주어진 geom_의 해석에 영향을 미치지 않으면 geom_ 함수 안에 변수를 설정하거나 theme() 함수를 통해 외관을 변경한다.

척도와 가이드가 밀접하게 연결돼 있어 혼란을 야기할 수 있다. 이 가이드는 범례 또는 색상 막대와 같은 스케일에 대한 정보를 제공한다. 따라서 다양한 scale_ 함수 내부에서 가이드를 조정할 수 있다. 가끔은 guide() 함수를 직접 사용하는 편이 더 쉽다.

```
p ← ggplot(data = organdata,
           mapping = aes(x = roads,
                         y = donors,
                         color = world))
p + geom_point()
```

그림 5.23은 세 가지 aes(미적특질) 매핑이 있는 도표를 보여준다. 변수 roads는 x에, donors는 y에 매핑된다. world는 color에 매핑된다. x와 y 스케일은 연속적이며, 변수의 가장 낮은 값 바로 아래에서 가장 높은 값까지 순조롭게 실행된다. 다양한 레이블이 있는 눈금선은 독자가 각 축의 값을 향하도록 한다. color 매핑에는 또한 눈금이 있다. world 척도는 정렬되지 않은 범주형 변수이므로 척도는 분리돼 있다. 4개의 값 중 하나를 취하는데, 각각 다른 색으로 표시된다.

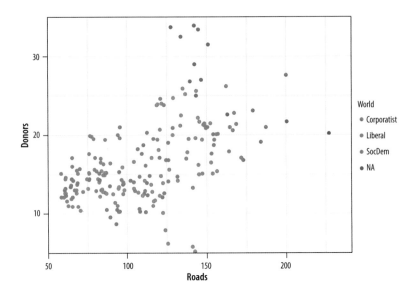

그림 5.23 매핑된 모든 변수에는 스케일이 있다.

color와 함께 fill, shape, size와 같은 매핑에는 우리가 원하는 항목이 있다. 커스터마이징하거나 조정하라. color 대신 shape에 world를 매핑할 수 있었다. 이 경우 4가지 범주 변수는 네 가지 형태로 구성된 스케일을 가질 것이다. 이러한 매핑의 스케일에는 레이블, 특정 위치의 축 눈금, 특정 색상 또는 모양이 있을 수 있다. 조정을 원한다면 scale_ 함수 중 하나를 사용한다.

다양한 종류의 변수를 매핑할 수 있다. 종종 x와 y는 연속적인 측정값이다. 그러나 박스플롯과 점도표에서 yaxis에 국가명을 매핑할 때처럼 쉽게 분리할 수도 있다. x 또는 y 매핑은 로그 스케일로의 변환 또는 날짜와 같은 특수한 숫자 값으로 정의될 수도 있다. 마찬가지로 color 또는 fill 매핑은 world 변수와 마찬가지로 이산적이고 순서가 없거나 시험의 문자 등급처럼 이산형 및 정렬식일 수 있다. 색상 또는 채우기 매핑은 낮은 값에서 높은 값으로 부드럽게 실행되는 그레이디언트로 표시되는 연속 수량일 수도 있다. 마지막으로, 연속적인 그레이디언트와 순서화된 불연속 값 양쪽 방향에서 발산하는 극단을 가진 정의된 중립 중점을 가질 수 있다. 몇 가지 가능한 매핑을 갖고 있고 각각의 매핑이 여러 다른 스케일 중 하나가 될 수 있으므로 결국 개별적인 scale_ 함수가 많이 생긴다. 각각은 매핑과 스케일의 조합을 다룬다. 그것들은

쉬운 예로 A, B, C, D, F나 수우미양가 등을 말한다.- 옮긴이

그림 5.24와 같이 일관된 논리에 따라 명명된다. 먼저 scale_ name 을 적용한 다음 매핑을 적용하고 마지막으로 scale을 표시한다. 따라서 scale_x_continuous() 함수는 연속형 변수에 대한 x 스케일을 제어한다. scale_y_discrete()는 불연속 변수의 y 스케일을 조정한다. scale_x_log10()은 x 매핑을 로그 스케일로 변환한다. 대부분의 경우 ggplot은 매핑에 필요한 스케일의 종류를 정확하게 추측한다. 그런 다음 스케일의 몇 가지 기본 특징(예: 레이블 및 눈금 표시 위치)을 산출한다. 대부분은 스케일을 조정할 필요가 없을 것이다. x가 연속형 변수에 매핑된 경우 추가 인수 없이 플롯 구문에 + scale_x_continuous()를 추가해도 아무런 영향이 없다. 그것은 이미 암묵적으로 존재한다. 반면 + scale_x_log10()을 추가하면 연속형 변수 x의 기본 처리를 대체한 것처럼 스케일이 변환된다. 스케일의 레이블이나 눈금 표시[tick-mark]를 조정하려면 어떤 매핑에 대한 것이며 어떤 종류의 스케일인지 알아야 한다. 그 후 적절한 scale 함수에 인수를 제공한다. 예를 들어 이전 도표의 x축을 로그 스케일로 변경한 다음 y축의 눈금 표시의 위치와 레이블을 변경할 수 있다(그림 5.25).

scale_<MAPPING>_<KIND>()

그림 5.24 스케일 함수의 이름을 명명하는 스키마

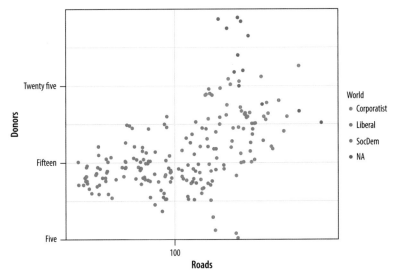

그림 5.25 일부 스케일 조정

```
p ← ggplot(data = organdata, mapping = aes(x = roads,
           y = donors, color = world))
p + geom_point() + scale_x_log10() +
   scale_y_continuous(breaks = c(5, 15, 25), labels = c("Five",
   "Fifteen", "Twenty Five"))
```

color와 fill 같은 매핑에도 동일하게 적용된다(그림 5.26 참조). 여기에서 사용 가능한 scale_ 함수에는 연속형, 발산형, 이산형(불연속) 변수를 처리하는 함수와 나중에 색상 및 색상 팔레트 사용에 대해 자세히 설명할 때 접하게 될 다른 함수도 포함된다. 범례를 생성하는 스케일로 작업할 때 scale_ 함수를 사용해 키의 레이블을 지정할 수도 있다. 그러나 범례의 제목을 변경하기 위해 labs() 함수를 사용해 모든 매핑에 레이블을 지정할 수 있다.

```
p ← ggplot(data = organdata, mapping = aes(x = roads,
           y = donors,  color = world))
p + geom_point() +
   scale_color_discrete(labels = c("협동조합주의", "자유주의",
   "사회민주주의", "분류되지 않음")) +
   labs(x = "도로 사망 사고", y = "기증자 조달", color =
   "사회복지제도")
```

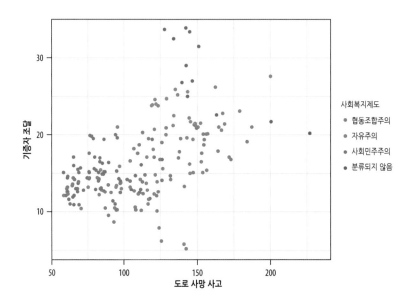

그림 5.26 스케일 함수를 통한 레이블 재지정

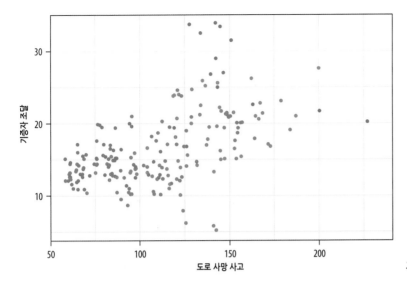

그림 5.27 스케일 가이드(안내선) 제거

범례를 도표의 다른 곳으로 옮기고 싶다면 순전히 외적인 결정을 내리고 있는 것이고 이것이 theme() 함수가 하는 일이다. 앞서 봤듯이 + theme (legend.position = "top")을 추가하면 명령에 따라 범례가 이동한다. 마지막으로 범례를 완전히 없애기 위해(그림 5.27), ggplot에 해당 스케일에 대한 가이드를 원치 않는다고 전한다. 이는 일반적으로 좋은 습관은 아니지만 필요할 때가 있을 수 있다. 이미 그림 4.9의 예에서 살펴봤다.

```
p ← ggplot(data = organdata, mapping = aes(x = roads, y =
    donors, color = world))
p + geom_point() + labs(x = "도로 사망 사고", y = 기증자 조달")
    + guides(color = FALSE)
```

8장에서 scale_ 및 theme() 함수에 대해 좀 더 자세히 살펴볼 예정이며 이때 표시하거나 게시할 준비가 된 도표를 다듬는 방법을 설명할 것이다. 그때까지 scale_ 함수를 상당히 규칙적으로 사용해 그래프의 레이블과 축을 약간 조정한다. 그리고 때때로 theme() 함수를 사용해 일부 외관을 조정한다. 따라서 이후에 어떻게 작동하는지에 관한 추가 세부 정보는 걱정할 필요가 없으나 현시점에서 scale_ 함수가 무엇인지, 명명 체계 이면에 있는 논리를 알아두는 것이 좋다. scale_<매핑 (mapping)>_<종류(kind)>() 규칙을 이해하면 도표를 조정하기 위해 이 러한 함수 중 하나가 호출될 때 진행 상황을 좀 더 쉽게 알 수 있다.

5.7 다음 알아볼 내용

5장에서는 몇 가지 새로운 함수와 데이터 집계 기법을 설명했다. 5장에 서 배운 기법으로 작업하는 것을 연습해야 한다.

- subset() 함수는 일련의 계층화된 geom과 함께 사용할 때 매우 유용하다. 대통령 선거 계획(그림 5.18)에 대한 코드로 돌아가 모든 데이터 포인트를 보여주지만 1992년 이래로 선거에만 레이블을 붙 일 수 있도록 다시 실행하라. 어떤 변수를 사용할 수 있는지 보려면 elections_historic 데이터를 다시 볼 필요가 있다. 정당별 부분 집합으로 나누거나^{subsetting} 승리한 정당을 반영하기 위해 점의 색상 을 변경하는 것도 가능하다.
- geom_point()와 reorder()를 사용해 모든 대통령 선거의 클리블 랜드 점도표를 인기 투표의 지분순으로 정렬해 만든다.
- annotate()를 사용해 그림 5.18의 왼쪽 상단 사분면 전체를 가볍 게 채색하는 사각형을 추가해보라.
- dplyr 라이브러리의 주요 수행 작업^{verb}은 group_by(), filter(), select(), summarize(), mutate()이다. gapminder 데이터를 다시 열어 1장의 그래프 쌍을 재현할 수 있는지 살펴보라(그림 5.28 참조). 도표화 작업을 시작하기 전에 일부 행을 필터링하고 대륙별 데이터 를 그룹화하고 대륙별 예상 평균수명을 계산해야 한다.
- 파이프라인에서 데이터를 그룹화, 변경 및 요약하는 데 익숙해 진다. 이것은 데이터 작업을 하는 일상적인 작업이 될 것이다. 테 이블을 집계하고 변환할 수 있는 많은 방법이 있다. group_by()는 데이터를 왼쪽에서 오른쪽으로 그룹화하고 가장 오른쪽 또는 가장 안쪽 그룹은 레벨 계산이 수행됨을 기억하라. mutate()는 현재 그

룹화 수준에서 열을 추가한다. aggregate를 다음 레벨까지 요약하
라. GSS 데이터에서 그룹화된 객체를 생성하고 5장에서 배운 대로
빈도를 계산한 다음 합계가 예상한 값인지 확인하라. 다음과 같이
race별로 degree를 그룹화해 시작하라.

```
gss_sm %>% group_by(race, degree) %>% summarize(N = n()) %>%
  mutate(pct = round(N/sum(N) * 100, 0))
```

```
## # A tibble: 18 x 4
## # Groups:   race [3]
##    race  degree              N   pct
##    <fct> <fct>           <int> <dbl>
##  1 White Lt High School    197     9
##  2 White High School      1057    50
##  3 White Junior College    166     8
##  4 White Bachelor          426    20
##  5 White Graduate          250    12
##  6 White NA                  4     0
##  7 Black Lt High School     60    12
##  8 Black High School       292    60
##  9 Black Junior College     33     7
## 10 Black Bachelor           71    14
## 11 Black Graduate           31     6
## 12 Black NA                  3     1
## 13 Other Lt High School     71    26
## 14 Other High School       112    40
## 15 Other Junior College     17     6
## 16 Other Bachelor           39    14
## 17 Other Graduate           37    13
## 18 Other NA                  1     0
```

- 이 코드는 이전에 봤던 것과 비슷하지만 좀 더 간결하다(직접 pct 값
  을 계산한다). race별로 그룹화하고 백분율을 합산해 결과가 예상한
  것과 같은지 확인하라. 성별이나 지역별로 그룹화하는 동일한 연습
  을 해보라.

- sum이 아닌 다른 함수로 요약 계산을 시도하라. 자녀 수의 평균값
  및 중위값을 학위별로 계산할 수 있는가?(힌트: 자녀 수는 gss_sm의
  childs 변수에 숫자 값으로 있다)

- dplyr에는 여러 가지 방법으로 데이터를 요약할 수 있는 많은 수의 헬퍼 함수가 있다. dplyr 문서에 포함된 윈도우 함수의 비네트 vignette는 이를 배우기에 좋다. dplyr를 사용한 데이터 변환에 관한 자세한 내용은 위컴과 그롤먼드(2016)의 3장을 참조하라.

- 우리가 배운 몇몇 새로운 geom을 연습하기 위해 gapminder 데이터로 시험 삼아 해보라. 일련의 박스플롯을 사용해 시간에 따른 인구수 또는 기대수명을 시험해보라(힌트: aes() 호출에서 그룹 미학을 사용해야 할 수도 있다). 대륙별로 박스플롯을 만들 수 있는가? 데이터를 연도와 대륙별로 명시적으로 그룹화하는 gapminder에서 티블을 만든 다음 그 점을 사용해 도표를 만드는 경우에는 다른 것이 있는가?

- geom_boxplot()에 관한 도움말 페이지를 읽고 notch 및 varwidth 옵션을 살펴보라. 그들이 어떻게 도표의 모습을 바꾸는지 알아보라.

- geom_boxplot() 대신 geom_violin()을 사용해 유사한 도표를 쓰지만 박스와 수염 대신 미러링된 밀도 분포를 사용하라.

- geom_pointrange()는 특정 요구에 따라 다양한 종류의 오류 막대와 범위를 생성하는 관련 geom의 구성 그룹family 중 하나다. geom_linerange(), geom_crossbar(), geom_errorbar()가 포함된다. gapminder 또는 organdata를 사용해 차이점을 확인하라.

6 　 모형을 사용한 작업

데이터 시각화는 데이터 테이블에서 원^{raw} 수량을 표시하는 모양을 생성하는 것 이상의 의미를 가진다. 처음부터 데이터의 일부를 요약하거나 변형한 다음, 결과를 도표화하는 작업이 포함된다. 통계 모형^{model}은 이 프로세스의 핵심이다. 6장에서는 ggplot이 geom에서 다양한 모델링 기법을 직접 사용하는 방법을 간략하게 살펴볼 것이다. 그런 다음 broom과 margin 라이브러리를 사용해 자신에게 맞는 모형으로부터 추정치를 추출하고 계획하는 방법을 설명한다.

```
p ← ggplot(data = gapminder,
            mapping = aes(x = log(gdpPercap), y = lifeExp))

p + geom_point(alpha=0.1) +
    geom_smooth(color = "tomato", fill="tomato", method =
    MASS::rlm) +
    geom_smooth(color = "steelblue", fill="steelblue",
    method = "lm")

p + geom_point(alpha=0.1) +
    geom_smooth(color = "tomato", method = "lm", size = 1.2,
                formula = y ~ splines::bs(x, 3), se = FALSE)

p + geom_point(alpha=0.1) +
    geom_quantile(color = "tomato", size = 1.2, method = "rqss",
                  lambda = 1, quantiles = c(0.20, 0.5, 0.85))
```

히스토그램, 밀도 도표, 박스플롯 및 기타 geom은 도표화하기 전에 하나의 숫자 또는 새로운 변수를 계산한다. 4.4절에서 봤듯이 이런 계산은 stat_ 함수에 의해 수행되며, 각 함수는 기본 geom_ 함수와 함께 작동하고 그 반대의 경우도 마찬가지다. 또한 만들어본 첫 번째 도표의 대부분에서 그린 매끄러운 선(추세선)을 통해 stat_ 함수가 상당한 양의 계산을 수행하고 심지어 모델 추정을 직접 수행할 수 있음을 알았다. `geom_smooth()` 함수는 LOESS, OLS, 로버스트 회귀선^{robust regression line}과 같이 다양한 메서드 인자를 사용할 수 있다.

`geom_smooth()` 및 `geom_quantile()` 함수는 서로 다른 수식을 사용해 적합을 생성하도록 지시할 수도 있다. 그림 6.1의 맨 위 패널에서 MASS 라이브러리의 `rlm` 함수에 액세스해 로버스트 회귀선에 맞춘다. 두 번째 패널에서 `bs` 함수는 다항식 곡선^{polynominal curve}을 데이터에 맞추기 위해 동일한 방식으로 splines 라이브러리에서 직접 호출된다. 이 방식은 scales 패키지의 함수를 사용할 때 이미 여러 번 이용했던 것처럼 전체 라이브러리를 로드하지 않고 함수에 직접 액세스하는 것과 같은 방식이다. 한편, `geom_quantile()` 함수는 `geom_smooth()`의 특수 버전과 비슷하다. `geom_smooth()`는 다양한 메서드를 사용해 분위수 회귀선^{quantile regression line}을 적합시킬 수 있다. `quantiles` 인자는 회귀선 적합을 위한 숫자를 지정하는 벡터를 취한다.

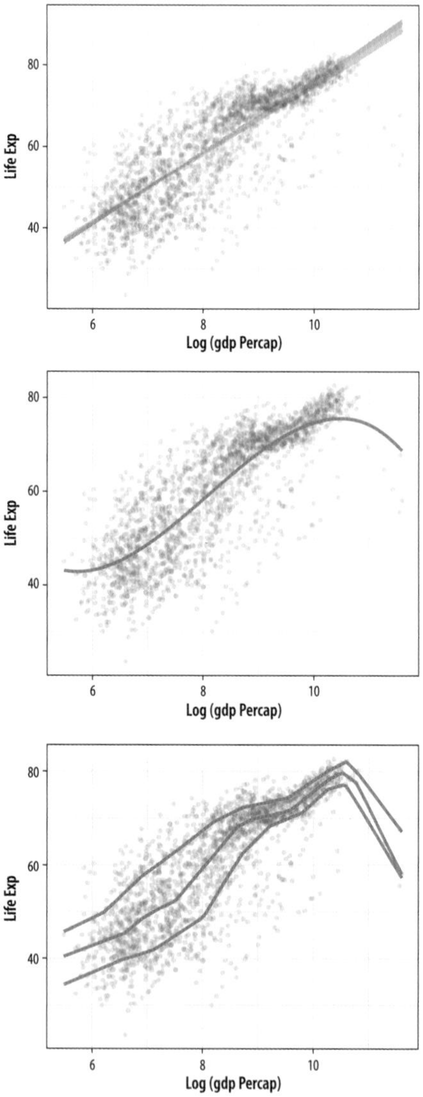

6.1 범례와 함께 한 번에 여러 적합 보여주기

그림 6.1의 첫 번째 패널에서 봤듯이 OLS와 로버스트 회귀선 모두를 그렸지만 `geom_smooth()`를 사용해 새로운 추세선 레이어를 겹쳐서 동일한 도표에서 한 번에 여러 가지 모양을 볼 수 있다. 색상^{color}과 채우기^{fill} aes를 각 적합마다 다른 값으로 설정하기만 하면 시각적으로 쉽게 구별할 수 있다. 그러나 ggplot은 어떤 적합인지 알려주는 범례를 그리지 않는다. 이는 추세선이 서로 논리적으로 연결돼 있지 않기 때문이며, 별개의 층으로 존재한다. 여러 다른 적합도를 비교하고 그것들을 설명하는 범례가 필요하다면 어떻게 해야 할까?

`geom_smooth()`는 색상과 채우기 aes를 피팅하고 있는 모형을 설명하는 문자열에 매핑한 다음 `scale_color_manual()`과 `scale_fill_manual()`을 사용해 범례를 만드는 약간 특이한 경로를 통해 이 작업을 수행할 수 있다(그림 6.2). 먼저 RColorBrewer 라이브러리의 `brewer.pal()`을 사용해 더 큰 팔레트에서 3개의 본질적으로 다른 색상을 추출

그림 6.1 위부터 아래 순으로: OLS 대 로버스트 회귀 비교, 다항 적합, 분위수 회귀

한다. 색상은 16진수^{hex} 값으로 표시된다. 앞에서와 마찬가지로 전체 패키지를 로드하지 않고 함수를 이용하려면 :: 규약^{convention}을 사용하라.

```
model_colors ← RColorBrewer::brewer.pal(3, "Set1")
model_colors
```

```
## [1] "#E41A1C" "#377EB8" "#4DAF4A"
```

그런 다음 aes() 함수 내에서 추세선 이름으로 color와 fill을 매핑하는 3개의 다른 추세선 플롯을 만든다.

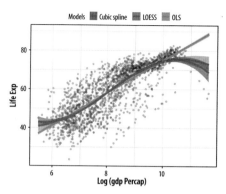

그림 6.2 범례와 함께 추세선 피팅

```
p0 ← ggplot(data = gapminder,
            mapping = aes(x = log(gdpPercap), y = lifeExp))

p1 ← p0 + geom_point(alpha = 0.2) +
  geom_smooth(method = "lm", aes(color = "OLS", fill = "OLS")) +
  geom_smooth(method = "lm", formula = y ~ splines::bs(x, df = 3),
              aes(color = "Cubic Spline", fill = "Cubic Spline")) +
  geom_smooth(method = "loess",
              aes(color = "LOESS", fill = "LOESS"))


p1 + scale_color_manual(name = "Models", values = model_colors) +
  scale_fill_manual(name = "Models", values = model_colors) +
  theme(legend.position = "top")
```

플롯 작업을 하기 위해 여기서 조금 과장을 했다. 지금까지 항상 "OLS" 나 "Cubic Splines(3차 스플라인)"와 같은 문자열이 아닌 변수명에 미학을 매핑했다. 3장에서 매핑과 미학 설정을 설명할 당시 색상을 변경하려고 했을 때 어떤 일이 있었는지 살펴봤다. aes() 함수 내에서 "purple보라색"로 설정해 산점도의 점을 비교한다. 결과적으로 ggplot이 새로운 변수를 만들고 "purple"이라는 단어로 레이블을 붙이면서 점이 빨간색으로 바뀌었다. aes() 함수는 변수를 미학으로 매핑하기 위한 것이었다.

여기서 그 특성을 이용해 각 모형의 이름을 위한 새 단일값 변수를 만든다. ggplot은 scale_color_manual() 및 scale_fill_manual()을

두 개의 매핑(색상 및 채우기)이 있기 때문에 두 개의 스케일 함수를 호출해야 한다.

호출해 관련 가이드를 올바르게 구성한다. 그 결과는 세 가지 추세선뿐만 아니라 독자를 안내하는 적절한 범례를 포함하는 하나의 플롯이다.

이러한 모형 적합 기능을 통해 ggplot은 탐색 작업에 매우 유용하며 설명적인 데이터 시각화 프로세스의 일부로 모형 기반 추세와 기타 요약을 생성하고 비교하는 작업을 간단하게 수행할 수 있다. 다양한 stat_ 함수는 여러 종류의 요약 추정을 플롯에 추가하는 유연한 방법이다. 그러나 우리 스스로에게 적합한 모형의 결과를 제시하는 것을 포함해 그이상을 원할 것이다.

6.2 모델 객체 내부 보기

R에서 적합한 통계 모형의 세부 사항을 다루는 것은 이 책의 범위를 벗어난다. 이 주제에 대한 포괄적이고 세련된 방식의 도입은 겔먼[Gelman]과 힐[Hill](2018)을 통해 작업해야 한다. 해럴[Harrell](2016)은 모델링과 그래프 데이터 간의 실질적인 연관성을 잘 알고 있다. 이와 유사하게 겔먼(2004)은 모형 검사 및 검증에서 그래픽을 도구로 사용하는 방법에 관한 자세한 설명을 제공한다. 여기서는 적합한 모형을 선택하고 ggplot에서 작업하기 쉬운 정보를 추출하는 몇 가지 방법을 설명한다. 우리의 목표는 언제나 그렇듯이 객체를 얻는 것이다. 그러나 객체는 우리가 구상할 수 있는 깔끔한 숫자 테이블에 저장된다. R에서 통계 모형의 대부분의 클래스에는 필요한 정보가 포함되거나 추출할 수 있는 특수한 함수 또는 방법을 가진 메서드가 포함된다.

모형의 출력을 R에 저장하는 방법을 조금 더 배우면서 시작할 수 있다. 항상 객체로 작업하고 있으며 객체에는 명명된 조각으로 구성된 내부 구조가 있다. 때때로 이 객체들은 단일 숫자이고, 때로는 벡터이며, 때로는 벡터, 행렬 또는 수식과 같은 요소의 리스트다.

지금까지 티블과 데이터프레임에 대해 광범위하게 다뤄왔다. 여기에는 명명된 열이 있는 데이터 표로 저장한다. 이 데이터는 정수, 문자, 날짜 또는 요인[factor]과 같은 다양한 변수의 클래스로 구성돼 있다. 모델 객체는 조금 더 복잡하다.

```
gapminder
```

```
## # A tibble: 1,704 x 6
##    country     continent  year lifeExp       pop gdpPercap
##    <fct>       <fct>     <int>  <dbl>     <int>     <dbl>
##  1 Afghanistan Asia       1952   28.8  8425333      779.
##  2 Afghanistan Asia       1957   30.3  9240934      821.
##  3 Afghanistan Asia       1962   32.0 10267083      853.
##  4 Afghanistan Asia       1967   34.0 11537966      836.
##  5 Afghanistan Asia       1972   36.1 13079460      740.
##  6 Afghanistan Asia       1977   38.4 14880372      786.
##  7 Afghanistan Asia       1982   39.9 12881816      978.
##  8 Afghanistan Asia       1987   40.8 13867957      852.
##  9 Afghanistan Asia       1992   41.7 16317921      649.
## 10 Afghanistan Asia       1997   41.8 22227415      635.
## # ... with 1,694 more rows
```

str() 함수를 사용해 객체의 내부 구조에 대해 자세히 알아볼 수 있다.
예를 들어 객체 gapminder의 클래스(또는 클래스들)가 무엇인지, 크
기가 얼마나 큰지, 구성요소가 무엇인지 정보를 얻을 수 있다. str
(gapminder)의 출력은 다소 빽빽하다.

```
## Classes 'tbl_df', 'tbl' and 'data.frame': 1704 obs. of 6
   variables:
## $ country : Factor w/ 142 levels "Afghanistan",..: 1 1 ...
## $ continent: Factor w/ 5 levels "Africa","Americas",..: 3 3
## ...
## $ year : int 1952 1957 ...
## $ lifeExp : num 28.8 ...
## $ pop : int 8425333 9240934 ...
## $ gdpPercap: num 779 ...
```

여기에 객체 전체와 각 변수에 관한 많은 정보가 있다. 마찬가지로 R의
통계 모형은 내부 구조를 갖고 있다. 그러나 모형은 데이터 테이블보다
복잡한 엔티티이므로 구조가 복잡해진다. 이 안에 사용하고자 하는 더
많은 정보의 부분들과 많은 종류의 정보가 있다. 이 모든 정보는 일반적

으로 모델 객체의 한 부분에 저장되거나 계산할 수 있다.

gapminder 데이터를 사용해 선형 모형, 표준 OLS 회귀를 만들 수 있다. 이 데이터셋은 OLS 명세를 잘못 사용하는 국가별 연도별 구조를 사용한다. 하지만 지금은 신경 쓰지 않아도 된다. lm() 함수를 사용해 모형을 실행하고 out이라는 객체에 저장한다.

```
out ← lm(formula = lifeExp ~ gdpPercap + pop + continent, data
= gapminder)
```

첫 번째 인수는 모형의 수식이다. lifeExp는 종속변수이고 틸드 연산자는 모형의 좌변과 우변을 지정하는 데 사용된다(경우에 따라 facet_wrap() 을 통해 본 것처럼 모형에 우변만 있는 경우를 포함한다).

R에 모형의 요약을 출력하도록 요청해 결과를 살펴보자.

```
summary(out)
```

```
##
## Call:
## lm(formula = lifeExp ~ gdpPercap + pop + continent, data =
   gapminder)
##
## Residuals:
##     Min      1Q  Median      3Q     Max
## -49.161  -4.486   0.297   5.110  25.175
##
## Coefficients:
##                    Estimate Std. Error t value Pr(>|t|)
## (Intercept)       4.781e+01  3.395e-01 140.819  < 2e-16 ***
## gdpPercap         4.495e-04  2.346e-05  19.158  < 2e-16 ***
## pop               6.570e-09  1.975e-09   3.326 0.000901 ***
## continentAmericas 1.348e+01  6.000e-01  22.458  < 2e-16 ***
## continentAsia     8.193e+00  5.712e-01  14.342  < 2e-16 ***
## continentEurope   1.747e+01  6.246e-01  27.973  < 2e-16 ***
## continentOceania  1.808e+01  1.782e+00  10.146  < 2e-16 ***
## ---
## Signif. codes:  0 '***' 0.001 '**' 0.01 '*' 0.05 '.' 0.1 ' ' 1
##
```

```
## Residual standard error: 8.365 on 1697 degrees of freedom
## Multiple R-squared:  0.5821, Adjusted R-squared:  0.5806
## F-statistic: 393.9 on 6 and 1697 DF,  p-value: < 2.2e-16
```

out에 summary() 함수를 사용하면 모델 객체에 있는 내용을 간단한 피드로 가져올 수 없다. 대신 어떤 함수와 마찬가지로 summary()는 입력을 받아 몇 가지 작업을 수행하고 출력을 생성한다. 이 경우 콘솔에 출력되는 것은 부분적으로 모델 객체 내에 저장된 정보이고, 부분적으로는 summary() 함수가 화면에 표시하기 위해 계산하고 포맷한 정보다. 백그라운드에서 summary()는 다른 함수의 도움을 받는다. 다른 클래스의 객체에는 기본 메서드가 있으므로 일반 summary() 함수가 선형 모델 객체에 적용될 때 함수는 일련의 계산 및 서식 지정을 수행하는 좀 더 특수화된 함수로 작업을 전달할 수 있다. 선형 모델 객체로 변환한다. summary(gapminder)에서와 같이 데이터프레임에 대해 동일하게 일반 summary() 함수를 사용하지만 이 경우 다른 기본 메서드가 적용된다. summary()의 출력은 모형의 정밀도를 제공하지만 실제로 더 이상 직접 분석할 수는 없다. 모형에서 무언가를 플롯하려면 어떻게 해야 하는가? 플롯을 만드는 데 필요한 정보는 객체 내부에 있지만 사용 방법은 분명치 않다.

str(out)을 이용해 모델 객체의 구조를 살펴보면 많은 정보가 있음을 알 수 있다. R에서 대부분의 복잡한 객체와 마찬가지로, out은 컴포넌트 또는 요소의 리스트로 구성된다. 이러한 요소 중 일부는 그 자체가 리스트다. 그림 6.3은 선형 모델 객체의 내용을 개략적으로 보여준다. 이 항목 리스트에서 일부 요소는 단일 값이고 일부는 데이터프레임이며 일부는 간단한 항목의 추가 리스트다. 다시 말하지만 객체가 서류 정리 시스템처럼 구성될 수 있다고 했던 이전 설명을 기억하라. 캐비닛에는 서랍이 들어 있고 서랍에는 정보 페이지, 전체 문서 또는 더 많은 문서가 들어 있는 폴더 그룹이 들어 있을 수 있다. 대안적인 비유로 리스트의 이미지를 고수하면서 프로젝트의 마스터 할 일 목록[to-do list]을 생각해 볼 수 있다. 최상위 표제는 다른 종류의 태스크 목록을 추가로 만든다.

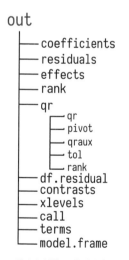

그림 6.3 선형 모델 객체의 개략도

콘솔에서 out$df.residual을 사용해보라. out$model을 사용하되 콘솔에서 많은 내용을 출력할 수 있도록 준비하라.

lm으로 생성된 out 객체는 여러 개의 다른 명명된 요소를 포함한다. 모형의 잔차 자유도와 같은 몇몇은 한 개짜리 숫자다. 다른 모형은 모형에 맞게 사용된 데이터프레임과 같이 훨씬 더 큰 엔티티이며 기본적으로 유지된다. 다른 요소는 모형 계수 및 기타 수량과 같이 R에 의해 계산돼 저장된다. 예를 들어 out$coefficients(계수), out$residuals(잔차), out$fitted.values를 시험해볼 수 있다. 다른 것은 리스트 자체다(qr처럼). 따라서 summary() 함수는 모델 객체에 저장된 것과 비교해 소량의 핵심 정보만 선택해 출력한다는 것을 알 수 있다.

6.1절에서 본 데이터 표와 마찬가지로 summary()의 출력은 정보를 얻는 측면에서 간략compact하고 효율적efficient이지만 추가 조작의 관점에서 볼 때 정돈되지 않은 방식으로 제공된다. 계수 테이블이 있지만 변수 이름은 행에 있다. 열 이름이 어색하며 일부 정보(예: 출력 맨 아래에 있음)가 계산돼 출력됐지만 모델 객체에는 저장되지 않는다.

6.3 모형 기반 그래픽을 올바르게 얻기

통계 모형을 기반으로 한 그림은 효과적인 데이터 시각화의 모든 일반적인 과제에 직면한다. 모형 결과가 대개 해석 및 필요한 배경지식에 대한 상당한 추가 부담을 지니기 때문이다. 모형이 복잡할수록 이 정보를 효과적으로 전달하기가 더 까다로워지고 독자(청중)나 스스로를 실수로 이끌기 쉬워진다. 사회과학 내에서 모형 기반 그래픽을 명확하고 정직하게 표현하는 능력은 지난 10년 혹은 15년 동안 크게 향상됐다. 같은 기간에 이해하기 까다로운 몇몇 종류의 모형이나 모델링 툴킷의 간단한 요소로 여겨지던 모형조차도 명확해졌다(Ai & Norton, 2003; Brambor, Clark, & Golder, 2006).

모형 추정치를 플롯으로 나타내는 것은 처음부터 적절하게 모형을 추정하는 것과 밀접하게 연관돼 있다. 이는 통계를 학습할 수 있는 대체 수단이 없음을 의미한다. 그래픽 메서드를 생성하는 데 사용된 모형을 이해하기 위한 대안으로 그래픽 메서드를 사용해선 안 된다. 이 책에서 그 내용을 가르쳐줄 수는 없지만, 좋은 모형 기반 그래픽이 어떻게 보이는지 몇 가지 일반적인 요점을 제시하고, ggplot과 몇 가지 추가 라이브러리를 통해 더 좋은 결과를 얻는 방법에 관한 몇 가지 예를 통해 작업할 수 있다.

실질적인 용어로 연구 결과 제시

유용한 모형 기반 플롯은 분석 연구가 답하려는 질문과 관련해 실질적으로 의미 있고 직접 해석 가능한 방식으로 결과를 보여준다. 이는 분석 연구의 다른 변수가 평균값 또는 중앙값과 같은 합리적인 값으로 유지되는 상황에서 결과를 표시하는 것을 의미한다. 연속변수를 사용하면 관심변수의 단일 단위 증가량이 아니라 25번째 백분위 수에서 75번째 백분위 수와 같이 분포에서 실질적으로 의미 있는 이동을 포괄하는 예측값을 생성하는 것이 유용할 수 있다. 순서가 없는 범주형 변수의 경우 예측된 값은 데이터의 모달 범주 또는 이론적 관심의 특정 범주에 대해 제시될 수 있다. 실질적으로 해석 가능한 결과를 제시한다는 것은 종종 독자가 쉽게 이해할 수 있는 척도를 사용하고 때로는 변환하는 것을 의미한다. 모형의 보고서에서 결과가 로그오즈$^{log-odds}$인 경우 추정치를 예측된 확률로 변환하면 해석하기가 더 쉬워진다. 이 모든 조언은 매우 일반적이다. 이 각각의 점들은 그래프가 아닌 테이블에 요약 결과를 표시하는 데에도 똑같이 적용된다. 연구 결과의 실질적인 의미에 초점을 맞추는 것에 대해 두드러지게 차이를 나타내는 그래픽은 방도가 없다.

신뢰성의 정도를 보여라

결과에서 불확실성이나 신뢰성의 정도를 나타낼 때도 마찬가지다. 모형 추정치에는 다양한 정밀도, 신뢰도, 신뢰성 또는 중요성이 있다. 이러한 측정치를 제시하고 해석하는 것은 오해를 불러일으키거나 해석이 흐트러지는 경향이 있는 것으로 유명하다. 연구자와 독자 모두 이러한 통계치보다 더 많은 신뢰구간과 p값을 요구하기 때문이다. 최소한 모형 적합성 또는 적절한 신뢰도 평가를 결정한 후 결과를 제시할 때 범위를 표시해야 한다. ggplot 기하 집합은 x축의 위치와 y축의 ymin 및 ymax 범위로 정의된 범위 또는 간격을 표시할 수 있다. 이 geom에는 곧 직접 다뤄볼 geom_pointrange() 및 geom_errorbar()가 포함돼 있다. geom_ribbon()과 관련된 geom은 채워진 영역을 그리는 데 동일한 인자를 사용하며 연속적으로 변화하는 x축을 따라 y축 값의 범위를 플로팅하는 데 유용하다.

가능한 경우 데이터를 보여준다

변수 모형의 결과를 도표화하는 것은 일반적으로 두 가지 중 하나를 의미한다. 첫째, 의미 있는 그룹으로 계수를 조직하거나 예측된 연관성의 크기 혹은 둘 다를 고려해 신뢰도와 연관된 계수 표를 실제로 보여줄 수 있다. 둘째, 일부 관심 영역 전반에 걸쳐 (모형의 계수가 아닌) 일부 변수의 예측된 값을 보여줄 수 있다. 후자의 접근 방식은 우리가 원한다면 원래의 데이터 포인트를 보여줄 수 있다. ggplot이 그래픽을 한 레이어씩 작성하는 방식을 통해 모형 추정(예: 회귀선 및 관련 범위)과 기본 데이터를 쉽게 결합할 수 있다. 실제로 이것은 이 책의 초반부부터 geom_smooth()를 사용해 자동으로 생성된 플롯의 수동 생성 버전이다.

6.4 그래프로 예측 생성

모형을 적용한 후에는 특정 변수의 범위에서 산출된 추정치를 얻고 다른 공변량을 일정한 값으로 유지하고자 할 수 있다. predict() 함수는 모델 객체를 사용해 이러한 종류의 예측을 생성하는 일반적인 방법이다. R에서 "제네릭generic" 함수는 입력을 가져와서 우리가 가진 특정 종류의 모형 객체로 작업하기에 적합한, 내부의 좀 더 구체적인 함수로 전달한다. OLS 모형에서 예측된 값을 얻는 방법에 관한 자세한 내용은 로지스틱 회귀분석에서 예측을 얻는 것과는 다소 다르다. 그러나 각각의 경우 동일한 predict() 함수를 사용할 수 있다. 문서를 확인해 작업하고 있는 모형의 종류에 대해 결과가 반환되는 양식을 확인하라. R에서 가

장 일반적으로 사용되는 많은 함수가 이와 같다. 예를 들어 summary()
함수는 벡터에서 데이터프레임 및 통계 모형에 이르기까지 다양한 클
래스의 객체에서 작동하며 배경의 클래스별 함수를 통해 적절한 출력을
생성한다.

predict()가 새 값을 계산하려면 모형에 맞는 새로운 데이터가 필요
하다. 기존 데이터의 변수와 이름이 같지만 행에 새로운 값이 있는 열의
새 데이터프레임을 생성한다. expand.grid()라는 매우 유용한 함수가
이 작업을 수행하는 데 도움이 될 것이다. 변수의 목록을 제공하고 각
변수가 취할 값의 범위를 지정한다. 그러면 expand.grid()가 생성한
값의 모든 조합에 대해 전체 범위의 값이 곱해지므로 필요한 새 데이터
로 새로운 데이터프레임을 만든다.

다음 코드에서 min()과 max()를 사용해 1인당 GDP의 최솟값과 최
댓값을 구한 다음 최솟값과 최댓값 사이에 100개의 등간격 요소가
있는 벡터를 만든다. 중앙값을 통해 인구(pop) 상수를 유지하고, 대
륙(continent)은 5가지 가용한 값을 모두 가질 수 있도록 한다.

이 함수는 주어진 변수의 데카르트 곱을 계산한다.

```
min_gdp ← min(gapminder$gdpPercap)
max_gdp ← max(gapminder$gdpPercap)
med_pop ← median(gapminder$pop)

pred_df ← expand.grid(gdpPercap = (seq(from = min_gdp, to =
    max_gdp, length.out = 100)), pop = med_pop, continent =
    c("Africa", "Americas", "Asia", "Europe", "Oceania"))

dim(pred_df)
```

```
## [1] 500    3
```

```
head(pred_df)
```

```
##   gdpPercap      pop continent
## 1  241.1659 7023596    Africa
## 2 1385.4282 7023596    Africa
## 3 2529.6905 7023596    Africa
## 4 3673.9528 7023596    Africa
```

```
## 5 4818.2150 7023596    Africa
## 6 5962.4773 7023596    Africa
```

이제는 predict()를 사용할 수 있다. 함수에 새로운 데이터와 모형을 제공하면 추가 인자 없이 데이터프레임의 모든 행에 맞는 값이 계산된다. interval = "predict"를 인자로 지정하면 점 추정에 추가해 95% 예측 구간을 계산한다.

```
pred_out ← predict(object = out, newdata = pred_df, interval =
"predict")
head(pred_out)
```

```
##        fit      lwr      upr
## 1 47.96863 31.54775 64.38951
## 2 48.48298 32.06231 64.90365
## 3 48.99733 32.57670 65.41797
## 4 49.51169 33.09092 65.93245
## 5 50.02604 33.60497 66.44711
## 6 50.54039 34.11885 66.96193
```

구성상 pred_df 및 pred_out의 경우는 행에 대응하므로 두 데이터프레임을 열로 함께 묶을 수 있다. 테이블을 결합joining하거나 병합merging하는 이 방법은 데이터를 처리할 때 절대로 권장하지 않는다.

```
pred_df ← cbind(pred_df, pred_out)
head(pred_df)
```

```
##   gdpPercap     pop continent      fit      lwr      upr
## 1  241.1659 7023596    Africa 47.96863 31.54775 64.38951
## 2 1385.4282 7023596    Africa 48.48298 32.06231 64.90365
## 3 2529.6905 7023596    Africa 48.99733 32.57670 65.41797
## 4 3673.9528 7023596    Africa 49.51169 33.09092 65.93245
## 5 4818.2150 7023596    Africa 50.02604 33.60497 66.44711
## 6 5962.4773 7023596    Africa 50.54039 34.11885 66.96193
```

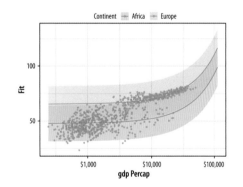

그림 6.4 OLS 예측

최종 결과는 지정한 값 범위에 대한 모형으로부터 예측된 값을 포함하는 깔끔한 데이터프레임이다. 이제 결과를 플롯할 수 있다. 예측된 값의 전체 범위를 생성했기 때문에 모든 값을 사용할 것인지 결정할 수 있다. 여기서는 유럽과 아프리카에 대한 예상치를 서브셋(부분집합)으로 추가한다(그림 6.4).

```
p ← ggplot(data = subset(pred_df, continent %in% c("Europe",
          "Africa")), aes(x = gdpPercap,
              y = fit, ymin = lwr, ymax = upr,
              color = continent,
              fill = continent,
              group = continent))

p + geom_point(data = subset(gapminder,
                        continent %in% c("Europe", "Africa")),
              aes(x = gdpPercap, y = lifeExp,
                  color = continent),
              alpha = 0.5,
              inherit.aes = FALSE) +
  geom_line() +
  geom_ribbon(alpha = 0.2, color = FALSE) +
  scale_x_log10(labels = scales::dollar)
```

여기에 새로운 geom인 **geom_ribbon()**을 사용해 예측 구간으로 커버하는 영역을 그린다. 그것은 line과 같은 x 인자를 취하지만, **ymin**과 **ymax** 인자는 **ggplot()**의 미학 매핑을 이용한다. 이것은 예측 구간의 상한과 하한을 정의한다.

실제로는 **predict()**를 자주 사용하면 안 된다. 대신 모형으로부터 예측 및 도표를 생성하는 프로세스를 캡슐화하는 추가 패키지를 사용해 코드를 작성할 수 있다. 이는 모형이 좀 더 복잡하고 계수의 해석이 까다로워질 때 특히 유용하다. 예를 들어 바이너리 결과 변수가 있고 로지스틱 회귀 결과를 예측된 확률로 변환해야 하거나 예측 사이에 교호작용 항이 있을 때 발생한다. 다음 몇 절에서 일부 헬퍼 패키지를 설명한다. 그러나 **predict()**와 이러한 모형의 다른 클래스로 안전하게 작업하는 능력은 이러한 헬퍼의 대부분을 뒷받침한다. 따라서 그것이 어떤 일을 하는지 이해하기 위해 직접 해보는 것이 유용하다.

6.5 broom의 깔끔한 모델 객체

predict 메서드는 매우 유용하지만 모형 출력과 함께할 수 있는 많은 다른 것들이 있다. 데이비드 로빈슨^{David Robinson}의 broom 패키지를 사용해 볼 것이다. R이 우리가 플롯을 만들 수 있는 숫자를 생성하는 모형 결과로부터 얻을 수 있는 함수 라이브러리다. 이를 통해 모델 객체를 가져와서 ggplot으로 쉽게 사용할 수 있는 데이터프레임으로 변환할 것이다.

```
library(broom)
```

broom은 ggplot의 접근 방식을 이용해 R이 깔끔한 데이터를 생성하는 모델 객체로 확장한다. 그 방법은 세 종류의 정보를 간결하게 추출할 수 있다. 첫째, 계수 및 t-통계량과 같은 모형 자체의 측면에 대한 구성요소 수준^{component-level} 정보를 볼 수 있다. 둘째, 기본 데이터에 대한 모형의 연결에 대한 관측 수준^{observation-level} 정보를 얻을 수 있다. 여기에는 데이터의 각 관측치에 대한 적합값과 나머지가 포함된다. 마지막으로 F-통계, 모형 편차 또는 r-제곱과 같이 전체적으로 피팅을 요약하는 모형 수준^{model-level}의 정보를 얻을 수 있다. 이러한 각 작업에 대응하는 broom 함수가 있다.

tidy()로 구성요소 수준 통계 가져오기

tidy() 함수는 모델^{model} 객체를 가져오고 구성요소^{component} 수준 정보의 데이터프레임을 반환한다. 익숙한 방식으로 도표를 만들고, 모델 객체 내부에서 여러 가지 항을 추출하는 것보다 훨씬 쉽게 작업할 수 있다. 다음은 방금 반환된 기본 결과를 사용하는 예시다. 결과를 좀 더 편리하게 표시하기 위해 tidy()를 사용해 생성한 객체를 데이터프레임의 숫자 열을 두 자릿수로 반올림하는 함수로 전달^{pipe}한다. 물론 이것은 객체 자체는 아무것도 변경하지 않는다.

```
out_comp ← tidy(out)
out_comp %>% round_df()
```

```
## # A tibble: 7 x 5
##    term             estimate std.error statistic p.value
##    <chr>               <dbl>    <dbl>     <dbl>   <dbl>
## 1 (Intercept)          47.8     0.34     141.        0
## 2 gdpPercap             0        0        19.2       0
## 3 pop                   0        0         3.33      0
## 4 continentAmericas    13.5     0.6       22.5       0
## 5 continentAsia         8.19    0.570     14.3       0
## 6 continentEurope      17.5     0.62      28.0       0
## 7 continentOceania     18.1     1.78      10.2       0
```

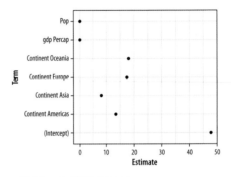

그림 6.5 OLS 추정의 기본 도표

이제 지금까지 본 다른 모든 데이터와 마찬가지로 이 데이터프레임을 처리해 도표를 만들 수 있다(그림 6.5).

```
p ← ggplot(out_comp, mapping = aes(x = term, y = estimate))

p + geom_point() + coord_flip()
```

다양한 방법으로 이 도표를 확장하고 정리할 수 있다. 이를테면 tidy() 가 R의 confint() 함수를 사용해 추정치의 신뢰구간을 계산하도록 명령할 수 있다.

```
out_conf ← tidy(out, conf.int = TRUE)
out_conf %>% round_df()
```

```
## # A tibble: 7 x 7
##    term             estimate std.error statistic p.value conf.low conf.high
##    <chr>               <dbl>    <dbl>     <dbl>   <dbl>    <dbl>    <dbl>
## 1 (Intercept)          47.8     0.34     141.        0    47.2     48.5
## 2 gdpPercap             0        0        19.2       0     0        0
## 3 pop                   0        0         3.33      0     0        0
## 4 continentAmericas    13.5     0.6       22.5       0    12.3     14.6
## 5 continentAsia         8.19    0.570     14.3       0     7.07     9.31
## 6 continentEurope      17.5     0.62      28.0       0    16.2     18.7
## 7 continentOceania     18.1     1.78      10.2       0    14.6     21.6
```

편리한 "not in" 연산자 **%nin%**는 socviz 라이브러리를 통해 사용할 수 있다. **%in%**의 역^逆기능을 수행하며 첫 번째 문자 벡터에서 두 번째 문자가 아닌 항목만 선택한다. 이를 활용해 표에서 절편^{intercept} 항을 삭제한다. 또한 레이블에 대해 무언가 하고 싶다. 범주형 변수로 모형을 피팅하면 R은 **continentAmericas**와 같이 변수명과 범주 이름을 기반으로 계수 이름을 만든다. 일반적으로 도표로 나타내기 전에 이런 것들을 정리하고 싶다. 가장 일반적으로, 계수 레이블의 시작 부분에서 변수명을 제거하려고 한다. 이를 위해 socviz 라이브러리의 편리한 함수인 **prefix_strip()**을 사용할 수 있다. 어떤 접두사를 삭제할 것인지 알려주고 **out_conf**에서 **terms** 열에 해당하는 새로운 열 변수를 만드는 데 사용하며 레이블이 더 보기 좋게 된다.

```
out_conf ← subset(out_conf, term %nin% "(Intercept)")
out_conf$nicelabs ← prefix_strip(out_conf$term, "continent")
```

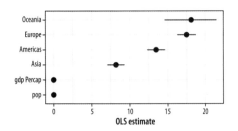

그림 6.6 OLS 추정치와 신뢰구간의 더 나은 도표

이제 **geom_pointrange()**를 사용해 계수와는 반대로 변수 추정치에 대한 신뢰구간의 정보를 표시하는 그림을 만들 수 있다(그림 6.6). 이전의 박스플롯과 마찬가지로 **reorder()**를 사용해 모델 변수의 이름을 추정 변수로 정렬해 효과의 도표를 최댓값에서 최솟값으로 배열했다.

```
p ← ggplot(out_conf, mapping = aes(x = reorder(nicelabs,
    estimate), y = estimate, ymin = conf.low, ymax = conf.high))
p + geom_pointrange() + coord_flip() + labs(x = "", y = "OLS
    Estimate")
```

이런 종류의 점도표는 매우 간결할 수 있다. 수직축은 압축 손실 없이 압축될 수 있다. 사실 기본 사각형 모양이 주어졌을 때보다 행 사이의 공간이 훨씬 적어 읽기가 더 쉽다.

augment()를 사용해 관측 수준 통계보기

augment()가 반환한 값은 모두 원래 관측치 수준에서 계산된 통계다. 따

라서 모형을 기반으로 하는 데이터프레임에 추가할 수 있다. augment()
호출에서 작업하면 모형 추정에 사용된 모든 원래 관측 값과 함께 다음
의 열을 포함하는 데이터프레임이 반환된다.

- .fitted – 모형의 적합값
- .se.fit – 표준오차
- .resid – 잔차
- .hat – 햇 행렬의 대각선
- .sigma – 해당 관찰이 모형으로부터 떨어진 경우의 잔차 표준편차
  추정치
- .cooksd – 쿡 거리, 공통 회귀분석
- .std.resid – 표준화된 잔차

이들 변수 각각은 점(.)으로 시작하는 이름이 지정된다(예: hat이 아닌
.hat). 이는 실수로 데이터의 기존 변수를 이 이름으로 혼동하거나 뜻하
지 않게 덮어쓰지 않도록 방지하기 위함이다. 값을 반환하는 열은 장착
할 모형의 클래스에 따라 약간 다르다.

```
out_aug ← augment(out)
head(out_aug) %>% round_df()
```

```
## lifeExp gdpPercap    pop continent .fitted .se.fit .resid .hat .sigma .cooksd .std.resid
## 1    28.8      779  8425333      Asia    56.4    0.47  -27.6    0   8.34    0.01      -3.31
## 2    30.3      821  9240934      Asia    56.4    0.47  -26.1    0   8.34    0.00      -3.13
## 3    32.0      853 10267083      Asia    56.5    0.47  -24.5    0   8.35    0.00      -2.93
## 4    34.0      836 11537966      Asia    56.5    0.47  -22.4    0   8.35    0.00      -2.69
## 5    36.1      740 13079460      Asia    56.4    0.47  -20.3    0   8.35    0.00      -2.44
## 6    38.4      786 14880372      Asia    56.5    0.47  -18.0    0   8.36    0.00      -2.16
```

기본적으로 augment()는 모델 객체에서 사용 가능한 데이터를 추출
한다. 이것은 일반적으로 모형 자체에서 사용된 변수를 포함하지만 원
본 데이터프레임에 포함된 추가 변수는 포함하지 않는다. 때때로 데이
터 인수를 지정해 추가할 수 있다.

```
out_aug ← augment(out, data = gapminder)
head(out_aug) %>% round_df()
```

```
##          country continent year lifeExp      pop gdpPercap .fitted .se.fit .resid .hat .sigma .cooksd
## 1 Afghanistan      Asia 1952    28.8  8425333       779    56.4    0.47  -27.6    0   8.34    0.01
## 2 Afghanistan      Asia 1957    30.3  9240934       821    56.4    0.47  -26.1    0   8.34    0.00
## 3 Afghanistan      Asia 1962    32.0 10267083       853    56.5    0.47  -24.5    0   8.35    0.00
## 4 Afghanistan      Asia 1967    34.0 11537966       836    56.5    0.47  -22.4    0   8.35    0.00
## 5 Afghanistan      Asia 1972    36.1 13079460       740    56.4    0.47  -20.3    0   8.35    0.00
## 6 Afghanistan      Asia 1977    38.4 14880372       786    56.5    0.47  -18.0    0   8.36    0.00
## .std.resid
## 1     -3.31
## 2     -3.13
## 3     -2.93
## 4     -2.69
## 5     -2.44
## 6     -2.16
```

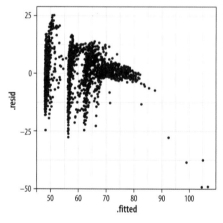

그림 6.7 잔차 대 적합값

누락된 데이터가 들어 있는 일부 행이 모형에 맞게 제거된 경우 이러한 데이터는 확장된 데이터프레임으로 넘겨지지 않는다.

augment()가 만든 새로운 열은 표준 회귀 플롯을 작성하는 데 사용할 수 있다. 예를 들어 잔차와 적합 값을 도표로 나타낼 수 있다. 그림 6.7은 국가-연도 데이터가 OLS 모형에 의해 포착[capture]된 것보다 훨씬 많은 구조를 가지고 있음을 보여준다.

```
p ← ggplot(data = out_aug, mapping = aes(x = .fitted, y = .resid))
p + geom_point()
```

glance()를 사용해 모형 수준 통계 보기

glance() 함수는 일반적으로 모형의 summary() 출력 맨 아래에 표시되는 정보를 구성한다. 그 자체로, 보통 한 줄짜리 표를 반환한다. 그러나 일순간 볼 수 있듯이 broom 접근 방식의 진짜 능력은 데이터를 그룹화하거나 서브샘플링하는 경우까지 확장할 수 있는 방법이다.

```
glance(out) %>% round_df()
```

```
##    r.squared adj.r.squared sigma statistic p.value df
## 1      0.58          0.58  8.37    393.91       0  7
##       logLik     AIC      BIC deviance df.residual
## 1  -6033.83 12083.6  12127.2   118754        1697
```

broom은 다양한 모형 유형을 정리하고 보완하고 볼 수 있다. 모든 함수가 모든 모형의 클래스에서 사용 가능한 건 아니다. 가용한 것에 대한 자세한 내용은 broom의 문서를 참조하라. 예를 들어 다음 이벤트 기록 분석의 정돈된 결과로 작성된 플롯이 있다. 먼저 생존 데이터에 대한 콕스 비례위험모형Cox Proportional hazards model을 생성한다.

```
library(survival)

out_cph ← coxph(Surv(time, status) ~ age + sex, data = lung)
out_surv ← survfit(out_cph)
```

여기서는 적합에 대한 세부 사항은 중요하지 않지만 첫 번째 단계에서 Surv() 함수는 coxph() 함수에 의해 적용되는 비례위험모형에 대한 응답 또는 결과 변수를 만든다. 그런 다음 survf() 함수는 예측 값을 더 일찍 생성하기 위해 predict()를 사용한 것과 마찬가지로 모형에서 생존 곡선을 만든다. summary(out_cph)를 사용해 모형을 보고 summary(out_surv)를 사용해 플롯의 기초가 될 예측치 테이블을 확인하라. 다음으로 데이터프레임을 얻기 위해 out_surv를 정리하고 플롯으로 나타낸다(그림 6.8).

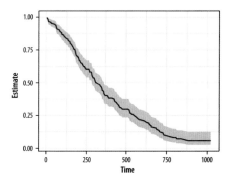

그림 6.8 카플란-마이어 플롯

```
out_tidy ← tidy(out_surv)

p ← ggplot(data = out_tidy, mapping = aes(time, estimate))
p + geom_line() + geom_ribbon(mapping = aes(ymin = conf.low,
                                            ymax = conf.high),
                              alpha = 0.2)
```

6.6 그룹화 분석 및 리스트 열

broom을 사용하면 모형을 데이터의 여러 서브셋에 빠르게 맞출 수 있고 결과의 일관성 있고 유용한 표를 반대편에서 가져올 수 있다. 대륙별 기대수명과 GDP 간의 관계를 매년 데이터를 통해 조사한 gapminder 데이터를 살펴본다고 가정해보자. gapminder 데이터는 하단에 국가별, 연도별로 정리돼 있다. 그것은 행의 관측 단위다. 필요하다면 "1962년 아시아에서 관측된 모든 국가" 또는 "2002년 아프리카의 모든 국가"와 같이 수작업으로 데이터를 취할 수 있다. 다음은 "1977년도 유럽" 데이터다.

```
eu77 ← gapminder %>% filter(continent == "Europe", year == 1977)
```

평균수명과 GDP 사이의 관계는 대륙과 연도 그룹과 비슷해 보인다.

```
fit ← lm(lifeExp ~ log(gdpPercap), data = eu77)
summary(fit)
```

```
##
## Call:
## lm(formula = lifeExp ~ log(gdpPercap), data = eu77)
##
## Residuals:
##     Min      1Q  Median      3Q     Max
## -7.4956 -1.0306  0.0935  1.1755  3.7125
##
## Coefficients:
##                 Estimate Std. Error t value Pr(>|t|)
## (Intercept)       29.489      7.161   4.118 0.000306 ***
## log(gdpPercap)     4.488      0.756   5.936 2.17e-06 ***
## ---
## Signif. codes:  0 '***' 0.001 '**' 0.01 '*' 0.05 '.' 0.1 ' ' 1
##
## Residual standard error: 2.114 on 28 degrees of freedom
## Multiple R-squared:  0.5572, Adjusted R-squared:  0.5414
## F-statistic: 35.24 on 1 and 28 DF,  p-value: 2.173e-06
```

dplyr과 broom을 사용하면 모든 대륙-연도별 데이터를 간결하고 깔끔한 방식으로 처리할 수 있다. 데이터 표에서 시작해 group_by() 함수를 사용해 대륙별, 연도별로 다음 (%>%)를 이용해 그룹화한다. 4장에서 이 그룹화 연산을 소개했다. 데이터는 우선 대륙별로, 대륙 내에서 각 연도별로 재구성했다. 여기에서 한 단계 더 나아가 각 그룹을 구성하는 데이터를 중첩nest할 것이다.

```
out_le ← gapminder %>%
  group_by(continent, year) %>%
  nest()

out_le
```

```
## # A tibble: 60 x 3
##    continent  year data
##    <fct>     <int> <list>
##  1 Asia       1952 <tibble [33 × 4]>
##  2 Asia       1957 <tibble [33 × 4]>
##  3 Asia       1962 <tibble [33 × 4]>
##  4 Asia       1967 <tibble [33 × 4]>
##  5 Asia       1972 <tibble [33 × 4]>
##  6 Asia       1977 <tibble [33 × 4]>
##  7 Asia       1982 <tibble [33 × 4]>
##  8 Asia       1987 <tibble [33 × 4]>
##  9 Asia       1992 <tibble [33 × 4]>
## 10 Asia       1997 <tibble [33 × 4]>
## # ... with 50 more rows
```

nest()는 group_by()의 동작보다 집중적인 버전을 생각해보라. 결과 객체는 기대하던 표 형태를 갖는 티블 형식이다. 그러나 약간 특이한 것처럼 보인다. 첫 번째 두 열은 익숙한 대륙(continent)과 연도(year)다. 그러나 이제 각 대륙-연도 그룹에 해당하는 작은 데이터 표를 포함하는 새로운 열 데이터를 보유하고 있다. 이것은 이전에 보지 못했던 리스트 열이다. 이는 복잡한 객체(구조체, 이 경우에는 각각 33×4 데이터 표로 이뤄진 티블의 리스트)가 데이터 행(표 형태로 유지됨) 내에 함께 묶는 데 매우 유용하다. "1977년도 유럽" 적합이 그 내부에 있다. 원한다면 데이터를 필터링한 다음 리스트 열을 unnest(중첩 해제)시키면 된다.

```
out_le %>% filter(continent == "Europe" & year == 1977) %>%
    unnest()
```

```
## # A tibble: 30 x 6
##    continent  year country                lifeExp       pop gdpPercap
##    <fct>     <int> <fct>                    <dbl>     <int>     <dbl>
##  1 Europe     1977 Albania                   68.9   2509048     3533.
##  2 Europe     1977 Austria                   72.2   7568430    19749.
##  3 Europe     1977 Belgium                   72.8   9821800    19118.
##  4 Europe     1977 Bosnia and Herzegovina    69.9   4086000     3528.
##  5 Europe     1977 Bulgaria                  70.8   8797022     7612.
##  6 Europe     1977 Croatia                   70.6   4318673    11305.
##  7 Europe     1977 Czech Republic            70.7  10161915    14800.
##  8 Europe     1977 Denmark                   74.7   5088419    20423.
##  9 Europe     1977 Finland                   72.5   4738902    15605.
## 10 Europe     1977 France                    73.8  53165019    18293.
## # ... with 20 more rows
```

리스트 열은 간결하고 깔끔한 방식으로 그것들을 활용할 수 있기 때문에 유용하다. 특히 함수를 리스트 열의 각 행에 전달해 작업을 수행할 수 있다. 예를 들어 방금 전에 1977년 유럽 국가의 평균수명과 GDP에 대한 회귀분석을 수행했다. 데이터의 모든 대륙-연도별 조합에 대해 이를 수행할 수 있다. 우선 fit_ols()라는 하나의 인자 df(데이터프레임의 경우)를 취하고 관심 있는 선형 모형에 맞는 함수를 생성한다. 그런 다음 함수를 리스트 열의 각 행에 차례로 매핑한다. mutate가 파이프라인 내에 새로운 변수나 열을 생성한다는 4장의 내용을 상기해보자.

맵(map) 액션은 함수형 프로그래밍에서 중요한 아이디어다. 다른 명령형 언어로 코드를 작성했다면 for ... next 루프를 작성하는 대신 간단한 대안으로 생각할 수 있다. 물론 R에서 이와 같은 루프를 작성할 수 있다. 계산적으로 볼 때 종종 그들의 함수형 대체재보다 덜 효율적인 것은 아니다. 그러나 배열에 대한 맵 함수는 일련의 데이터 변환과 더 쉽게 통합된다.

```
fit_ols ← function(df) {
    lm(lifeExp ~ log(gdpPercap), data = df)
}

out_le ← gapminder %>%
    group_by(continent, year) %>%
    nest() %>%
    mutate(model = map(data, fit_ols))
```

```
out_le
```

```
## # A tibble: 60 x 4
##    continent year data          model
##    <fct>    <int> <list>        <list>
##  1 Asia      1952 <tibble [33 × 4]> <lm>
##  2 Asia      1957 <tibble [33 × 4]> <lm>
##  3 Asia      1962 <tibble [33 × 4]> <lm>
##  4 Asia      1967 <tibble [33 × 4]> <lm>
##  5 Asia      1972 <tibble [33 × 4]> <lm>
##  6 Asia      1977 <tibble [33 × 4]> <lm>
##  7 Asia      1982 <tibble [33 × 4]> <lm>
##  8 Asia      1987 <tibble [33 × 4]> <lm>
##  9 Asia      1992 <tibble [33 × 4]> <lm>
## 10 Asia      1997 <tibble [33 × 4]> <lm>
## # ... with 50 more rows
```

파이프라인을 시작하기 전에 새로운 함수를 생성한다. 새 함수는 일부 데이터에서 특정 OLS 모형을 추정하는 작업만 하는 편리한 함수다. R에서의 거의 모든 것과 마찬가지로 함수는 일종의 객체다. 새로운 함수를 만들기 위해 약간 특별한 function() 함수를 사용한다. 부록에서 함수를 만드는 방법을 좀 더 자세히 설명한다. fit_ols()가 생성된 뒤 어떻게 보이는지 확인하려면 콘솔에서 괄호 없이 fit_ols를 입력하라. fit_ols() 함수가 어떤 작업을 수행하는지 보려면 fit_ols(df = gapminder) 또는 summary(fit_ols(gapminder))를 입력해보라.

이제 두 개의 리스트 열, 즉 data와 model이 있다. 후자는 fit_ols() 함수를 각 데이터 행에 매핑해 만들어졌다. model의 각 요소 내부에는 해당 대륙-연도에 대한 선형 모형이 있다. 그래서 이제 60개의 OLS 적합이 있다. 각 대륙-연도 그룹당 하나다. 모형을 리스트 열에 포함 시키면 그 자체로는 별로 유용하지 않다. 그러나 깔끔한 표 형태로 데이터를 보관하면서 원하는 정보를 추출할 수 있다. 명료하게 하기 위해 처음부터 파이프라인을 다시 실행해볼 것이다. 이번에는 몇 가지 새로운 단계를 추가한다.

먼저 broom에서 model 리스트 열로 tidy() 함수를 매핑해 각 모형에서 요약 통계를 추출한다. 그런 다음 프로세스의 다른 열을 삭제해 결과를 중첩 해제한다. 마지막으로, 모든 절편Intercept 조건을 걸러내고 오세아니아의 모든 관측치도 제거한다. 절편의 경우 편의를 위해 이 작업을 수행한다. 오세아니아는 관측치가 거의 없으므로 제외해준다. out_tidy라는 객체에 결과를 저장한다.

```
fit_ols ← function(df) {
    lm(lifeExp ~ log(gdpPercap), data = df)
}

out_tidy ← gapminder %>%
    group_by(continent, year) %>%
    nest() %>%
    mutate(model = map(data, fit_ols),
           tidied = map(model, tidy)) %>%
    unnest(tidied, .drop = TRUE) %>%
    filter(term %nin% "(Intercept)" &
           continent %nin% "Oceania")

out_tidy %>% sample_n(5)
```

```
## # A tibble: 5 x 7
##    continent  year term           estimate std.error statistic    p.value
##    <fct>     <int> <chr>             <dbl>     <dbl>     <dbl>      <dbl>
## 1 Asia       1967 log(gdpPercap)     4.50      1.15      3.90 0.000477
## 2 Africa     2002 log(gdpPercap)     5.16      1.21      4.25 0.0000920
## 3 Europe     2007 log(gdpPercap)     4.23      0.525     8.06 0.00000000898
## 4 Americas   1962 log(gdpPercap)    10.4       2.27      4.57 0.000135
## 5 Asia       1987 log(gdpPercap)     5.17      0.727     7.12 0.0000000531
```

이제 대륙 내 1인당 GDP의 로그값과 각 연도별 평균 기대수명 간의 상관관계를 추정해 깔끔한 회귀분석 결과를 얻었다. 이들 그룹의 이점을 이용하는 방식으로 이러한 추정을 도표화할 수 있다(그림 6.9).

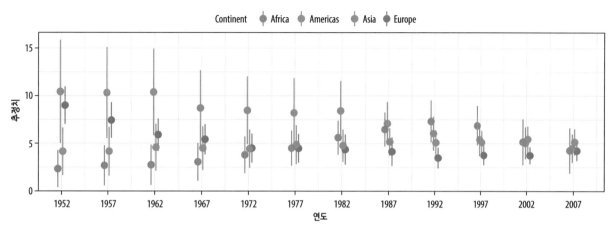

그림 6.9 대륙별 GDP와 기대수명 간 상관관계의 연도별 추정

```
p ← ggplot(data = out_tidy,
            mapping = aes(x = year, y = estimate,
                          ymin = estimate - 2*std.error,
                          ymax = estimate + 2*std.error,
                          group = continent, color = continent))

p + geom_pointrange(position = position_dodge(width = 1)) +
    scale_x_continuous(breaks = unique(gapminder$year)) +
    theme(legend.position = "top") +
    labs(x = "연도", y = "추정치", color = "Continent")
```

geom_pointrange() 내에서 position_dodge()를 호출하면 각 대륙의
점 범위가 서로의 위에 바로 그려지는 대신 수년 내에 서로 가까이 있
게 된다. 대륙별 결과를 도출할 수 있었지만, 이렇게 하면 연간 추정치
의 차이를 훨씬 쉽게 알 수 있다. 이 기법은 이와 같은 경우뿐만 아니라
다양한 종류의 통계 모형에 의해 주어진 계수를 비교할 때에도 매우 유
용하다. 이는 OLS가 다른 모형 명세에 대해 어떻게 수행하는지 보는 데
관심이 있는 경우 이뤄진다.

6.7 플롯 한계 효과

predict()에 대한 이전의 설명은 모형의 다른 항을 제외한 일부 계수의 평균 효과 추정치를 얻는 것에 관한 내용이었다. 지난 10년 동안 모형의 부분 또는 한계 효과^{marginal effect}를 추정하고 도표화하는 것이 정확하고 해석적으로 유용한 예측을 제시하는 점점 더 흔한 방법이 됐다. 한계 효과 플롯에 대한 관심은 로지스틱회귀 모형에서 용어의 해석이 특히 모형에서 교호작용 항이 있을 때(Ai & Norton, 2003) 특히 더 어려웠다는 사실에 자극을 받았다. 토머스 리퍼^{Thomas Leeper}의 margins 패키지로 이러한 도표를 만들 수 있다.

```
library(margins)
```

선거에 대한 회고적 질문에서 흔히 볼 수 있듯이, 오히려 오바마가 선거에서 받은 득표율과 일치하기보다는 오바마에게 표를 줬다고 주장하는 사람들이 더 많다.

이를 실제로 확인하기 위해 gss_sm의 일반 사회 조사 데이터를 다시 한 번 살펴볼 것이다. 이번에는 이진^{binary}변수 obama에 중점을 둔다. 응답자가 2012년 대통령 선거에서 버락 오바마에게 투표했다고 응답한 경우 1, 그 외에는 0으로 표시된다. 이 경우 대부분 편의를 위해 0 값에는 밋 롬니^{Mitt Romney}에게 투표했다고 한 사람, 투표하지 않았다고 한 사람, 답변을 거부한 사람, 누구에게 투표했는지 모른다고 답한 사람 등 질문에 대한 다른 모든 답변이 포함돼 있다. 이제 obama의 예측자로 age, polviews, race, sex에 대한 로지스틱회귀를 적합시킬 것이다. age 변수는 응답자의 연령(세)이다. sex 변수는 "Male" 또는 "Female"로 코딩되며 "Male"은 참조 범주로 사용된다. race 변수는 "White", "Black" 또는 "Other"로 코딩되며 참조 범주는 "White"다. polviews 측정값은 "Extremely Conservative(극히 보수적)"에서 "Extremely Liberal(극히 진보적)"까지 응답자의 정치적 성향을 스스로 기록한 척도로, "Moderate(중도)"가 중간에 있다. polview를 가져와 relevel() 함수를 사용해 "Moderate"를 참조 범주로 다시 코딩해 새 변수 polviews_m을 생성한다. glm() 함수로 모형을 적합하고 race와 sex 간의 교호작용을 지정한다.

```
gss_sm$polviews_m ← relevel(gss_sm$polviews, ref = "Moderate")

out_bo ← glm(obama ~ polviews_m + sex*race,
            family = "binomial", data = gss_sm)
summary(out_bo)
```

```
##
## Call:
## glm(formula = obama ~ polviews_m + sex * race, family = "binomial",
##     data = gss_sm)
##
## Deviance Residuals:
##    Min      1Q   Median      3Q     Max
## -2.9045  -0.5541   0.1772   0.5418   2.2437
##
## Coefficients:
##                                Estimate Std. Error z value Pr(>|z|)
## (Intercept)                    0.296493   0.134091   2.211  0.02703 *
## polviews_mExtremely Liberal    2.372950   0.525045   4.520 6.20e-06 ***
## polviews_mLiberal              2.600031   0.356666   7.290 3.10e-13 ***
## polviews_mSlightly Liberal     1.293172   0.248435   5.205 1.94e-07 ***
## polviews_mSlightly Conservative -1.355277   0.181291  -7.476 7.68e-14 ***
## polviews_mConservative        -2.347463   0.200384 -11.715  < 2e-16 ***
## polviews_mExtremely Conservative -2.727384   0.387210  -7.044 1.87e-12 ***
## sexFemale                      0.254866   0.145370   1.753  0.07956 .
## raceBlack                      3.849526   0.501319   7.679 1.61e-14 ***
## raceOther                     -0.002143   0.435763  -0.005  0.99608
## sexFemale:raceBlack           -0.197506   0.660066  -0.299  0.76477
## sexFemale:raceOther            1.574829   0.587657   2.680  0.00737 **
## ---
## Signif. codes:  0 '***' 0.001 '**' 0.01 '*' 0.05 '.' 0.1 ' ' 1
##
## (Dispersion parameter for binomial family taken to be 1)
##
##     Null deviance: 2247.9  on 1697  degrees of freedom
## Residual deviance: 1345.9  on 1686  degrees of freedom
##   (1169 observations deleted due to missingness)
## AIC: 1369.9
##
## Number of Fisher Scoring iterations: 6
```

Summary는 계수 및 기타 정보를 리포트한다. 이제 여러 가지 방법 중 하나로 데이터를 그래프로 나타낼 수 있다. margins()를 사용해 각 변수의 한계 효과를 계산한다.

```
bo_m ← margins(out_bo)
summary(bo_m)
```

```
##                                 factor     AME     SE        z      p    lower    upper
##          polviews_mConservative -0.4119 0.0283 -14.5394 0.0000  -0.4674  -0.3564
## polviews_mExtremely Conservative -0.4538 0.0420 -10.7971 0.0000  -0.5361  -0.3714
##     polviews_mExtremely Liberal  0.2681 0.0295   9.0996 0.0000   0.2103   0.3258
##               polviews_mLiberal  0.2768 0.0229  12.0736 0.0000   0.2319   0.3218
##   polviews_mSlightly Conservative -0.2658 0.0330  -8.0596 0.0000  -0.3304  -0.2011
##      polviews_mSlightly Liberal  0.1933 0.0303   6.3896 0.0000   0.1340   0.2526
##                        raceBlack  0.4032 0.0173  23.3568 0.0000   0.3694   0.4371
##                        raceOther  0.1247 0.0386   3.2297 0.0012   0.0490   0.2005
##                        sexFemale  0.0443 0.0177   2.5073 0.0122   0.0097   0.0789
```

margins 라이브러리에는 여러 플롯 방법이 있다. 원한다면 이 시점에서 plot(bo_m)을 사용해 Stata 그래픽의 일반적인 모양으로 생성된 평균 한계 효과의 도표를 볼 수 있다. margins 라이브러리의 다른 플롯 메서드에는 두 번째 변수에 조건부 한계 효과를 시각화하는 cplot()과 색이 칠해진 히트맵 또는 등고선그래프로 예측 또는 한계 효과를 나타내는 image()가 포함된다.

또는 margin()에서 결과를 가져와서 직접 플롯을 그릴 수 있다. 요약을 조금 정리하기 위해 티블로 변환한 다음, prefix_strip()과 prefix _replace()를 사용해 레이블을 정리한다. polviews_m과 sex 접두사[prefix]를 제거하고 ("Other"에 대한 모호함을 피하기 위해) race 접두사를 조정하려고 한다.

```
bo_gg ← as_tibble(summary(bo_m))
prefixes ← c("polviews_m", "sex")
bo_gg$factor ← prefix_strip(bo_gg$factor, prefixes)
bo_gg$factor ← prefix_replace(bo_gg$factor, "race", "Race: ")

bo_gg %>% select(factor, AME, lower, upper)
```

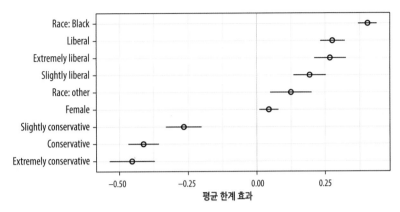

그림 6.10 평균 한계 효과 플롯

```
## # A tibble: 9 x 4
##   factor                    AME    lower    upper
##   <chr>                   <dbl>    <dbl>    <dbl>
## 1 Conservative           -0.412   -0.467   -0.356
## 2 Extremely Conservative -0.454   -0.536   -0.371
## 3 Extremely Liberal       0.268    0.210    0.326
## 4 Liberal                 0.277    0.232    0.322
## 5 Slightly Conservative  -0.266   -0.330   -0.201
## 6 Slightly Liberal        0.193    0.134    0.253
## 7 Race: Black             0.403    0.369    0.437
## 8 Race: Other             0.125    0.0490   0.200
## 9 Female                  0.0443   0.00967  0.0789
```

이제 배운 대로 도표를 그릴 수 있다(그림 6.10).

```
p ← ggplot(data = bo_gg, aes(x = reorder(factor, AME),
                             y = AME, ymin = lower, ymax =
                             upper))

p + geom_hline(yintercept = 0, color = "gray80") +
    geom_pointrange() + coord_flip() +
    labs(x = NULL, y = "평균 한계 효과")
```

특정 변수에 대한 조건부 효과$^{conditional\ effect}$를 얻는 데 관심이 있다면 편리하게 margins 라이브러리의 플롯 메서드에 도표를 그리지 않고 효과 계산 작업을 수행하도록 요청할 수 있다. 대신 ggplot에서 쉽게 사용할

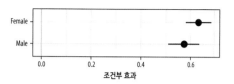

그림 6.11 조건부 효과 플롯

수 있는 형식으로 결과를 반환할 수 있으며 정리할 필요가 없다. 예를 들어 cplot()을 사용하면 그림 6.11을 그릴 수 있다.

```
pv_cp ← cplot(out_bo, x = "sex", draw = FALSE)

p ← ggplot(data = pv_cp, aes(x = reorder(xvals, yvals),
                             y = yvals, ymin = lower, ymax =
                             upper))

p + geom_hline(yintercept = 0, color = "gray80") +
    geom_pointrange() + coord_flip() +
    labs(x = NULL, y = "Conditional Effect")
```

margins 패키지는 적극적으로 개발되고 있다. 여기에 설명된 것보다 훨씬 많은 작업을 수행할 수 있다. 패키지와 함께 제공되는 비네트는 좀 더 폭넓은 설명과 수많은 예제를 제공한다.

6.8 복잡한 설문 조사 도표

사회과학자들은 종종 복잡한 조사 디자인을 사용해 수집된 데이터로 작업한다. 측정 도구는 지역이나 기타 특성에 따라 층화될 수 있으며, 참조 집단과 비교 가능하도록 클러스터된 구조를 갖는 반복 가중치를 포함할 수 있다. 4장에서는 일반 사회 조사General Social Survey의 일부 데이터를 사용해 범주형 변수의 빈도 표를 계산하고 그려보는 방법을 배웠다. 그러나 GSS의 미국 가정에 대한 정확한 추정치를 원할 경우 설문 조사의 디자인을 고려하고 데이터셋에 제공된 설문 가중치를 사용해야 한다. 토머스 럼리의 survey 라이브러리는 이러한 문제를 해결하기 위한 포괄적인 도구 모음을 제공한다. 도구와 그 배경 이론은 럼리(2010)에서 자세히 논의하고, 패키지의 개요는 럼리(2004)에서 제공한다. survey 패키지 함수는 사용하기 쉽고 일반적으로 깔끔한 형태로 결과를 반환하는 반면, 패키지는 tidyverse와 컨벤션보다 몇 년 앞서 나온 것이다. 이는 dplyr로 직접 survey 함수를 사용할 수 없다는 뜻이다.

그러나 그렉 프리드먼 엘리스^{Greg Freedman Ellis}는 우리를 위해 이 문제를 해결하는 헬퍼^{helper} 패키지 srvyr을 작성했으며, 익숙한 방식으로 데이터 분석 파이프라인 내에서 survey 라이브러리의 함수를 사용할 수 있게 해준다.

예를 들어 gss_lon 데이터에는 1972년 설립 이래 GSS의 모든 웨이브에서 측정된 소규모 서브셋이 포함돼 있다. 또한 설문 조사의 디자인을 설명하고 여러 해 동안 관측치에 대한 반복 가중치를 제공하는 몇 가지 변수가 포함돼 있다. 이러한 기술 세부 사항은 GSS 문서에 설명돼 있다. 유사한 정보는 일반적으로 다른 복잡한 조사에 의해 제공된다. 여기서 이 디자인 정보를 사용해 1976년부터 2016년까지 선택된 설문조사 연도에 대한 인종별 학력 분포의 가중치 산정을 계산한다.

시작하기 위해 survey 및 srvyr 라이브러리를 로드한다.

```
library(survey)
library(srvyr)
```

다음으로 gss_lon 데이터셋을 가져와 survey 도구를 사용해 이전과 같이 설문 조사의 디자인에 대한 추가 정보와 함께 데이터가 포함된 새 객체를 만든다.

```
options(survey.lonely.psu = "adjust")
options(na.action = "na.pass")

gss_wt ← subset(gss_lon, year > 1974) %>%
    mutate(stratvar = interaction(year, vstrat)) %>%
    as_survey_design(ids = vpsu,
                     strata = stratvar,
                     weights = wtssall,
                     nest = TRUE)
```

처음에 설정한 두 개의 options는 어떻게 행동할지에 대한 정보를 survey 라이브러리에 제공한다. 자세한 내용은 럼리(2010) 및 **survey** 패키지 설명서를 참조하라. 후속 작업은 연간 샘플링 계층을 설명하는 추가 열

(stratvar)이 있는 객체인 **gss_wt**를 만든다. 이를 위해 interaction() 함수를 사용한다. vstrat 변수에 연도 변수를 곱해 매년 각 계층 정보 stratum information 의 벡터를 얻는다. 다음 단계에서는 as_survey_design() 함수를 사용해 측량 디자인에 대한 주요 정보를 추가한다. 샘플링 식별자(ids), 계층(strata) 및 반복 가중치(weights)에 대한 정보를 추가한다. 이러한 기능을 통해 우리는 적절한 가중치 조사 수단을 계산하거나 올바른 샘플링 사양으로 모형을 추정할 수 있게 해주는 survey 라이브러리의 수많은 특화 함수를 활용할 수 있다. 그 예로 1976년부터 2016년까지 일련의 인종별 교육 분포를 계산할 수 있다. survey_mean()을 사용해 이를 수행한다.

```r
out_grp ← gss_wt %>%
    filter(year %in% seq(1976, 2016, by = 4)) %>%
    group_by(year, race, degree) %>%
    summarize(prop = survey_mean(na.rm = TRUE))

out_grp
```

```
## # A tibble: 162 x 5
##     year race  degree            prop  prop_se
##    <dbl> <fct> <fct>            <dbl>    <dbl>
##  1  1976 White Lt High School  0.328   0.0160
##  2  1976 White High School     0.518   0.0162
##  3  1976 White Junior College  0.0129  0.00298
##  4  1976 White Bachelor        0.101   0.00960
##  5  1976 White Graduate        0.0393  0.00644
##  6  1976 White <NA>            NA      NA
##  7  1976 Black Lt High School  0.562   0.0611
##  8  1976 Black High School     0.337   0.0476
##  9  1976 Black Junior College  0.0426  0.0193
## 10  1976 Black Bachelor        0.0581  0.0239
## # ... with 152 more rows
```

out_grp에 반환된 결과에는 표준오차가 포함된다. 원한다면 survey_mean()에 신뢰구간을 계산하도록 요청할 수도 있다.

group_by()를 사용해 그룹화하면 다음 변수 "up" 또는 "out"으로 그룹화된 가장 가장 안쪽 변수의 개수 또는 평균값을 계산할 수 있다. 이 경우에는 인종(race)별 학위(degree)를 지정해 각 그룹에 대한 비율의 합이 1이 되도록 한다. 이 작업은 연도의 각 값에 대해 개별적으로 수행된다. race(인종)와 degree(학위)의 모든 조합에 대한 값의 합이 매년 1이 되도록 주변도수^{marginal frequency}를 원한다면 먼저 교차 분류하는 변수와 상호작용해야 한다. 그런 다음 새로운 상호작용 변수로 그룹화하고 이전과 같이 계산을 수행한다.

```
out_mrg ← gss_wt %>%
  filter(year %in% seq(1976, 2016, by = 4)) %>%
  mutate(racedeg = interaction(race, degree)) %>%
  group_by(year, racedeg) %>%
  summarize(prop = survey_mean(na.rm = TRUE))

out_mrg
```

```
## # A tibble: 155 x 4
##     year racedeg                  prop prop_se
##    <dbl> <fct>                    <dbl>   <dbl>
## 1   1976 White.Lt High School   0.298    0.0146
## 2   1976 Black.Lt High School   0.0471   0.00840
## 3   1976 Other.Lt High School   0.00195  0.00138
## 4   1976 White.High School      0.471    0.0160
## 5   1976 Black.High School      0.0283   0.00594
## 6   1976 Other.High School      0.00325  0.00166
## 7   1976 White.Junior College   0.0117   0.00268
## 8   1976 Black.Junior College   0.00357  0.00162
## 9   1976 White.Bachelor         0.0919   0.00888
## 10  1976 Black.Bachelor         0.00487  0.00214
## # ... with 145 more rows
```

이렇게 하면 정돈된 데이터프레임에서 원하는 숫자가 반환된다. interaction() 함수는 변수의 레이블은 우리가 상호작용한 두 변수의 복합체이며 범주의 각 조합은 마침표로 구분된다(예: White.Graduate). 그러나 아마도 이러한 카테고리를 이전과 같이 인종과 교육을 위한 두

separate 호출 시 마침표 앞 두 개의 백슬래시는 문자 그대로 마침표(.)로 해석해야 한다. 이처럼 검색–대치 연산에서 검색어는 기본적으로 정규 표현식이다. 마침표는 "모든 문자"를 의미하는 와일드카드와 같은 특수문자로 작동한다. 정규 표현 엔진이 이를 문자 그대로 처리하게 하고자 앞에 백슬래시를 하나 추가한다. 백슬래시는 "이스케이프" 문자로, "다음 문자는 평소와 다르게 취급될 것이다"라는 의미다. 그러나 백슬래시도 특수문자이기 때문에 두 번째 백슬래시를 추가해 구문 분석기가 올바르게 표시하는지 확인해야 한다.

개의 별도 열로 보고 싶을 것이다. 변수 레이블은 예측 가능한 방식으로 구성되기 때문에 tidyverse의 tidyr 패키지에 있는 편리한 함수 중 하나를 사용해 행 값을 올바르게 유지하면서 단일 변수를 두 개의 열로 구분할 수 있다. 적절하게 이 함수는 separate()라고 부른다.

```
out_mrg ← gss_wt %>%
    filter(year %in% seq(1976, 2016, by = 4)) %>%
    mutate(racedeg = interaction(race, degree)) %>%
    group_by(year, racedeg) %>%
    summarize(prop = survey_mean(na.rm = TRUE)) %>%
    separate(racedeg, sep = "\\.", into = c("race", "degree"))

out_mrg
```

```
## # A tibble: 155 x 5
##     year race  degree              prop prop_se
##    <dbl> <chr> <chr>              <dbl>   <dbl>
##  1  1976 White Lt High School   0.298    0.0146
##  2  1976 Black Lt High School   0.0471   0.00840
##  3  1976 Other Lt High School   0.00195  0.00138
##  4  1976 White High School      0.471    0.0160
##  5  1976 Black High School      0.0283   0.00594
##  6  1976 Other High School      0.00325  0.00166
##  7  1976 White Junior College   0.0117   0.00268
##  8  1976 Black Junior College   0.00357  0.00162
##  9  1976 White Bachelor         0.0919   0.00888
## 10  1976 Black Bachelor         0.00487  0.00214
## # ... with 145 more rows
```

separate()를 호출하면 racedeg 열을 가져와서 마침표를 볼 때 각 값을 분할하고 그 결과를 race와 degree의 두 열로 재구성한다. 이것은 out_grp와 매우 비슷한 깔끔한 테이블을 제공하지만 한계 빈도수에 대해서는 그렇다.

합리적인 사람들은 불확실한 상황의 측정치가 첨부돼 있는 경우 특히, 빈 테이블의 작은 배수를 1년마다 패싯하는 것이 가장 좋은 방법인지에 대해 의견이 다를 수 있다. 하나의 사례에 관해 마대그래프가 명백한 접근법이지만 여러 해가 지나면 여러 패널에서 막대를 비교하는 것이 어려울 수 있다. 이것은 표준오차 또는 신뢰구간을 막대와 함께 사용하는 경우 특히 그렇다. 이를 "다이너마이트 도표"라고도 한다. 놀라운 것처럼 보이지는 않지만 열 꼭대기의 t자 모양의 오류 막대가 만화의 다이너마이트 플런저^{dynamite plunger}처럼 보이게 하기 때문이다. 또 다른 방법은 선그래프를 사용해 시간 관측치에 가입하고 연도 대신 교육 범주를 패싱하는 것이다. 그림 6.12는 GSS 데이터의 다이너마이트 도표 형태의 결과를 보여준다. 여기에서 오차 막대는 점 추정치 주변의 어느 방향으로든 표준오차의 두 배로 정의된다.

때때로 선그래프가 시사하는 것처럼 막대 차트가 연속적이지 않기 때문에 기본 변수가 범주형임을 표시하는 것이 더 바람직할 수 있다. 여기서는 막대그래프는 분할된 도표 간에 비교하기 어렵기 때문에 선그래프를 선호한다.

피스톤 같은 것을 밀어내리도록 돼 있는 기기 – 옮긴이

```
p ← ggplot(data = subset(out_grp, race %nin% "Other"),
           mapping = aes(x = degree, y = prop,
                         ymin = prop - 2*prop_se,
                         ymax = prop + 2*prop_se,
                         fill = race,
                         color = race,
                         group = race))

dodge ← position_dodge(width=0.9)
p + geom_col(position = dodge, alpha = 0.2) +
    geom_errorbar(position = dodge, width = 0.2) +
    scale_x_discrete(labels = scales::wrap_format(10)) +
    scale_y_continuous(labels = scales::percent) +
    scale_color_brewer(type = "qual", palette = "Dark2") +
    scale_fill_brewer(type = "qual", palette = "Dark2") +
    labs(title = "인종별 학력",
         subtitle = "GSS 1976-2016",
         fill = "Race",
         color = "Race",
         x = NULL, y = "비율") +
    facet_wrap(~ year, ncol = 2) +
    theme(legend.position = "top")
```

이 도표에는 8장에서 자세히 설명할 몇 가지 외관상의 세부 사항과 조정 사항이 있다. 이전과 같이 한 번에 하나의 명령씩 아래에서 껍질을 벗기고 다시 바꿔 가며 변경 사항을 확인하라. 주목할 만한 조정 사항 중 하나는 x축의 레이블을 조정하기 위해 scales 라이브러리를 새로

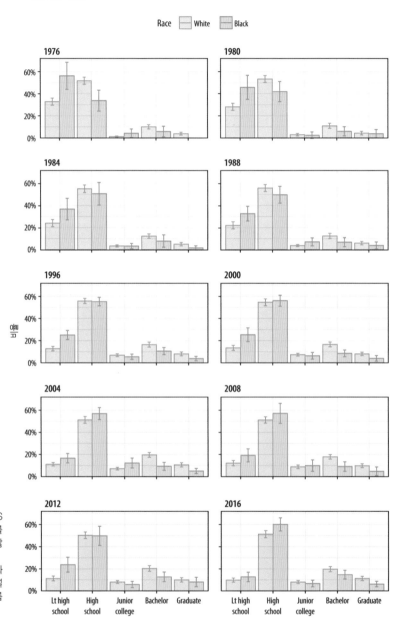

인종별 학력

GSS 1976–2016

그림 6.12 백인과 흑인의 학력에 대한 가중 추정치, GSS 에서 1976–2016년을 선택했다. 막대그래프(barplot)를 패싯하는 것은 보통 좋지 못한 아이디어이며, 패싯이 많을수록 더 나빠진다.

소규모 다중 플롯을 사용하는 경우 (여기서는 시간 경과에 따라) 독자가 여러 패널 간에 비교하려고 하지만 패널 내의 데이터가 막대로 표시된 범주 비교(여기서는 그룹별 교육 수준)인 경우에는 이를 수행하기 어렵다.

호출하는 것이다. y축의 조정은 잘 알려져 있으며, `scales::percent`
는 비율을 백분율로 변환한다. x축에서 문제는 레이블 중 일부가 다소
길다는 것이다. 조정하지 않으면 서로 겹쳐서 출력할 것이다. `scales::`
`wrap_format()` 함수는 긴 레이블을 줄바꿈한다. 문자열이 새로운 행에
래핑되기 전에 문자열이 될 수 있는 최대 길이인 단일 숫자 인수(여기서
는 10)를 사용한다.

이와 같은 그래프는 데이터의 범주형 특성에 해당하며 각 연도 내 그룹
의 붕괴를 보여준다. 그러나 몇 가지 대안을 실험해봐야 한다. 예를 들
어 학위 카테고리별로 패시팅하고 각 패널의 x축에 연도를 추가하는 것
이 더 좋다. 그렇게 하면 `geom_line()`을 사용해 더 자연스러운 시간 추
세를 표시하고 `geom_ribbon()`을 사용해 오류 범위를 표시할 수 있다.
이것은 아마도 데이터를 표시하는 더 좋은 방법일 수 있다. 특히 각 학
위 범주 내의 시간 추세를 가져오고 동시에 인종 분류별로 유사점과 차
이점을 볼 수 있다(그림 6.13).

```
p ← ggplot(data = subset(out_grp, race %nin% "Other"),
           mapping = aes(x = year, y = prop, ymin = prop -
                         2*prop_se, ymax = prop + 2*prop_se,
                         fill = race, color = race,
                         group = race))

p + geom_ribbon(alpha = 0.3, aes(color = NULL)) +
    geom_line() +
    facet_wrap(~ degree, ncol = 1) +
    scale_y_continuous(labels = scales::percent) +
    scale_color_brewer(type = "qual", palette = "Dark2") +
    scale_fill_brewer(type = "qual", palette = "Dark2") +
    labs(title = "인종별 학력",
         subtitle = "GSS 1976-2016", fill = "Race",
         color = "Race", x = NULL, y = "비율") +
    theme(legend.position = "top")
```

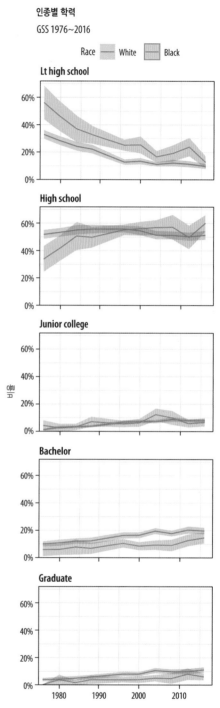

그림 6.13 대신 교육 수준별 분할

6.9 다음 알아볼 내용

일반적으로 모형을 추정하고 결과를 플롯하기를 원할 때 어려운 단계는 플롯이 아니라 올바른 숫자를 계산하고 뽑아내는 것이다. 예측된 값과 모형의 신뢰도 또는 불확실성 측정치를 생성하려면 피팅하는 모형과 피팅에 사용하는 함수를 이해해야 한다. 특히 교호작용, 교차수준 효과 또는 예측자나 응답 척도의 변형이 포함된 경우에는 더욱 더 그렇다. 세부 사항은 모형 유형 그리고 특정 분석의 목표에 따라 크게 다를 수 있다. 기계적으로 접근하는 것은 현명하지 않다. 즉, 모델 객체로 작업하고 기본 객체 집합을 생성하는 데 도움이 되는 몇 가지 도구가 있다.

모형의 기본 플롯

R의 모델 객체는 일반적으로 기본 summary() 메서드를 가지고 있으며, 모형의 유형에 맞는 개요를 출력하는 것처럼 보통 기본 plot() 메서드도 갖고 있다. plot()에 의해 생성된 도식은 일반적으로 ggplot을 통해 생성되지 않지만 보통 이를 알아볼 가치가 있다. 그들은 R의 기본 그래픽이나 lattice 라이브러리를 사용한다(Sarkar, 2008). 이 책에서 다루지 않은 두 개의 플롯 시스템이다. 기본 플롯 메서드는 쉽게 검사할 수 있다. 간단한 OLS 모형을 다시 살펴보자.

```
out ← lm(formula = lifeExp ~ log(gdpPercap) + pop + continent,
    data = gapminder)
```

이 모형에 대한 R의 기본 플롯을 보려면 plot() 함수를 사용하라.

```
# 플롯 표시되지 않음
plot(out, which = c(1, 2), ask = FALSE)
```

여기서 which()문은 이 종류의 모형에 대한 네 개의 기본 플롯 중 처음 두 개를 선택한다. ggplot을 사용해 기본 R의 기본 모형 그래픽을 쉽게 재현하려면 **ggfortify** 패키지를 검토할 필요가 있다. broom과 비슷한 점은 모델 객체의 출력을 정돈하는 것이지만 다양한 모형 유형에 대한 표준 플롯(또는 플롯 그룹)을 생성하는 데 초점을 맞추는 것이다. autoplot()이라는 함수를 정의해 이를 수행한다. 아이디어는 많은 다른 종류의 모형 출력과 함께 autoplot()을 사용할 수 있게 하는 것이다.

살펴볼 만한 두 번째 옵션은 **coefplot** 패키지다. 좋은 품질의 점 추정치와 신뢰구간을 신속하게 생성하는 방법을 제공한다(그림 6.14). 상호작용 효과와 때때로 까다로운 계산의 평가를 관리하는 데 이점이 있다.

```
library(coefplot)
out ← lm(formula = lifeExp ~ log(gdpPercap) + log(pop) +
    continent, data = gapminder)

coefplot(out, sort = "magnitude", intercept = FALSE)
```

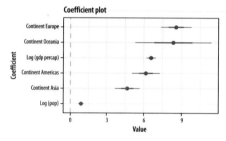

그림 6.14 coefplot의 플롯

개발 도구

모델링과 모형 탐색을 위한 도구인 타이디버스Tidyverse가 활발히 개발 중이다. **broom**과 **margins** 패키지는 점점 더 유용해지고 있다. 또한 주목할 만한 또 다른 프로젝트가 있다. **infer** 패키지는 개발 초기 단계지만 파이프라인 친화적인 방식으로 유용한 작업을 수행할 수 있다. install.packages("infer")를 써서 CRAN에서 설치할 수 있다.

ggplot 확장 기능

GGally 패키지는 표준이지만 다소 복잡한 플롯을 좀 더 쉽게 만들 수 있도록 설계된 일련의 기능을 제공한다. 예를 들어 일반화된 쌍pairs 플롯을 생성할 수 있다. 이는 여러 변수 간의 가능한 관계를 한 번에 빠르게 검사할 수 있어 유용하다. 이러한 종류의 플롯은 상관 행렬correlation matrix의 시각적 버전과 같다. 다름 아닌 데이터에 있는 모든 변수 쌍에 대한 이변량^{bivariate} 플롯을 보여준다. 모든 변수가 연속적인 측정값일 때 이는 비교적 간단하다. 사회과학에서 종종 그렇듯이, 일부 또는 모든 변수는 가치가 있는 범주에서 제한적일 때 더욱 복잡해진다. 일반화된 쌍 플롯이 이러한 경우를 처리할 수 있다. 예를 들어 그림 6.15는 organdata 데이터셋의 5개 변수에 대한 일반화된 쌍 도표를 보여준다.

```
library(GGally)

organdata_sm ← organdata %>% select(donors, pop_dens,
                                    pubhealth, roads,
                                    consent_law)

ggpairs(data = organdata_sm, mapping = aes(color = consent_law),
        upper = list(continuous = wrap("density"), combo = "box_
        no_facet"), lower = list(continuous = wrap("points"),
        combo = wrap("dot_no_facet")))
```

그림 6.15와 같은 다중 패널 그림은 본질적으로 정보가 매우 풍부하다. 패널 내에서 몇 가지 유형의 표현이나 변수의 수를 합치면 상당히 복잡해질 수 있다. 그들은 완성된 작품 발표를 위해 드물게 이용해야 한다. 종종 연구자가 데이터셋의 측면을 신속하게 조사할 수 있는 유용한 도구다. 목표는 이미 알고 있는 단일 지점을 조잡하게 요약하지 않고 추가 탐구를 위해 작업을 열어보는 것이다.

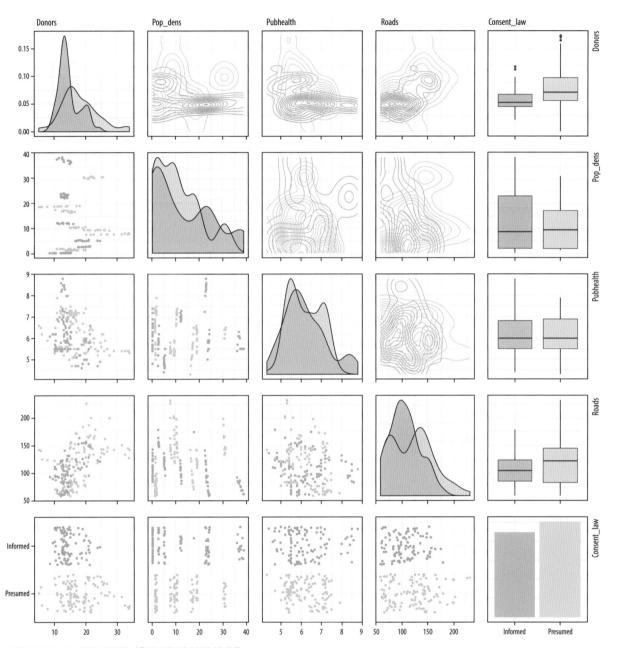

그림 6.15 GGally 라이브러리를 사용해 만든 일반화된 쌍 플롯

7 지도 그리기

단계구분도^{choropleth map}는 지리적인 지역을 변수에 따라 색상, 음영 혹은 단계를 나눠 보여준다. 단계구분도는 시각적으로 눈에 띈다. 특히 지도의 공간 단위가 유럽연합^{EU}이나 미국의 주^{state, 州}와 같이 친숙한 대상인 경우 눈에 잘 들어온다. 그러나 이러한 지도는 간혹 오해의 소지가 생길 수 있다. 전용 지리 정보 시스템^{GIS, Geographic Information System}은 아니지만 R로 지형 데이터를 다룰 수 있으며 ggplot으로 단계구분도를 만들수 있다. 그러나 이런 종류의 데이터를 표현하는 다른 방법도 고려할 것이다.

그림 7.1은 2016년 미국 대통령 선거 결과 지도를 보여준다. 왼쪽 상단부터 보면 우선 득표율 격차가 크거나(진한 파란색 또는 빨간색) 작은(연한 파란색 또는 빨간색) 주 단위 지도^{state-level map}를 볼 수 있다. 색 구성표는 중간점이 없다. 두 번째로, 당선자에 따라 카운티 단위 지도^{county-level map}가 밝은 빨간색 또는 파란색으로 표시된다. 세 번째는 득표율의 크기에 따라 카운티의 색상이 빨간색과 파란색으로 등급이 매겨진 카운티 지도다. 다시 말하지만, 색상 척도에는 중간점이 없다. 네 번째 카운티 지도는 파란색에서 빨간색으로 연속적인 컬러 그라데이션으로 표시되지만, 투표 균형이 고른 지역에서는 보라색의 중간 지점을 통과한다. 왼쪽 하단의 지도는 파란색–보라색–빨간색 구성 체계를 갖고 있지만, 표시되는 카운티의 인구를 반영하기 위해 지도를 압축하거나 팽창시켜 지리적 경계를 왜곡한다. 마지막으로 오른쪽 아래에 주를 사각형 타일로 그린 카토그램^{cartogram}이 보인다. 각 주에 부여된 타일의 수는 선거인단 수에 비례한다(결과적으로 해당 주의 인구에 비례한다).

각 지도는 동일한 사건에 관한 데이터를 보여주지만 그 인상은 매우 다르며, 두 가지 주요 문제에 직면해 있다. 첫째, 주요 관심 수량은 부분적으로만 공간적이다. 선거인단 투표 수와 주 또는 카운티에서 득표 비

의석 수나 선거인단 수, 인구 등의 특정한 데이터 값의 변화에 따라 지도의 면적이 왜곡되는 그림을 말한다. 변량비례도(變量比例圖) 혹은 왜상통계지도(歪像統計地圖)라고도 한다. 출처: https://ko.wikipedia.org/wiki/카토그램 – 옮긴이

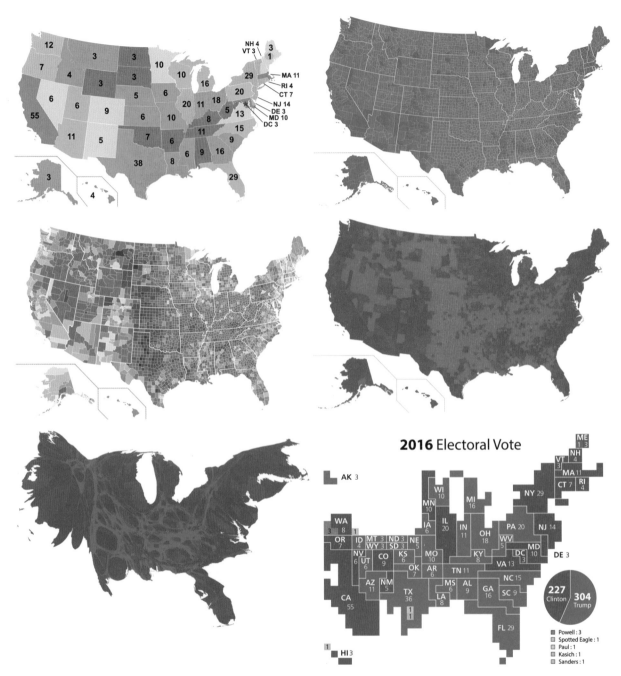

그림 7.1 다양한 종류의 2016년 미국 선거 결과 지도. 알리 지판(Ali Zifan)(5번)의 지도

율은 공간적인 측면에서 표현됐지만, 궁극적으로 중요한 것은 그 지역의 인구 수다.

둘째, 지역 자체의 크기가 매우 달라 근본적인 투표의 규모와 별로 관련이 없다는 점에서 다르다. 지도 제작자는 또한 다른 많은 데이터 표현에서 발생하는 선택을 마주하고 있다. 절대적인 의미에서 각 주에서 누가 이겼는지(종국에 실제 결과상 중요한 것은 이것뿐이다)를 보여주고 싶은 것은 것인가? 주 수가 아니라 카운티 등 결과와 관련이 있는 것보다 더 정밀한 수준의 해상도로 결과를 나타내고 싶은가? 다른 데이터 포인트가 매우 다른 가중치를 나타내는 수가 있다는 것을 어떻게 전달할 수 있는가? 단순한 산점도에서 다양한 색상과 모양의 크기로 이러한 선택을 정직하게 전달하는 것은 매우 까다롭다. 이따금 지도는 보여주고자 하는 것을 체계적으로 잘못 표현한다는 것을 알고 있더라도 따를 수밖에 없는 이상한 격자^{grid}처럼 보인다.

물론 항상 그런 것은 아니다. 때로는 우리의 데이터가 정말 순전히 공간적 특성을 지니며, 공간 분포를 정직하고 설득력 있는 방식으로 표현할 수 있을 정도로 충분히 상세하게 관찰할 수 있다. 그러나 많은 사회과학 분야의 공간적 특징은 선거구, 인근 지역, 도심지, 인구조사 지역, 카운티, 주, 국가와 같은 객체 단위를 통해 수집된다. 이들은 그 자체가 사회적으로 종속된 것일 수도 있다. 사회과학적인 변수를 이용한 통계 지도 제작 작업의 대부분은 그 자의성과 그에 대항해 작업하는 것을 모두 포함한다. 지리학자들은 이 문제를 '해결 가능한 면적 단위 문제(Modifiable Areal Unit Problem)' 또는 줄여서 MAUP라고 부른다 (Openshaw, 1983).

7.1 주 단위의 미국 지도 데이터

2016년 미국 대선 관련 몇 가지 데이터를 살펴보고, R로 플롯하는 방법을 알아보자. election 데이터셋에는 주별 투표와 투표 점유율에 관한 다양한 지표가 있다. 다음과 같이 몇 개의 열을 선택하고 무작위로 몇 줄 샘플링한다.

```
election %>% select(state, total_vote,
                    r_points, pct_trump, party, census) %>%
  sample_n(5)
```

```
## # A tibble: 5 x 6
##   state             total_vote r_points pct_trump party     census
##   <chr>                  <dbl>    <dbl>     <dbl> <chr>     <chr>
## 1 Kentucky            1924149.     29.8      62.5 Republican South
## 2 Vermont              315067.    -26.4      30.3 Democrat  Northeast
## 3 South Carolina      2103027.     14.3      54.9 Republican South
## 4 Wyoming              255849.     46.3      68.2 Republican West
## 5 Kansas              1194755.     20.4      56.2 Republican Midwest
```

FIPS 코드는 미국의 주와 영토를 번호로 나타내는 연방 코드다. 모든 미국 카운티에는 6자리 숫자의 고유 식별자가 있으며, 여기서 처음 두 자리는 주를 나타낸다. 4자리 숫자가 추가돼 카운티 수준까지 확장된다. 이 데이터셋에는 각 주의 인구조사 지역도 포함돼 있다.

```
# 민주당 파랑(Dem Blue)과 공화당 빨강(Rep Red)용 16진수 색상 코드
party_colors <- c("#2E74C0", "#CB454A")

p0 <- ggplot(data = subset(election, st %nin% "DC"),
             mapping = aes(x = r_points,
                           y = reorder(state, r_points),
                           color = party))

p1 <- p0 + geom_vline(xintercept = 0, color = "gray30") +
  geom_point(size = 2)

p2 <- p1 + scale_color_manual(values = party_colors)

p3 <- p2 + scale_x_continuous(breaks = c(-30, -20, -10, 0, 10,
                              20, 30, 40), labels = c("30\n
                              (Clinton)", "20", "10", "0",
                                "10", "20", "30", "40\n(Trump)"))

p3 + facet_wrap(~ census, ncol=1, scales="free_y") +
  guides(color=FALSE) + labs(x = "Point Margin", y = "") +
  theme(axis.text=element_text(size=8))
```

공간 데이터에 관해 가장 먼저 기억해야 할 것은 데이터를 공간적으로 표현할 필요가 없다는 점이다. 우리는 국가 단위의 데이터를 가지고 작업해왔지만 아직 지도를 만들지 못했다. 물론 공간적 표현은 매우 유용할 수 있으며 때로는 절대적으로 필요한 경우도 있다. 그러나 우리는 지역별로 나눠 그린 주 단위의 점도표에서 시작할 수 있다(그림 7.2). 이 그림은 데이터의 부분집합, 두 번째 변수에 따른 결과 재정렬, 스케일 포매터^{scale formatter} 사용을 포함해 지금까지 작업한 플롯 구성의 여러 측면이 통합돼 있다. 또한 미학의 컬러 수동 설정과 같은 몇 가지 새로운 옵션을 소개한다. 중간 중간 오브젝트(p0, p1, p2)를 생성해 구성 프로세스를 여러 단계로 나눈다. 이렇게 하면 코드를 쉽게 읽을 수 있다. 또한 항상 그렇듯이 이러한 중간 객체도 각각 플로팅해(콘솔에 객체명을 입력하고 Enter를 누름) 어떻게 보이는지 확인할 수 있다. facet_wrap() 의 scales = "free_y" 인자를 제거하면 어떻게 되는가? scale_color_ manual() 호출을 삭제하면 어떻게 되는가?

항상 그렇듯 지도를 그리는 첫 번째 작업은 올바른 정보가 들어 있는 데이터프레임을 바른 순서로 얻는 것이다. 먼저 R의 maps 패키지를 로드하면, 사전에 작성된 지도 데이터를 제공해준다.

```
library(maps)
us_states ← map_data("state")
head(us_states)
```

```
## long lat group order region subregion
## 1 -87.4620 30.3897 1 1 alabama <NA>
## 2 -87.4849 30.3725 1 2 alabama <NA>
## 3 -87.5250 30.3725 1 3 alabama <NA>
## 4 -87.5308 30.3324 1 4 alabama <NA>
## 5 -87.5709 30.3267 1 5 alabama <NA>
## 6 -87.5881 30.3267 1 6 alabama <NA>
```

```
dim(us_states)
```

```
## [1] 15537 6
```

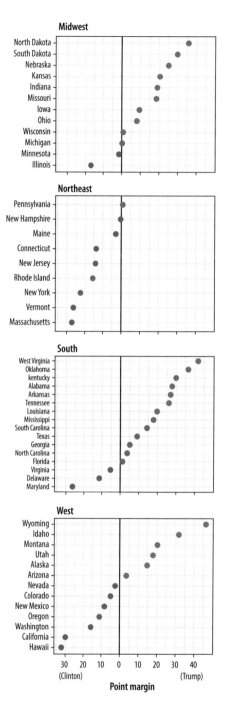

그림 7.2 2016년 선거 결과. 두 가지 색의 단계구분도는 이보다 더 유익할까, 덜 유익할까?

이는 단순한 데이터프레임이다. 보기 좋은 지도를 그리려면 많은 선이 필요하므로 15,000개가 넘는 행^{row}을 가지고 있다. geom_polygon()을 사용해 이 데이터로 주 경계선이 그려진 백지도를 바로 쉽게 만들 수 있다.

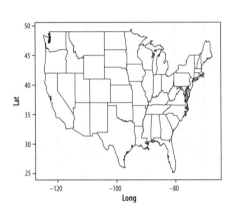

그림 7.3 첫 번째 미국 지도

```
p ← ggplot(data = us_states, mapping = aes(x = long, y = lat,
                                           group = group))

p + geom_polygon(fill = "white", color = "black")
```

그림 7.3의 지도에는 위도와 경도가 표시돼 있으며 x축과 y축으로 매핑된 스케일 요소로 존재한다. 지도는 결국 격자에 올바른 순서로 그려진 선들의 집합에 불과하다.

fill 속성(미적특질)을 region에 매핑하고 color 매핑을 연한 회색으로 변경하고 선을 가늘게 해, 주 경계를 조금 더 낮게 만들 수 있다(그림 7.4). 또한 범례를 그리지 말라고 R에 지시한다.

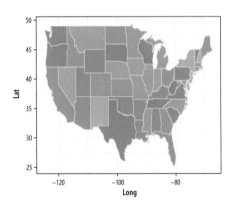

그림 7.4 주 채색하기

```
p ← ggplot(data = us_states, aes(x = long, y = lat, group =
    group, fill = region))

p + geom_polygon(color = "gray90", size = 0.1) + guides(fill =
    FALSE)
```

다음으로 투영^{projection}을 생각해보자. 기본적으로 지도는 유서 깊은 메르카토르 도법$^{Mercator\ projection}$을 사용해 그린다. 썩 좋아 보이진 않는다. 대서양 횡단 항해 계획이 없다고 한다면, 이 도법의 실용적인 장점도 우리에겐 별 쓸모가 없다. 그림 7.1의 지도를 다시 살펴보면 더 멋져 보인다는 것을 알아챌 것이다. 알버스 도법$^{Albers\ projection}$을 사용하고 있기 때문이다(예를 들어 미국과 캐나다의 국경은 워싱턴주에서 미네소타주까지의 직선이 아니라 북위 49도선에 따라 약간 휘어진 것처럼 보인다). 지도 투영 기법은 그 자체가 대단히 흥미로운 분야이지만, 지금은 그저 coord_map() 함수를 통해 geom_polygon()에서 사용되는 기본 투영법을 바꿀 수 있음을 유념하라. 좌표계에 투영하는 것은 모든 데이터에 대한 도표화 과정의 필수적인 부분이라고 말한 것을 잊지 말라. 대부분 간단한 데카르트 평면^{Cartesian plane}상에 도표를 그려왔기 때문에 보통은 coord_ 함수를 지정할 필요가 없었다. 지도는 더 복잡하다. 우리 현실의 위치와 경계는 구형에 가까운 물체로 정의돼 있다. 즉, 우리는 점과 선을 둥근 표면에서 평평한 표면으로 변환하거나 투영하기 위한 방법이 필요하다. 이 작업을 수행하는 다양한 방법은 지도 제작에 있어 옵션을 제공한다. 알버스 도법은 두 개의 위도 파라미터 lat0과 lat1이 필요하다. 여기에 미국 지도에 대한 관습적인 값을 제공한다(그림 7.5)(그 값을 뒤섞어 보고 지도를 다시 그리면 어떤 일이 일어나는지 보라).

그림 7.5 투영법 개선하기

```
p <- ggplot(data = us_states,
            mapping = aes(x = long, y = lat,
                          group = group, fill = region))

p + geom_polygon(color = "gray90", size = 0.1) +
  coord_map(projection = "albers", lat0 = 39, lat1 = 45) +
  guides(fill = FALSE)
```

이번에는 우리가 가진 데이터를 지도에 가져와야 한다. 이 지도 아래는 다수의 선을 지정하는 큰 데이터프레임에 불과하다는 것을 기억하라. 이제 데이터를 데이터프레임과 병합해야 한다. 다소 귀찮게 지도 데이터에서 주 이름(region이라는 변수)은 소문자로 돼 있다. tolower() 함수를 사용해 주 이름을 변환하는 데 사용할 변수를 자체 데이터프레임에 만들 수 있다. 그런 다음 left_join을 사용해 병합하는 데 merge(..., sort = FALSE)도 사용할 수 있다. 이 병합 단계가 중요하다. 일치하는 키 변수의 값이 실제로 서로 정확히 일치하는지 주의해야 한다. 그렇지 않으면 결측값(NA 코드)이 병합에 유입되고 지도의 선은 합쳐지지 않는다. 이로 인해 R에서 다각형을 채우려고 하면 지도에 이상하게 "깨진" 모양이 나타날 것이다. 여기서 region 변수는 결합하려는 두 데이터 집합 내에서 동일한 이름을 가진 유일한 열이기 때문에 left_join() 함수는 기본값으로 region을 사용한다. 각 데이터 집합에서 키의 이름이 다른 경우에는 필요에 따라 직접 지정할 수 있다.

거듭 말하건대 데이터와 변수가 제대로 병합됐는지 확인할 수 있을 만큼 충분히 아는 것이 중요하다. 맹목적으로 하지 마라. 예를 들어 워싱턴 DC에 해당하는 행의 이름이 election 데이터프레임의 region 변수에서 "washington dc"로 지정됐지만 지도 데이터의 해당 region 변수에서 "district of columbia"라고 이름이 붙었다면 election 데이터프레임의 어떤 행도 지도 데이터의 "washington dc"와 일치하지 않는다는 것을 의미하며, 그 결과 해당 행에 대해 병합된 변수는 모두 결측으로 코딩된다. 그림을 그릴 때 깨진 것처럼 보이는 지도는 보통 병합 오류로 인해 발생한다. 하지만 오류도 미묘할 수 있다. 예를 들어 다른 곳에서 가져온 데이터가 완전히 정리돼 있지 않아 결과적으로 주 이름 중 하나에 선행 (또는 더 안 좋은 경우 뒤에) 공백이 있을 수 있다. 예를 들어 california와 california ⎵는 다른 문자열이며, 일치하지 않는다. 평소 사용할 때는 여분의 공백(여기에선 ⎵로 지정)이 쉽게 보이지 않으니 주의하라.

```
election$region ← tolower(election$state)
us_states_elec ← left_join(us_states, election)
```

이제 데이터가 합쳐졌다. head(us_states_elec) 명령어로 객체를 한 번 살펴보라. 이제 모든 정보가 하나의 큰 데이터프레임 안에 들어 있으니 지도에 나타낼 수 있다(그림 7.6).

```
p ← ggplot(data = us_states_elec,
           aes(x = long, y = lat,
               group = group, fill = party))

p + geom_polygon(color = "gray90", size = 0.1) +
    coord_map(projection = "albers", lat0 = 39, lat1 = 45)
```

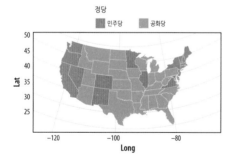

그림 7.6 결과 매핑

지도를 완성하려면(그림 7.7) fill에 정당 색상을 사용하고 범례를 맨 아래로 옮기고 제목을 추가한다. 마지막으로 불필요한 요소의 대부분을 제거하는 특별한 테마를 정의해 실제로 필요치 않은 눈금선과 축 레이블을 제거한다(테마에 관한 자세한 내용은 8장에서 배울 것이다. 부록에서도 지도 테마용 코드를 확인할 수 있다).

```
p0 ← ggplot(data = us_states_elec,
            mapping = aes(x = long, y = lat,
                          group = group, fill = party))
p1 ← p0 + geom_polygon(color = "gray90", size = 0.1) +
     coord_map(projection = "albers", lat0 = 39, lat1 = 45)
p2 ← p1 + scale_fill_manual(values = party_colors) +
     labs(title = "2016년 선거 결과", fill = NULL)
p2 + theme_map()
```

2016년 선거 결과

민주당
공화당

그림 7.7 2016년 주별 선거

지도 데이터프레임을 갖추면 원하는 경우 다른 변수를 매핑할 수 있다. 도널드 트럼프가 얻은 득표율 등 지속적인 측정을 시도해보자. 먼저 그림 7.8에서 원하는 변수(pct_trump)를 `fill` 미학에 매핑하고 `geom_polygon()`이 기본값으로 무엇을 하는지 확인한다.

```
p0 ← ggplot(data = us_states_elec,
            mapping = aes(x = long, y = lat, group = group,
            fill = pct_trump))

p1 ← p0 + geom_polygon(color = "gray90", size = 0.1) +
     coord_map(projection = "albers", lat0 = 39, lat1 = 45)

p1 + labs(title = "트럼프 득표") + theme_map() + labs(fill =
     "Percent")
p2 ← p1 + scale_fill_gradient(low = "white", high = "#CB454A") +
     labs(title = "트럼프 득표")
p2 + theme_map() + labs(fill = "Percent")
```

트럼프 득표

비율
60
40
20

트럼프 득표

비율
60
40
20

그림 7.8 주별 트럼프 득표율의 두 가지 버전

`p1` 객체의 기본색은 파란색이다. 관습상 그러한데, 여기에서 원하는 색이 아니다. 또한 그라데이션은 잘못된 방향으로 흐른다. 이 경우 득표율이 높으면 더 어두운 색이 된다는 것이 일반적이다. `scale`을 직접 지정해 `p2` 객체의 이러한 문제를 모두 해결한다. 방금 `party_colors`에서 만든 값을 사용한다.

선거 결과의 경우 중간점에서 발산되는 그레이디언트를 선호할 수 있다. scale_gradient2() 함수는 기본적으로 흰색을 지나는 청적^{blue-red} 스펙트럼을 제공한다. 아니면 중간색과 고저점의 색상을 재지정할 수 있다. 보라색을 중간점으로 만들고 scales 라이브러리의 muted() 함수를 사용해 색상 톤을 약간 낮출 것이다.

```
p0 ← ggplot(data = us_states_elec,
             mapping = aes(x = long, y = lat, group = group,
             fill = d_points))

p1 ← p0 + geom_polygon(color = "gray90", size = 0.1) +
  coord_map(projection = "albers", lat0 = 39, lat1 = 45)

p2 ← p1 + scale_fill_gradient2() + labs(title = "Winning
margins")
p2 + theme_map() + labs(fill = "비율")

p3 ← p1 + scale_fill_gradient2(low = "red", mid = scales::muted
                               ("purple"), high = "blue",
                               breaks = c(-25, 0, 25, 50, 75))
    + labs(title = "득표율 격차")
p3 + theme_map() + labs(fill = "비율")
```

그림 7.9에서 첫 번째 "보라색 미국" 지도 그라데이션 스케일을 보면 파란색 쪽에서 매우 크게 확장되는 것을 볼 수 있다. 이것은 워싱턴 DC가 데이터와 그에 따른 스케일이 포함돼 있기 때문이다. 지도상에서는 거의 나타나지 않지만, DC는 데이터에서 모든 관측 단위의 민주당을 지지해 훨씬 높은 득표 차이를 보였다. DC를 생략하면 스케일이 파란색 끝의 상단에 영향을 미칠 뿐만 아니라 전체 그라데이션 중심을 바꾸고, 결과적으로 빨간색 쪽을 더 선명하게 만드는 방식으로 스케일이 이동하는 것을 볼 수 있다. 그림 7.10에서 결과를 볼 수 있다.

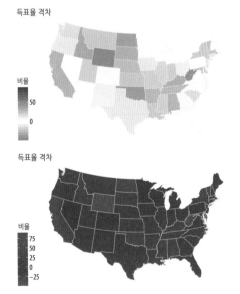

그림 7.9 트럼프 대 클린턴 득표의 두 관점: 흰색 중간점 버전과 보라색 미국 버전

```
p0 ← ggplot(data = subset(us_states_elec,
                          region %nin% "district of columbia"),
            aes(x = long, y = lat, group = group, fill = d_
```

```
            points))

p1 ← p0 + geom_polygon(color = "gray90", size = 0.1) +
  coord_map(projection = "albers", lat0 = 39, lat1 = 45)


p2 ← p1 + scale_fill_gradient2(low = "red",
                               mid = scales::muted("purple"),
                               high = "blue") +
  labs(title = "득표율 격차")
p2 + theme_map() + labs(fill = "비율")
```

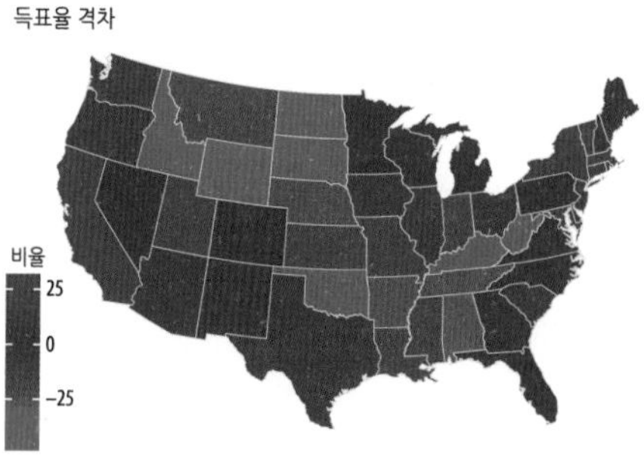

그림 7.10 워싱턴 DC의 결과를 배제한 보라색 미국 버전의 트럼프 대 클린턴

우리가 매핑하는 변수를 부분적으로만 나타내는, 지리적 영역을 갖는 친숙한 단계구분도 문제를 일으킨다. 이 경우 투표를 공간적으로 표시하고 있지만, 실제로 중요한 것은 각 주에서 투표한 사람 수다.

7.2 원형의 미국 단계구분도

미국의 행정 구역은 지리적 영역은 물론 인구 규모면에서 매우 다양하다. 살펴본 대로 주 수준에서 명백하게 수정 가능한 단위 면적 문제는 카운티 수준에서도 훨씬 더 많이 발생한다. 카운티 단위의 미국 지도는 추가된 세부 사항으로 인해 미적으로 만족스러울 수 있다. 그러나 그들은 또한 설명을 암시하는 지리적 분포를 제시하는 것을 용이하게 한다. 그 결과는 다루기 까다로울 수 있다. 카운티 지도를 만들 때 뉴햄프셔, 로드아일랜드, 매사추세츠, 코네티컷은 모두 가장 큰 10대 서부 카운티보다 면적이 작다는 것을 명심해야 한다. 그 카운티 중 많은 수가 10만 명이 채 안되는 사람들이 살고 있다. 일부는 주민이 1만 명 미만인 경우도 있다.

그 결과 사실상 어떠한 변수가 있든 간에 미국의 단계구분도는 다른 무엇보다도 인구밀도를 보여준다. 미국에서 또 다른 큰 변수는 흑인 비율이다. 이 두 지도를 R로 그리는 방법을 살펴보자. 절차는 주 단위 지도의 경우와 근본적으로 동일하다. 하나는 지도 데이터를 포함하고, 다른 하나는 그리려는 fill 변수를 포함한 2개의 데이터프레임이 필요하다.

미국에는 3천 개가 넘는 카운티가 있으므로, 이 두 데이터프레임은 주 단위의 지도보다 훨씬 더 클 것이다.

데이터셋은 socviz 라이브러리에 포함돼 있다. 키운티 지도 데이터프레임은 그것을 알버스 도법으로 변환하고 알래스카와 하와이를 그림의 왼쪽 하단 영역에 맞도록 재배치(그리고 척도 변경)하기 위해 이미 약간 처리됐다. 이것은 데이터에서 2개의 주를 버리는 것보다 낫다. 이러한 변환 및 재배치 단계는 여기에 싣지 않았다. 변환 작업이 어떻게 이뤄지는지 자세히 알고 싶다면 부록을 참조하라. 먼저 카운티 지도 데이터를 살펴보자.

```
county_map %>% sample_n(5)
```

```
##              long      lat  order  hole  piece        group       id
## 116977  -286097 -1302531  116977 FALSE     1 0500000US35025.1  35025
## 175994  1657614  -698592  175994 FALSE     1 0500000US51197.1  51197
## 186409   674547   -65321  186409 FALSE     1 0500000US55011.1  55011
## 22624    619876 -1093164   22624 FALSE     1 0500000US05105.1  05105
## 5906   -1983421 -2424955    5906 FALSE    10 0500000US02016.10 02016
```

주 지도 데이터프레임과 동일해 보이지만, 훨씬 크고 거의 200,000행까지 수행되고 있다. id 필드는 카운티의 FIPS 코드다. 다음으로 카운티 단위의 인구 통계, 지리, 선거 데이터를 포함하는 데이터프레임이 있다.

```
county_data %>%
  select(id, name, state, pop_dens, pct_black) %>%
  sample_n(5)
```

```
  id           name state   pop_dens    pct_black
1 36009 Cattaraugus County    NY [  50,  100) [ 0.0, 2.0)
2 19039      Clarke County    IA [  10,   50) [ 0.0, 2.0)
3 16077       Power County    ID [   0,   10) [ 0.0, 2.0)
4 29153       Ozark County    MO [  10,   50) [ 0.0, 2.0)
5 23017      Oxford County    ME [  10,   50) [ 0.0, 2.0)
```

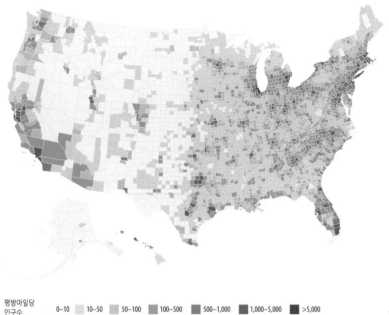

평방마일당
인구수 　0–10　10–50　50–100　100–500　500–1,000　1,000–5,000　>5,000 　　　　**그림 7.11** 미국 카운티별 인구밀도

이 데이터프레임에는 카운티 이외의 엔티티에 관한 정보가 포함돼 있지
만 모든 변수가 없다. head()로 객체의 상단을 보면 첫 번째 행의 id는
0이다. 영zero은 미국 전체에 대한 FIPS 코드로서 이 행의 데이터는 전
국용이다. 마찬가지로, 두 번째 행의 id는 01000이다. 이것은 앨라배마
전체의 주 FIPS 01에 대응한다. county_data를 county_map에 병합하
면 이 주의 행은 국가 전체의 행과 함께 제거되고 county_map에는 카운
티 단위의 데이터만 남는다.

공유 FIPS id열을 사용해 데이터프레임을 병합한다.

```
county_full ← left_join(county_map, county_data, by = "id")
```

데이터가 병합되면 평방마일square mile당 인구밀도를 매핑할 수 있다(그
림 7.11).

```
p ← ggplot(data = county_full,
           mapping = aes(x = long, y = lat,
                         fill = pop_dens,
```

```
                        group = group))

p1 ← p + geom_polygon(color = "gray90", size = 0.05) + coord_
    equal()


p2 ← p1 + scale_fill_brewer(palette="Blues",
                            labels = c("0-10", "10-50", "50-
                                       100", "100-500",
                                       "500-1,000", "1,000-
                                       5,000", ">5,000"))

p2 + labs(fill = "평방마일당\n인구수") +
    theme_map() +
    guides(fill = guide_legend(nrow = 1)) +
    theme(legend.position = "bottom")
```

p1 객체를 실행해보면 ggplot이 읽기 쉬운 지도를 생성하지만, 기본값
으로 정렬되지 않은 범주형 레이아웃을 선택한다는 것을 알 수 있다.
pop_dens 변수가 정렬되지 않았기 때문이다. R이 순서를 인식하도록
코드를 다시 작성할 수 있다. 또는 scale_fill_brewer() 함수를 사용
해 더 나은 레이블 세트와 함께 척도의 적절한 종류를 수동으로 지정할
수도 있다. 8장에서는 이 scale 함수를 자세히 살펴볼 것이다. 또한 키
의 각 요소가 같은 행에 표시되도록 guides() 함수를 사용해 범례를 그
리는 방법을 조정한다. 다시 말하지만, 이 guides()의 사용법은 8장에
서 자세히 설명한다. coord_equal()을 사용하면 도표의 전체적인 크기
를 변경해도 지도의 상대적인 척도가 변경되지 않게 할 수 있다.

이제 카운티별 흑인 인구 비율 지도에 대해 똑같이 할 수 있다(그림 7.12).
다시 한 번 scale_fill_brewer()를 사용해 fill 매핑을 위한 팔레트
를 지정한다. 이번에는 지도의 색상 범위를 변경한다.

```
p ← ggplot(data = county_full,
           mapping = aes(x = long, y = lat, fill = pct_black,
                         group = group))
p1 ← p + geom_polygon(color = "gray90", size = 0.05) + coord_
    equal()
```

```
p2 ← p1 + scale_fill_brewer(palette="Greens")
p2 + labs(fill = "미국 인구, 흑인 비율") +
  guides(fill = guide_legend(nrow = 1)) +
  theme_map() + theme(legend.position = "bottom")
```

그림 7.11과 7.12는 미국의 "원형 단계구분도$^{\text{Ur-choropleths}}$"이다. 그 둘 사이에서 인구밀도와 흑인 비율은 암시적으로 패턴화된 미국 지도를 지우는 데 많은 역할을 할 것이다. 이 두 변수는 독립적으로 뭔가를 '설명' 하는 것은 아니지만, 도표화하는 것 대신에 한쪽 또는 양쪽 모두를 아는 것이 더 유용한 경우, 이론을 재고하고 싶을 것이다.

실제 문제의 예로 2개의 새로운 카운티급 단계구분도를 그려 보자(그림 7.13). 첫 번째는 미국의 총기 관련 자살률 소스가 부족하지만 널리 유통되고 있는 카운티의 지도를 복제하는 시도다. county_data(그리고 county_full)의 **su_gun6** 변수는 1999년부터 2015년까지의 모든 총기 관련 자살률이다. 비율은 6가지 범주로 분류된다. 인구밀도를 6가지 범주로 나눌 **pop_dens6** 변수도 있다.

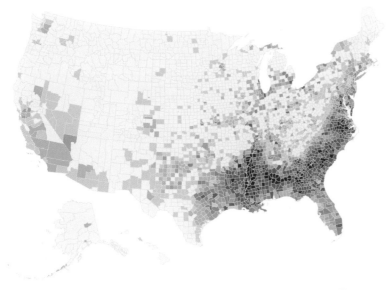

미국 인구, 흑인 비율   (0.0, 2.0) ☐ (2.0, 5.0) ☐ (5.0, 10.0) ☐ (10.0, 15.0) ☐ (15.0, 25.0) ☐ (25.0, 50.0) ☐ (50.0, 85.3) ☐   **그림 7.12** 카운티별 흑인 인구 비율

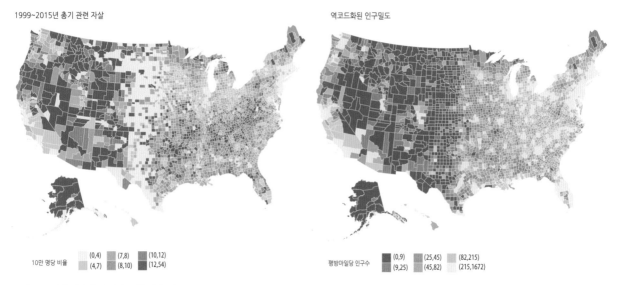

1999~2015년 총기 관련 자살   역코드화된 인구밀도

10만 명당 비율   (0,4)   (7,8)   (10,12)
             (4,7)   (8,10)   (12,54)

평방마일당 인구수   (0,9)   (25,45)   (82,215)
               (9,25)   (45,82)   (215,1672)

그림 7.13 카운티별 총기 자살. 카운티별 인구밀도 반전 코드. 이 이미지를 트윗하기 전에 무엇이 잘못됐는지 논의하기 위해 텍스트를 읽어보기 바란다.

먼저 su_gun6 변수를 사용해 지도를 그린다. 지도 간에 색상 팔레트를 일치시키고 있지만, 인구 지도는 인구가 적은 지역이 되도록 컬러 스케일을 반전해 어두운 색으로 표시된다. 이렇게는 RColorBrewer 라이브러리 함수를 사용해 직접 2개의 팔레트를 만든다. 여기에서 사용되는 rev() 함수는 벡터의 순서를 반대로 한다.

```
orange_pal ← RColorBrewer::brewer.pal(n = 6, name = "Oranges")
orange_pal
```

```
## [1] "#FEEDDE" "#FDD0A2" "#FDAE6B" "#FD8D3C" "#E6550D"
## [6] "#A63603"
```

```
orange_rev ← rev(orange_pal)
orange_rev
```

```
## [1] "#A63603" "#E6550D" "#FD8D3C" "#FDAE6B" "#FDD0A2"
## [6] "#FEEDDE"
```

brewer.pal() 함수는 이름이 붙은 여러 팔레트 중 하나에서 일렬로 세울 수 있는 일정한 간격의 색 구성표를 만든다. 색상은 16진수 형식으로 지정된다. 거듭해서 8장에서 색상 명세와 매핑된 변수에 대한 팔레트 사용법을 자세히 알아볼 것이다.

```
gun_p ← ggplot(data = county_full,
               mapping = aes(x = long, y = lat,
                             fill = su_gun6,
                             group = group))

gun_p1 ← gun_p + geom_polygon(color = "gray90", size = 0.05) +
coord_equal()

gun_p2 ← gun_p1 + scale_fill_manual(values = orange_pal)
gun_p2 + labs(title = "1999~2015년 총기 관련 자살",
              fill = "10만 명당 비율") +
  theme_map() + theme(legend.position = "bottom")
```

총기 관련 도표를 그렸으니, 거의 꼭 같은 코드를 사용해 역코드화된 인구밀도 지도를 그린다.

```
pop_p ← ggplot(data = county_full, mapping = aes(x = long, y =
                                                 lat, fill =
                                                 pop_dens6,
                                                 group = group))

pop_p1 ← pop_p + geom_polygon(color = "gray90", size = 0.05) +
coord_equal()

pop_p2 ← pop_p1 + scale_fill_manual(values = orange_rev)

pop_p2 + labs(title = "역코드화된 인구밀도",
              fill = "평방마일당 인구수") +
  theme_map() + theme(legend.position = "bottom")
```

두 지도는 분명 동일하지 않다. 그러나 첫 번째 시각적 영향은 두 번째 것과 공통점이 많다. (캘리포니아를 제외한) 서부의 어두운 띠가 눈에 띄고, 국가의 중심부로 갈수록 사라진다. 북동부 등 지도의 다른 곳에서도 강한 유사점이 몇 가지 있다.

총기와 관련한 자살 실태는 이미 비율로 표현돼 있다. 카운티의 적격 사망자 수를 해당 카운티의 인구로 나눈 값이다. 일반적으로 단지 더 많은 사람들이 있다는 이유만으로 더 많은 총기 관련 자살 경향이 있다는 사실을 "통제"하기 위해 이런 방식으로 표준화한다. 그러나 이러한 종류의 표준화에는 한계가 있다. 특히 관심 있는 사건이 흔치 않고 단위의 기본 크기가 매우 광범위하면 분모(예를 들어 모집단의 크기)는 표준화된 척도로 점점 더 많이 표현되기 시작한다.

셋째, 심지어 미묘한 데이터는 모집단의 크기에 대한 보고상의 제약을 받기 쉽다. 사망 원인의 사건이 1년에 10건에 못 미치는 경우 사망자의 신원을 특정할 수 있는 가능성이 있기 때문에 질병통제예방센터^{CDC}는 카운티 차원에서 이를 보고하지 않는다. 이와 같은 데이터를 구간에 할당하면 단계구분도에 임곗값^{threshold} 문제를 야기한다. 그림 7.13을 다시 보라. 총기 관련 자살 패널은 다코타에서 캔자스, 네브래스카를 거쳐 서부 텍사스로 내려가는 자살률이 가장 낮은 카운티의 남북 띠를 보여준다. 이상하게도 이 밴드 경계는 뉴멕시코에서부터 서쪽 카운티와 가장 높은 비율로 접하고 있다. 그러나 밀도 지도에서 이 두 지역의 많은 카운티들은 인구밀도가 매우 낮다는 것을 알 수 있다. 정말 총과 관련된 자살률이 그렇게 다를까?

아마 아닐 것이다. 더 가능성이 있는 것은 데이터가 코드화되는 방식으로 인한 인위 구조를 보고 있는 것이다. 예를 들어 1년에 9건의 총기 관련 자살을 겪는, 주민이 10만 명인 카운티를 상상해보라. CDC는 이 숫자를 보고하지 않는다. 대신 표준화된 추정치나 비율도 신뢰할 수 없다는 메모와 함께 "표시 안 함^{suppressed}"으로 코드화한다. 그러나 모든 카운티가 색칠된 지도를 만들기로 한 경우 표시 안 함 결과를 최하위 분포에 넣으려는 유혹이 있을 수 있다. 결국 우리는 그 수가 0에서 10 사이라는 것을 알고 있다. 왜 그냥 0으로 코드화하지 않는가? 한편 연간 12건의 총기 관련 자살을 겪은 주민 10만 명인 카운티는 수치로 보고될 것이다. CDC는 책임 조직이므로 임곗값을 초과하는 모든 카운티에 대해 절대 사망자 수를 제공하지만, 데이터 파일에 대한 메모는 여전히 이

이렇게 하지 말라. 하나의 표준 대안은 계산 모형을 사용해 표시 안 함 관측치를 추정하는 것이다. 이와 같은 접근 방식은 자연스럽게 데이터를 좀 더 광범위하고 적절하게 공간 모델링으로 이어질 수 있다.

숫자로 계산된 어떤 비율도 신뢰할 수 없음을 경고할 것이다. 어쨌든 그렇게 한다면, 적은 인구에서 12명이 사망하면 자살률이 가장 높은 카테고리에 인구밀도가 낮은 카운티를 포함시킬 수 있다. 한편 임곗값 바로 아래의 인구가 적은 카운티는 가장 낮은 (즉, 가장 밝은) 구간에 있는 것으로 코드화된다. 그러나 실제로는 차이가 그리 크지 않을 수도 있고 어떤 경우에도 그 차이를 정량화하기 위한 노력은 신뢰할 수 없을 것이다. 이러한 카운티에 대한 추정치를 직접 얻을 수 없거나 적절한 모형으로 추정할 수 없는 경우는 신뢰할 수 없는 숫자에서 나온 색상으로 넓은 지역을 칠하는 것보다 아름다운 지도를 희생하더라도 이 건을 누락으로 처리해버리는 것이 좋다.

투박한 구간 나누기와 잘못된 부호화가 결합된 보고의 작은 차이는 공간적으로 오해의 소지가 있고 실질적으로 잘못된 결과를 만들어낸다. 이 특정한 경우에 변수 코드화의 세부 사항에 집중하는 것은 일반적인 소개로는 좀 지나친 감이 있다. 하지만 사후에 감지하기 어려운 방식으로 어떤 그래프, 특히 지도의 외관을 극적으로 바꿀 수 있는 것은 바로 이런 세부 사항이다.

7.3 스테이트빈

주 단위의 단계구분도 대신 밥 루디스$^{Bob\ Rudis}$가 개발한 스테이트빈 statebins 패키지 사용을 고려할 수 있다. 이 패키지를 주 단위의 선거 결과를 다시 확인하는 데 사용할 것이다. 스테이트빈은 ggplot 구문과 비슷하지만, 익숙하던 것과는 구문이 조금 다르다. 기본 데이터프레임 (state_data 인자)과 주 이름 벡터(state_col) 및 표시되는 값(value_col)을 포함한 몇 가지 인자가 필요하다. 또한 사용하려는 색상 팔레트와 주를 구분하는 네모칸에 레이블을 지정할 글자 색상을 옵션으로 지정할 수 있다. 연속형 변수의 경우 statebins_continuous()를 사용해 그림 7.14와 같이 만들 수 있다.

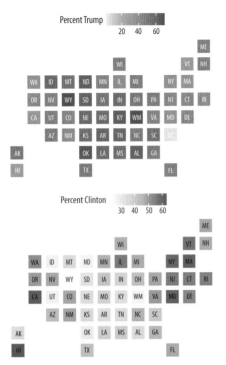

그림 7.14 선거 결과 스테이트빈. 스케일의 불균형을 막기 위해 클린턴 지도에서 DC를 생략했다.

```
library(statebins)

statebins_continuous(state_data = election, state_col = "state",
                     text_color = "white", value_col = "pct_
                     trump", brewer_pal="Reds", font_size = 3,
                     legend_title="Percent Trump")


statebins_continuous(state_data = subset(election, st %nin% "DC"),
                     state_col = "state",
                     text_color = "black", value_col = "pct_
                     clinton", brewer_pal="Blues", font_size = 3,
                     legend_title="Percent Clinton")
```

때로는 범주형^{categorical} 데이터를 제시하고자 할 것이다. 변수가 이미 범주로 나뉘어 있다면 `statebins_manual()`을 사용해 변수를 나타낼 수 있다. 여기에서는 `election` 데이터에 `color`라는 새로운 변수를 추가하고 두 개의 적절한 색 이름으로 정당명을 미러링한다. 올바른 매핑이 아니라 데이터프레임의 변수를 통해 사용할 색상을 적절한 값으로 대신 지정해야 하기 때문이다. `statebins_manual()` 함수에 `color`라는 열에 색상이 포함돼 있다고 알려주고 그림 7.15의 첫 번째 지도에 사용한다. 아니면 그림 7.15의 두 번째 도표처럼 `statebins()`에 `breaks` 인자를 사용해 데이터를 분할할 수 있다.

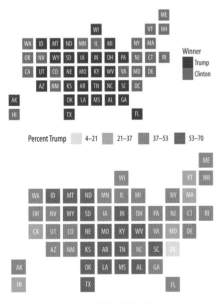

그림 7.15 스테이트빈 색상을 직접 지정

```
election ← election %>% mutate(color = recode(party, Republican
                                            = "darkred",
                                            Democrat =
                                            "royalblue"))

statebins_manual(state_data = election, state_col = "st",
                 color_col = "color", text_color = "white",
                 font_size = 3, legend_title="Winner",
                 labels=c("Trump", "Clinton"), legend_position =
                 "right")

statebins(state_data = election,
          state_col = "state", value_col = "pct_trump",
          text_color = "white", breaks = 4,
```

```
        labels = c("4-21", "21-37", "37-53", "53-70"),
        brewer_pal="Reds", font_size = 3, legend_
        title="Percent Trump")
```

7.4 소형 복합 지도

어떤 때는 시간이 지남에 따라 반복 관측된 지리 데이터가 있다. 일반적인 사례는 국가나 주 단위의 측정값을 몇 년에 걸쳐 관찰하는 것이다. 이 경우 시간 경과에 따른 변화를 보여주기 위해 작은 지도를 여러 개 만들 수도 있다. 예를 들어 opiates 데이터는 1999년부터 2014년 사이의 아편^{opiate} 관련 원인(헤로인이나 펜타닐의 과다 복용 등)으로 인한 사망률의 주 단위 측정값이 있다.

opiates

```
## # A tibble: 800 x 11
##    year state       fips deaths population crude adjusted
##    <int> <chr>     <int> < int>      <int> <dbl>    <dbl>
## 1 1999 Alabama        1     37    4430141 0.800    0.800
## 2 1999 Alaska         2     27     624779 4.30     4.00
## 3 1999 Arizona        4    229    5023823 4.60     4.70
## 4 1999 Arkansas       5     28    2651860 1.10     1.10
## 5 1999 California     6   1474   33499204 4.40     4.50
## 6 1999 Colorado       8    164    4226018 3.90     3.70
## 7 1999 Connecticut    9    151    3386401 4.50     4.40
## 8 1999 Delaware      10     32     774990 4.10     4.10
## 9 1999 District o~   11     28     570213 4.90     4.90
## 10 1999 Florida      12    402   15759421 2.60     2.60
## # ... with 790 more rows, and 4 more variables:
## # adjusted_se <dbl>, region <ord>, abbr <chr>,
## # division_name <chr>
```

이전과 마찬가지로 주 단위 지도 세부 정보가 있는 **us_states** 객체를 가져와서 opiates 데이터셋과 병합할 수 있다. 먼저 **opiates** 데이터의 **state** 변수를 소문자로 변환해 매칭이 제대로 수행되게 한다.

```
opiates$region ← tolower(opiates$state)
opiates_map ← left_join(us_states, opiates)
```

opiates 데이터에 year 변수가 포함돼 있기 때문에, 지금은 각 연도에 대해 하나의 지도에서 작은 다중 지도를 분할해 만들 수 있다. 다음 코드는 지금까지 작성한 하나의 주 단위 지도와 비슷하다. 평소와 같이 지도 데이터를 지정하고 geom_polygon()과 coord_map()을 각 함수에 필요한 인자와 함께 추가한다. 데이터를 구간으로 나누는 대신 사망률 변수(adjusted)의 연속값을 직접 그래프로 표시한다. 이 변수를 효과적으로 표시하기 위해 viridis 라이브러리의 새로운 scale 함수를 사용할 것이다. viridis 컬러는 낮은 것부터 높은 순으로 차례로 줄지어 있으며, 지각적으로 균일한 색상을 쉽게 볼 수 있고, 쉽게 대비되는 색조와 스케일을 결합하는 데 매우 효과적이다. viridis 라이브러리는 여러 가지 대안으로 연속 버전과 불연속 버전을 제공한다. 일부 균형 잡힌 팔레트는 낮은 부분에서 약간 색이 바랠 수 있지만 viridis 팔레트는 이것을 피하고 있다. 이 코드에서 scale_fill_viridis_c() 함수의 _c 접미사는 그것이 연속continuous 데이터의 스케일임을 나타낸다. 이산discrete 데이터에 대응하는 scale_fill_viridis_d()가 있다.

facet_wrap()을 사용해 다른 모든 소규모 다중 지도와 마찬가지로 지도를 분할해 나눠 그릴 수 있다. theme() 함수를 사용해 범례를 하단에 배치하고 year 레이블에서 기본 음영 배경을 제거한다. theme() 함수 사용에 관한 자세한 내용은 8장에서 알아볼 것이다. 최종 지도는 그림 7.16에 나타나 있다.

데이터를 그룹으로 나누는 실험을 하려면 cut_interval() 함수를 확인하라.

주별 아편 관련 사망(2000~2014)

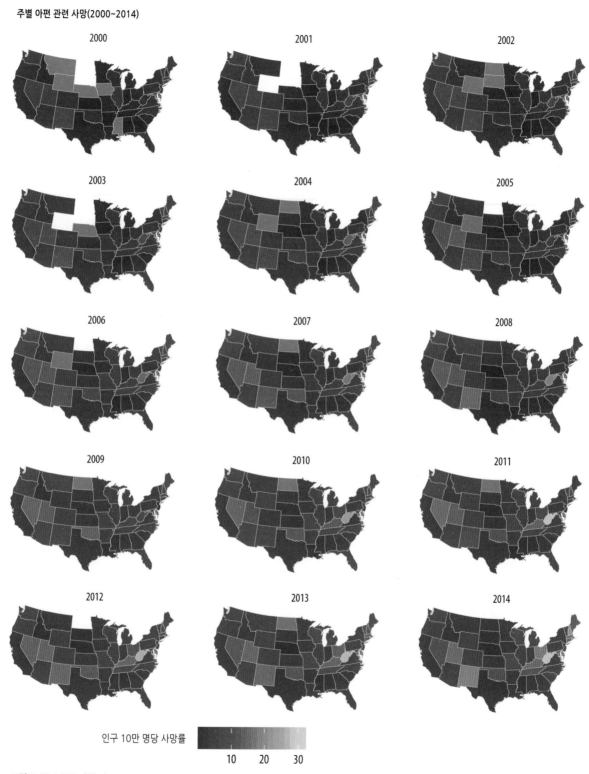

인구 10만 명당 사망률

10   20   30

그림 7.16 소규모 다중 지도

```
library(viridis)

p0 ← ggplot(data = subset(opiates_map, year > 1999),
            mapping = aes(x = long, y = lat,
                          group = group,
                          fill = adjusted))

p1 ← p0 + geom_polygon(color = "gray90", size = 0.05) +
  coord_map(projection = "albers", lat0 = 39, lat1 = 45)

p2 ← p1 + scale_fill_viridis_c(option = "plasma")

p2 + theme_map() + facet_wrap(~ year, ncol = 3) +
  theme(legend.position = "bottom",
        strip.background = element_blank()) +
  labs(fill = "인구 10만 명당 사망률", title = "주별 아편 관련 사망
       (2000~2014)")
```

원형 단계구분도를 위해 다시 코드를 찾아보고, viridis 팔레트뿐만 아니라 구간화된(binned) 수치 대신 연속적인 값을 사용해보라. pct_black 대신 black 변수를 사용하라. 인구밀도의 경우, pop을 land_area로 나눈다. scale_ 함수를 조정해야 할 것이다. 그 지도는 구간화 버전과 어떻게 비교되는가? 인구밀도 지도는 어떻게 되고 왜 그렇게 되는가?

마약성 진통제를 말한다. 모르핀이나 펜타닐이 오피오이드계 약물이라고 한다. 참고: https://ko.wikipedia.org/wiki/오피오이드 – 옮긴이

이 데이터를 시각화하는 데 이것이 좋은 방법인가? 위에서 논의했듯이, 미국의 단계구분도는 첫째 지역 인구의 규모와 두 번째로 아프리카계 미국인 인구의 비율을 추종하는 경향이 있다. 주의 지리적 크기 차이로 인해 변화를 다시 발견하기가 더 어려워졌다. 그리고 공간 영역 간에 반복적으로 비교하기는 매우 어렵다. 반복되는 측정은 어느 정도 비교가 가능하다는 것을 의미하며, 이 데이터에 대한 강력한 추세로 인해 상황을 좀 더 쉽게 확인할 수 있다. 이 경우, 무심코 보는 사람은 남서부 사막에서 아편, 혹은 오피오이드[opioid] 위기가 가장 심했던 것으로 생각할 수도 있지만 애팔래치아[Appalachian]에서는 심각한 일이 일어나고 있는 것으로 보인다.

7.5 정말 공간적인 데이터인가?

7장 초반에 언급했듯이 데이터가 공간[spatial] 단위로 수집되거나 분류됐더라도 지도를 쓰는 것이 데이터를 표시하는 최선의 방법인지 항상 질문해보는 것이 좋다. 많은 카운티, 주 그리고 전국 데이터는 실제로 해

당 단위 자체의 지리적 분포보다는 개개인(또는 기타 관심 단위)에 관한 것이기 때문에 공간적으로 적절치 않다. 주 단위의 opiates 데이터를 가져와 시계열 도표로 다시 그려보자. 우리는 주 단위에 계속 집중하겠지만(이들은 결국 주 단위 비율이다) 추세를 좀 더 직접적으로 보이도록 해볼 것이다.

맨 처음 gapminder 데이터로 시작했던 것처럼 모든 주에 관한 추세를 표시할 수 있다. 그러나 (그림 7.17에서와 같이) 50개 주를 한 번에 추적하기에는 선이 너무 많다.

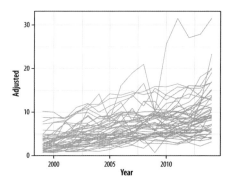

그림 7.17 모든 주를 한 번에 표시

```
p ← ggplot(data = opiates, mapping = aes(x = year, y =
                                    adjusted, group = state))
p + geom_line(color = "gray70")
```

더욱 유용한 정보를 주는 접근 방식은 인구조사 지역을 사용해 주들을 그룹화함으로써 데이터의 지리적 구조를 활용하는 것이다. 국가의 각 지역 내에서 주 단위의 추세 즉, 각 지역의 추세선과 함께 보여주는 다면 도표를 상상해보라. 이를 위해 각각의 경우 다른 데이터셋을 사용해 geom을 서로 겹쳐서 쌓을 수 있는 ggplot의 기능을 활용할 것이다. 우리는 opiates 데이터를 가지고(워싱턴 DC는 주가 아니므로 제거한다) 시간에 따라 조정된 사망률을 도표로 나타내는 것부터 시작한다.

```
p0 ← ggplot(data = drop_na(opiates, division_name),
            mapping = aes(x = year, y = adjusted))

p1 ← p0 + geom_line(color = "gray70",
                    mapping = aes(group = state))
```

drop_na() 함수는 특정 변수, 이 케이스는 division_name에서 관측치가 누락된 행을 삭제한다. 워싱턴 DC가 어느 인구조사 구획에도 속하지 않기 때문이다. geom_line()에서 group 미학을 state에 매핑한다. 이렇게 하면 모든 주의 선그래프가 표시된다. color 인자를 사용해 선을 밝은 회색으로 설정한다. 다음으로 평활기^{smoother}를 추가한다.

```
p2 ← p1 + geom_smooth(mapping = aes(group = division_name),
                      se = FALSE)
```

이 geom에서는 group 미학을 division_name으로 설정했다(구획^{division}은 지역^{region}보다 더 작은 인구조사의 분류다). 만약 state로 설정하면 50개의 추세선 외에 50개의 개별적인 추세선이 표시된다. 그런 다음 4장에서 배운 내용을 활용해 계열의 끝에 각 주의 레이블을 붙이는 geom_text_repel() 객체를 추가한다. 우리는 점이 아닌 선에 레이블을 붙이고 있기 때문에 주 레이블이 선의 끝에만 나타나게 하고 싶다. 요령은 관측된 마지막 해의 점만 사용하도록 (따라서 레이블을 붙이도록) 데이터의 부분집합을 나누는 것이다. 새로운 data 인자가 p0의 원래 인자를 대체하므로 여기서도 워싱턴 DC를 다시 제거하는 것을 잊지 마라.

```
p3 ← p2 + geom_text_repel(data = subset(opiates,
                                        year == max(year) &
                                        abbr !="DC"),
                          mapping = aes(x = year, y = adjusted,
                                        label = abbr),
                          size = 1.8, segment.color = NA,
                                      nudge_x = 30) +
    coord_cartesian(c(min(opiates$year),
                      max(opiates$year)))
```

기본적으로 geom_text_repel은 레이블이 가리키는 것을 나타내는 작은 선 세그먼트를 추가한다. 하지만 이미 선의 끝점을 처리하고 있기 때문에 여기서는 도움이 되지 않는다. 따라서 segment.color = NA 인자를 이용해 없앤다. 또한 nudge_x 인자를 사용해 레이블을 선의 오른쪽에서 약간 떨어뜨리고, coord_cartesian()을 사용해 축의 제한을 설정하고 충분한 공간을 확보한다.

마지막으로 인구조사 구획별로 결과를 나눠 그리고 레이블을 추가한다. 약간의 조정^{adjustment}을 한다면 평균 사망률을 기준으로 패널의 순서를 바꾸는 것이 유용하다. 평균 비율이 가장 높은 구획이 먼저 차트에 나타나도록 adjusted 앞에 마이너스(−)를 넣는다.

인구조사 구획별 주 단위 아편 사망률(1999~2014)

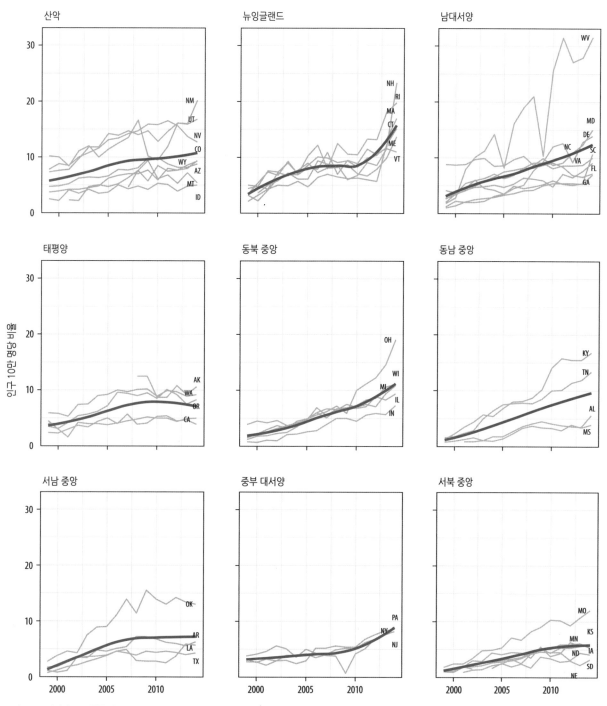

그림 7.18 시계열로 분할한 아편 데이터

```
p3 + labs(x = "", y = "인구 10만 명당 비율",
          title = "인구조사 구획별 주 단위의 아편 사망률(1999~2014)") +
   facet_wrap(~ reorder(division_name, -adjusted, na.rm = TRUE),
   nrow = 3)
```

새로운 도표(그림 7.18)는 지도에 있는 전체적인 이야기들을 많이 이끌어
낼 뿐만 아니라 강조점을 약간씩 옮긴다. 그 나라의 일부 지역에서 무슨
일이 일어나고 있는지 더 명확하게 보기 쉽다. 특히 뉴햄프셔(NH), 로드
아일랜드(RI), 매사추세츠(MA), 코네티컷(CT)에서 상승한 수치를 알 수
있다. 서부에서는 주 단위의 차이를 더 쉽게 볼 수 있다. 애리조나(AZ)
와 뉴멕시코(NM) 또는 유타(UT)와 같은 주별 차이가 눈에 띈다. 또한 웨
스트버지니아(WV)의 놀랄 만큼 급격한 사망률 상승도 뚜렷하다. 마지
막으로 시계열 도표는 지역 내 다양한 주들의 서로 다른 궤적을 전달하
기에 더 좋다. 계열 말미에는 특히 북동부, 중서부, 남부에서 초기보다
많은 차이가 있으며, 지도에서도 유추할 수 있지만 추세 도표에서 더 쉽
게 볼 수 있다.

이 그래프의 관측 단위는 여전히 주-연도^{state-year}다. 지리적으로 묶인
데이터의 특성은 사라지지 않는다. 우리가 그리는 선은 여전히 주를 나
타낸다. 따라서 표현의 기본적인 자의성을 없앨 수 없다. 어떤 의미에
서 이상적인 데이터셋은 단위, 시간 및 공간적 특성의 훨씬 더 세밀한
수준에서 수집된다. 개인적인 특징, 사망 시간 및 장소에 관한 임의의
정확한 정보가 담긴 개인단위의 데이터를 상상해보라. 그런 경우에는
원하는 범주, 공간적, 시간적 단위까지 집계할 수 있다. 그러나 이러한
데이터는 수집의 실용성에서부터 개인 프라이버시에 이르기까지 다양
한 이유로 극히 드물다. 실제로 관측 단위를 실질적이거나 이론적 관심
사로 착각하는 잘못된 구체성의 오류를 범하지 않도록 주의해야 한다.
이는 거의 모든 종류의 사회과학적 데이터의 문제다. 그러나 눈에 띄는
시각적 특성으로 인해 지도가 다른 종류의 시각화보다 이 문제에 더 취
약하게 만든다.

7.6 다음 알아볼 내용

7장에서는 FIPS 코드로 구성된 주 단위 및 카운티 단위의 데이터에서 시작하는 방법을 배웠다. 그러나 이것은 공간적 특징과 분포가 주요 초점이 되는 시각화의 빙산의 일각에 불과하다. 공간 데이터 분석 및 시각화는 지리학과 지도 제작 분야에서 자체 연구 분야를 갖고 있는 독자적인 연구 영역이다. 공간적 특징을 나타내기 위한 개념과 방법은 충분히 개발, 표준화돼 있다. 최근까지 이 기능의 대부분은 전용 지리 정보 시스템을 통해서만 접근할 수 있었다. 전용 시스템의 지도 제작과 공간 분석 기능은 제대로 결합되지 않았다. 아니면 적어도 테이블 형식 데이터 분석에 중점을 둔 소프트웨어에 편리하게 연결되지 않았다.

이는 빠르게 변하고 있다. 브런스던^{Brunsdon}과 컴버^{Comber}(2015)는 R의 지도 제작 기능을 소개하고 있다. 한편 최근 이러한 도구는 tidyverse를 통해 훨씬 더 쉽게 접근할 수 있게 됐다. 사회과학자들에게 특히 흥미로운 것은 에저 페베스마^{Edzer Pebesma}가 진행 중인 **sf** 패키지의 지속적인 개발로, 공간적 특징에 대한 표준 단순 특징^{Simple Features} 데이터 모델을 깔끔한 방식^{tidyverse-friendly}으로 구현한다. 이와 관련해 카일 워커^{Kyle Walker}와 밥 루디스의 **tigris** 패키지는 미국 인구조사국의 TIGER/Line 쉐이프파일에 대한 (sf 라이브러리 호환) 액세스를 허용한다. 이 파일을 통해 미국의 여러 지리적, 행정적, 인구조사에 관한 다양한 세분화뿐만 아니라 도로와 수역 등의 데이터를 지도화할 수 있다. 끝으로 카일 워커의 **tidycensus** 패키지(Walker 2018)를 사용하면 미국 인구조사^{U.S. Census}와 미국 지역사회조사^{American Community Survey}에서 실질적이고 공간적인 특징 데이터를 좀 더 쉽게 얻을 수 있다.

r-spatial.github.io/sf/와 r-spatial.org의 뉴스 및 업데이트도 참조하라.

github.com/walkerke/tigris

walkerke.github.io/tidycensus

8 도표의 개선

지금까지는 도표를 만들 때 ggplot의 기본 출력을 주로 사용하고 일반적으로 뭔가를 조정하거나 커스터마이징할 가능성을 크게 고려하지 않았다. ggplot의 기본 설정은 일반적으로 탐색적 데이터 분석 중에 도표를 만들 때 사용하기에 꽤 좋다. 어느 정도 구체적인 도표를 염두에 두고 있을 때 비로소 그 결과를 다듬는 문제가 떠오른다. 도표를 다듬는 것은 몇 가지 의미를 가질 수 있다. 우리는 각자의 취향과 강조가 필요한 것에 관한 감각을 바탕으로 적절한 모양을 원할 수 있다.

저널, 콘퍼런스 청중이나 일반 대중의 기대에 부응하는 방식으로 형식format을 지정할 수 있다. 이런저런 그림이나 플롯의 특징을 조정하거나 기본 출력에서 다루지 않는 주석과 세부 사항을 추가할 수 있다. 아니면 플롯의 모든 구조적 요소가 배치돼 있다고 가정하면 전체 외관을 완전히 변경하고 싶을 수도 있다. ggplot에는 이 모든 것을 할 수 있는 리소스가 있다.

asasec이라는 새로운 데이터셋을 살펴보는 것부터 시작하자. 미국 사회학회American Sociological Association의 특별 관심 섹션에서 구성원에 관한 장기적인 데이터다.

```
head(asasec)
```

```
##                                 Section          Sname
## 1        Aging and the Life Course (018)          Aging
## 2      Alcohol, Drugs and Tobacco (030) Alcohol/Drugs
## 3 Altruism and Social Solidarity (047)       Altruism
## 4               Animals and Society (042)        Animals
## 5               Asia/Asian America (024)           Asia
## 6             Body and Embodiment (048)           Body
## Beginning Revenues Expenses Ending Journal Year Members
## 1     12752    12104    12007  12849      No 2005     598
## 2     11933     1144      400  12677      No 2005     301
```

```
## 3    1139    1862    1875    1126    No 2005    NA
## 4     473     820    1116     177    No 2005    209
## 5    9056    2116    1710    9462    No 2005    365
## 6    3408    1618    1920    3106    No 2005    NA
```

이 데이터셋에는 10년 동안의 각 섹션에 대한 구성원 데이터를 갖고 있지만 섹션 적립금과 수익(Beginning 및 Revenues 변수)에 관한 데이터는 2015년에만 해당된다. 2014년 한 해 동안 섹션 멤버십과 섹션 수익 간의 관계를 살펴보자.

```
p ← ggplot(data = subset(asasec, Year == 2014), mapping = aes(x
    = Members, y = Revenues, label = Sname))

p + geom_point() + geom_smooth()
```

```
## `geom_smooth()` using method = 'loess' and formula 'y ~ x'
```

그림 8.1은 기본적인 산점도와 평활 그래프다. 이를 개선하기 위해 먼저 일부 특이값을 식별하고 loess에서 OLS로 바꾼 다음 세 번째 변수를 소개하겠다. 이를 통해 그림 8.2로 넘어간다.

```
p ← ggplot(data = subset(asasec, Year == 2014), mapping = aes
    (x = Members, y = Revenues, label = Sname))

p + geom_point(mapping = aes(color = Journal)) + geom_
    smooth(method = "lm")
```

이제 몇 개의 텍스트 레이블을 추가할 수 있다. 작업하는 대로 쌓아 나가기 위해 이 시점에서 몇몇 중간 객체object를 쓰는 것이 좋다. 모두 다 보여주진 않을 것이다. 그러나 지금쯤이면 p1이나 p2 같은 객체가 어떤 모습일지 마음속으로 볼 수 있어야 한다. 물론 코드를 입력해보고 올바른 방향으로 가고 있는지 확인해야 한다.

```
p0 ← ggplot(data = subset(asasec, Year == 2014), mapping =
    aes(x = Members, y = Revenues, label = Sname))
```

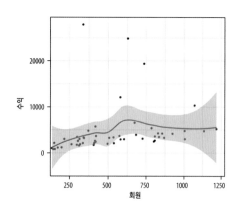

그림 8.1 기본으로 돌아가기

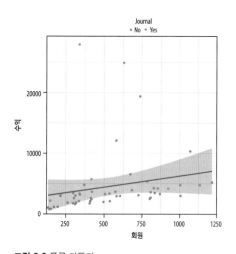

그림 8.2 플롯 다듬기

```
p1 ← p0 + geom_smooth(method = "lm", se = FALSE, color =
    "gray80") + geom_point(mapping = aes(color = Journal))

p2 ← p1 + geom_text_repel(data = subset(asasec, Year == 2014 &
                            Revenues > 7000), size = 2)
```

p2 객체로 계속 진행해 축과 눈금에 레이블을 지정할 수 있다. 또한 도
표의 공간을 더 잘 활용하기 위해 제목을 추가하고 범례를 이동한다(그
림 8.3).

```
p3 ← p2 + labs(x="회원",
            y="수익",
            color = "섹션에 자체 저널이 있음",
            title = "ASA 섹션",
            subtitle = "2014 역년(calendar year)",
            caption = "자료: ASA 연례 보고서")
p4 ← p3 + scale_y_continuous(labels = scales::dollar) +
  theme(legend.position = "bottom")
p4
```

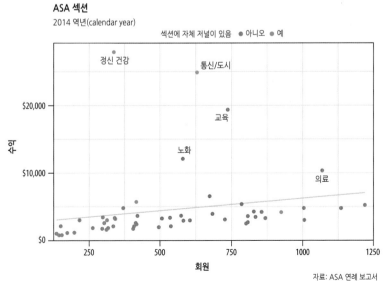

자료: ASA 연례 보고서   **그림 8.3** 축 다듬기

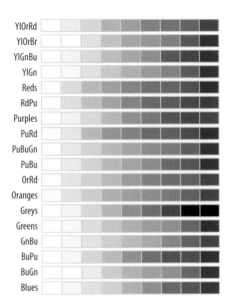

그림 8.4 RColorBrewer의 순차 팔레트

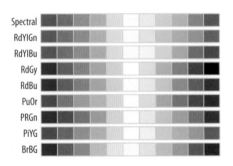

그림 8.5 RColorBrewer의 분기 팔레트

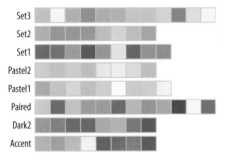

그림 8.6 RColorBrewer의 정성적 팔레트

8.1 유리한 색상 사용

도표화하고자 하는 데이터를 표현할 수 있는 여력에 기반해 먼저 색상 팔레트를 선택해야 한다. 예를 들어 "국가"나 "성별"과 같이 순서가 없는 범주형 변수는 서로 혼동되지 않을 고유한 색이 필요하다. 반면 "교육 수준"처럼 순서가 있는 범주형 변수는 적은 것부터 많은 것 또는 빠른 것부터 느린 것에 이르는 일종의 등급이 매겨진 배색이 필요하다. 다른 고려 사항도 있다. 변수가 정렬돼 있는 경우 리커트 척도^{Likert scale}처럼 각 방향의 극단으로 향하는 중립점을 중심으로 하고 있는가? 다시 말하지만 이 질문은 변수를 색상 척도에 매핑할 때의 정확성과 충실성을 보장하는 것에 관한 것이다. 데이터 구조를 반영한 팔레트를 신중하게 선택하라. 쉬운 예로 순차적 스케일을 범주형 팔레트에 매핑하거나 명확하게 정의된 중간점이 없는 변수에 분기 팔레트를 사용하지 마라.

이러한 매핑 문제와는 별개로 특별히 어떤 색깔을 선택해야 할지 고려해야 한다. 일반적으로 ggplot에서 제공하는 기본 Purples^{보라색} 색상 팔레트는 그 지각적 특성과 미적 특성에 따라 자주 쓰인다. 또한 다른 특징들과 함께 특정 데이터 포인트나 도표의 일부를 강조하기 위한 장치로 색상과 색상 레이어를 사용해 강조할 수 있다.

color나 fill용 scale_ 함수 중 하나를 통해 매핑할 색상 팔레트를 선택한다. scale_color_hue() 또는 scale_fill_hue()를 통해 사용하는 각 색상의 색조, 채도 및 휘도(밝기)를 변경해 색 구성표의 모양을 매우 세밀하게 조절할 수 있지만, 일반적으로 권장하지 않는다. 대신 RColor Brewer 패키지를 사용해 다양한 이름의 색상 팔레트를 사용할 수 있도록 하고 그중에서 선택하라.

그림 8.4, 8.5, 8.6은 순차 변수, 분기 변수, 정성 변수에 사용할 수 있는 옵션을 보여준다. ggplot과 함께 사용할 경우 매핑 중인 미관에 따라 scale_color_brewer() 또는 scale_fill_brewer() 함수를 지정해 이러한 색상에 액세스할 수 있다. 그림 8.7은 이런 식으로 PRGn으로 명명된 팔레트를 사용하는 방법을 보여준다.

```
p ← ggplot(data = organdata, mapping = aes(x = roads, y =
                                           donors, color =
                                           world))
p + geom_point(size = 2) + scale_color_brewer(palette = "Set2") +
    theme(legend.position = "top")

p + geom_point(size = 2) + scale_color_brewer(palette = "Pastel2")
    + theme(legend.position = "top")

p + geom_point(size = 2) + scale_color_brewer(palette = "Dark2") +
    theme(legend.position = "top")
```

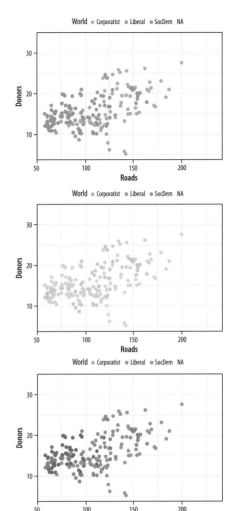

그림 8.7 사용 가능한 일부 팔레트

`scale_color_manual()`이나 `scale_fill_manual()`을 통해 색상을 수동으로 지정할 수도 있다. 이러한 함수는 R이 알고 있는 색상 이름이나 색상 값의 벡터로 지정할 수 있는 value^값 인자를 받는다. R은 많은 색깔 이름을 알고 있다(red와 green, cornflowerblue^{수레국화 파랑} 등). 개요를 보려면 `demo('colors')`를 사용해보라. 아니면 16진수 RGB값으로 색상 값을 지정할 수 있다.

RGB 색 공간에서 색상 값을 인코딩하는 방법으로, 각 채널은 0에서 255까지의 값을 취한다. 색상 16진수 값은 해시 혹은 파운드 기호(#)로 시작하고 세 쌍의 16진수 또는 "헥스^{hex}"값이 온다.

헥스값은 16진수로, 알파벳의 처음 여섯 글자는 숫자 10에서 15를 나타낸다. 이렇게 하면 두 글자로 된 16진수 숫자를 0에서 255까지의 범위로 지정할 수 있다. 헥스값은 **#rrggbb**로 읽는데, 여기서 **rr**은 빨간색 채널의 두 자리 16진수 코드, **gg**는 녹색 채널, **bb**는 파란색 채널이다.

따라서 **#CC55DD**는 10진수로 **CC** = 204(빨강), **55** = 85(초록), **DD** = 221(파랑)로 변환된다. 이 코드는 진한 핑크색을 나타낸다. 그림 8.8과 같이 ASA 멤버십 도표로 돌아가 색맹인 청중에게 유용한 챙(2013)의 팔레트를 수작업으로 도입할 수 있다.

```
cb_palette ← c("#999999", "#E69F00", "#56B4E9", "#009E73",
    "#F0E442", "#0072B2", "#D55E00", "#CC79A7")

p4 + scale_color_manual(values = cb_palette)
```

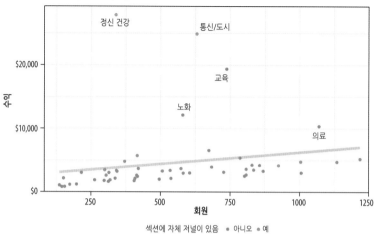

ASA 섹션

2014 역년(calendar year)

섹션에 자체 저널이 있음 ● 아니오 ● 예

자료: ASA 연례 보고서

그림 8.8 사용자 지정 색상 팔레트 사용

colorblindr 패키지도 비슷한 기능을 가지고 있다.

색상을 수작업으로 지정할 수 있지만 이 작업은 이미 완료됐다. 색맹인 청중에게 안전한 팔레트를 사용하는 것이 중요하다면, 대신 dichromat 패키지를 살펴보라. dichromat에는 다양한 팔레트와 몇몇 다른 종류의 색각 이상을 가진 뷰어에게 현재 팔레트가 어떻게 보일지 대략적으로 알 수 있게 해주는 유용한 함수를 제공한다.

예를 들어 ggplot의 기본 팔레트에서 5가지 색을 얻으려면 RColor Brewer의 brewer.pal() 함수를 사용하자.

```
Default ← brewer.pal(5, "Set2")
```

그런 다음 dichromat 패키지의 함수를 사용해 다섯 가지 색상을 다양한 종류의 색각이상을 시뮬레이션하는 새로운 값으로 변환할 수 있다. 결과는 그림 8.9와 같다.

```
library(dichromat)

types ← c("deutan", "protan", "tritan")
names(types) ← c("Deuteronopia", "Protanopia", "Tritanopia")

color_table ← types %>% purrr::map(~dichromat(Default, .x)) %>%
```

```
  as_tibble() %>% add_column(Default, .before = TRUE)

color_table
```

```
## # A tibble: 5 x 4
##   Default Deuteronopia Protanopia Tritanopia
##   <chr>   <chr>        <chr>      <chr>
## 1 #66C2A5 #AEAEA7      #BABAA5    #82BDBD
## 2 #FC8D62 #B6B661      #9E9E63    #F29494
## 3 #8DA0CB #9C9CCB      #9E9ECB    #92ABAB
## 4 #E78AC3 #ACACC1      #9898C3    #DA9C9C
## 5 #A6D854 #CACA5E      #D3D355    #B6C8C8
```

```
color_comp(color_table)
```

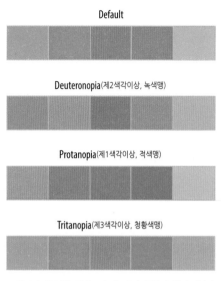

그림 8.9 동일한 팔레트가 세 가지 종류의 색각이상이 있는 사람들에게 어떻게 나타나는지에 대한 근사치와 기본 색상 팔레트를 비교한다.

이 코드에서는 dichromat() 함수가 알고 있는 색맹 유형의 벡터 types를 만들어 적절한 이름을 부여한다. 그런 다음 purrr 라이브러리의 map() 함수를 사용해 각 유형별로 색상표를 만든다. 나머지 파이프라인은 결과를 리스트에서 티블로 변환하고 원래 색상을 테이블의 첫 번째 열로 추가한다. 이제 socviz 라이브러리의 편리한 함수를 사용해 어떻게 비교하는지 플롯해볼 수 있다. 수작업으로 색상을 지정하는 기능은 범주의 의미 자체가 강한 색상 연관성이 있을 때 유용할 수 있다. 예를 들어 정당은 사람들이 정당들과 연관 짓는 공식 혹은 준공식적인 정당의 색채를 갖는 경향이 있다. 이럴 때 녹색당^{Green Party}의 결과를 초록색으로 표시하는 것이 도움이 된다. 이 작업을 수행할 때 범주(특히 사람 범주)와 연관된 일부 색상은 시대에 뒤떨어진 이유였거나 아무런 명분도 없음을 유념할 필요가 있다. 단지 할 수 있다고 해서 틀에 박힌 색상을 사용하지 말라.

8.2 색상과 텍스트가 함께 있는 레이어

변수를 직접 매핑하는 것 이외에도 색상은 데이터의 일부 측면을 선택하거나 강조하고자 할 때 유용하다. 이런 경우 ggplot 계층화된^{layered}

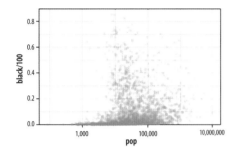

그림 8.10 배경 레이어

접근 방식은 실제로 유리하게 작용할 수 있다. 강조를 위해, 또 사회적 의미 때문에 수동으로 지정한 색상을 사용하는 예를 살펴보자.

2016년 미국 총선 관련 데이터의 도표를 만들 것이다. 데이터는 socviz 라이브러리의 county_data 객체에 포함돼 있다. 먼저 민주당Democrat과 공화당Republican에 각각 파란색과 빨간색을 정의하는 것으로 시작한다. 그런 다음 기본 설정과 플롯의 첫 번째 레이어를 만든다. 뒤집힌(flipped) 변수의 값이 "No"인 카운티만 포함하는 서브셋을 만든다. geom_point()의 color는 플롯의 배경 레이어를 형성하므로 옅은 회색으로 설정했다(그림 8.10). 그리고 x축 스케일에 로그 변환을 적용한다.

```
# 민주당의 파란색과 공화당의 빨간색
party_colors ← c("#2E74C0", "#CB454A")


p0 ← ggplot(data = subset(county_data,
                          flipped == "No"),
            mapping = aes(x = pop,
                          y = black/100))


p1 ← p0 + geom_point(alpha = 0.15, color = "gray50") +
  scale_x_log10(labels=scales::comma)


p1
```

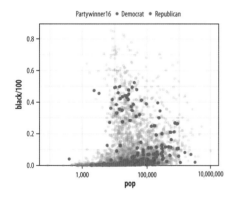

그림 8.11 두 번째 레이어

다음 단계(그림 8.11)에서 두 번째 geom_point() 레이어를 추가한다. 여기에서는 동일한 데이터셋으로 시작하지만 그로부터 보완적인 서브셋을 추출한다. 이번에는 flipped 변수가 "Yes"인 카운티를 선택한다. x와 y의 매핑은 동일하지만 partywinner16 변수를 color 특질에 매핑해 이러한 점에 대한 색상 스케일을 추가한다. 그런 다음 scale_color_manual()을 사용해 수동 색상 스케일을 지정한다. 여기서 값은 위에서 정의한 파란색과 빨간색 party_colors다.

```
p2 ← p1 + geom_point(data = subset(county_data,
                                   flipped == "Yes"),
                     mapping = aes(x = pop, y = black/100,
```

```
                                    color = partywinner16)) +
  scale_color_manual(values = party_colors)

p2
```

다음 레이어는 y축 스케일과 레이블을 설정한다(그림 8.12).

```
p3 ← p2 + scale_y_continuous(labels=scales::percent) +
  labs(color = "카운티가 다음 당으로 넘어감",
        x = "카운티 인구 (로그 스케일)",
        y = "흑인 인구 비율",
        title = "뒤집힌 카운티, 2016",
        caption = "회색 카운티는 뒤집히지 않았음")

p3
```

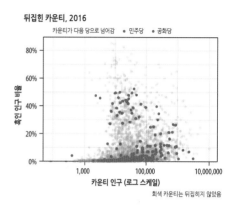

그림 8.12 안내선(guide) 및 레이블 추가와 y축 스케일 고정

마지막으로 geom_text_repel() 함수를 사용해 세 번째 레이어를 추가한다. 이 텍스트 레이어에 대한 데이터 서브셋을 위해 일련의 명령어를 다시 한 번 제공한다. 아프리카계 미국인 거주자의 비율이 상대적으로 높은 역전된 카운티에 관심이 있다. 그림 8.13에 표시된 결과는 변수 코딩과 컨텍스트에 대한 색상을 신중하게 사용하는 복잡하지만 읽기 쉬운 다층 플롯이다.

```
p4 ← p3 + geom_text_repel(data = subset(county_data,
                                          flipped == "Yes" &
                                          black > 25),
                          mapping = aes(x = pop,
                                        y = black/100,
                                        label = state), size = 2)
p4 + theme_minimal() +
  theme(legend.position="top")
```

ggplot에서 이와 같은 그래픽을 만들거나 다른 사람이 만든 좋은 도표를 볼 때, 도표의 내용뿐만 아니라 그것이 갖고 있는 암시적 혹은 명시적 구조도 점차 습관이 돼야 한다. 첫째, 어떤 변수가 x와 y에 매핑되

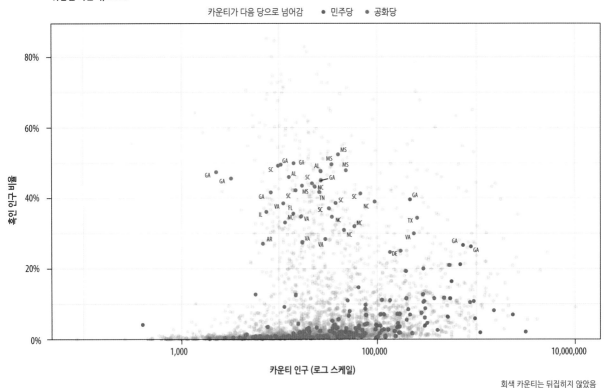

뒤집힌 카운티, 2016

그림 8.13 2016년 카운티 단위 선거 데이터

는지, 어떤 변수의 색채, 채우기, 모양, 레이블 등을 선택해 도표의 기초를 이루는 매핑을 볼 수 있을 것이다. 도표를 만들기 위해 어떤 형상 (geom)이 사용됐는가? 둘째, 스케일은 어떻게 조정했는가? 축이 변형됐는가? 채우기와 색상 범례가 결합돼 있는가? 셋째, 특히 스스로 도표를 만드는 연습을 할 때 도표의 계층 구조를 선택하는 자신을 발견할 것이다. 기본 레이어는 무엇인가? 그 위에 무엇이 어떤 순서로 그려져 있는가? 데이터의 하위 집합에서 어떤 상위 계층이 형성되는가? 새로운 데이터셋은 무엇인가? 주석이 있는가? 이러한 방식으로 도표를 평가하고 실제로 그래픽의 문법을 적용하는 능력은 플롯을 보고 도표를 만드는 방법을 생각하는 데 모두 도움이 된다.

8.3 테마를 활용한 플롯 외관 변경

선거 도표는 꽤 마무리된 상태다. 그러나 전체적인 모양을 한꺼번에 바꾸려면 ggplot 테마 엔진을 사용해 변경할 수 있다. 테마는 theme_set() 함수를 사용해 설정하거나 해제할 수 있다. 인자로 테마의 이름 (그 자체가 하나의 함수임)을 받는다. 다음을 실행해보라.

```
theme_set(theme_bw())
p4 + theme(legend.position = "top")

theme_set(theme_dark())
p4 + theme(legend.position = "top")
```

내부적으로 테마 함수들은 플롯에 있는 다수의 그래픽 요소를 켜거나 끄거나 바꾸는 세부 명령어의 집합이다. 일단 설정된 테마는 이후의 모든 플롯에 적용되며 다른 테마로 대체될 때까지 활성 상태를 유지한다. 이것은 또 다른 theme_set() 구문을 사용하거나 플롯의 마지막에 테마 함수를 추가해 플롯별로 수행할 수 있다. p4 + theme_gray()는 p4 객체에 대해서만 일반적으로 활성화된 테마를 일시적으로 덮어쓴다[override]. 위에서도 범례를 그래프의 상단으로 재배치할 때처럼 theme() 함수를 사용해 플롯의 모든 측면을 미세 조정할 수 있다.

ggplot 라이브러리는 theme_minimal()과 theme_classic() 등 몇 가지 기본 테마가 포함돼 있다. 기본값은 theme_gray() 또는 theme_grey()이다. 기본 테마가 마음에 들지 않는다면, 더 많은 선택지를 위해 ggthemes 패키지를 설치하라. 예를 들면 ggplot의 결과물을 마치 「이코노미스트」나 「월스트리트저널」 또는 에드워드 터프티의 책에 실린 것처럼 보이게 만들 수 있다.

그림 8.14는 두 가지 예시를 보여준다. 몇몇 테마를 사용하면 기본값이 너무 크거나 작은 경우 필요에 따라 글꼴 크기나 기타 요소를 조정해야 한다. 배경색이 있는 테마를 사용하는 경우 색상[color]이나 채우기[fill] 미학 특질을 매핑할 때 색상 팔레트도 고려해야 한다. 자체 테마를 완전히 처

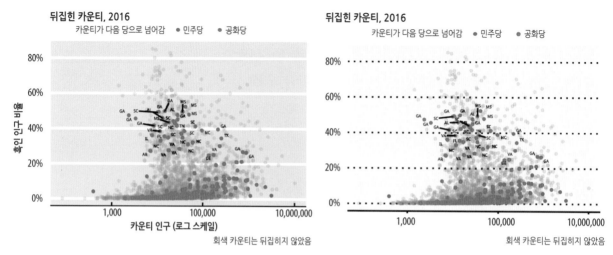

그림 8.14 「이코노미스트」와 「월스트리트저널」 테마

음부터 정의하거나 마음에 드는 테마로 시작해 일부를 조정해 자신만의 테마를 정의할 수 있다.

```
library(ggthemes)

theme_set(theme_economist())
p4 + theme(legend.position="top")

theme_set(theme_wsj())

p4 + theme(plot.title = element_text(size = rel(0.6)),
           legend.title = element_text(size = rel(0.35)),
           plot.caption = element_text(size = rel(0.35)),
           legend.position = "top")
```

일반적으로 배경색과 사용자 정의 폰트를 사용하는 테마는 일회성 삽화 그림이나 포스터를 만들거나, 프레젠테이션 슬라이드에 넣을 그림을 준비하거나, 가정용 또는 편집 스타일에 따라 출판에 가장 잘 사용한다. 선택한 옵션이 더 폭넓은 출력물 또는 화면에 나타난 자료와 어떻게 조화를 이루는지 신중하게 고려하라. 미관 매핑용으로 팔레트를 선택하는 것과 마찬가지로, 시작할 때 기본값을 고수하거나 구김이 이미 해결된 테마를 지속적으로 사용하는 편이 가장 현명하다. 예를 들어 클라우스 윌케^{Claus O. Wilke}의 cowplot 패키지에는 잘 만들어진 테마가 포함돼 있다. 최종 결과물이 저널 기사인 경우에 적합하다. 한편, 밥 루디스의 hrbrthemes 패키지는 일부 자유롭게 사용할 수 있는 폰트를 활용한 독특하고 빈틈없는 외관과 느낌을 갖추고 있다. 두 가지 모두 install.packages()를 통해 쓸 수 있다.

theme() 함수를 사용하면 플롯 내 모든 종류의 텍스트 및 그래픽 요소의 모양을 세밀하게 제어할 수 있다. 예를 들면 텍스트의 색상, 글꼴, 글자 크기를 바꿀 수 있다. 직접 코드를 작성해보면서 따라왔다면, 직접 만든 플롯은 책에 나온 것과 동일하지 않음을 알아챘을 것이다. 축 레이블은 기본값과 약간 다른 위치에 있고 폰트는 다르며, 그 외에도 작은 차이가 있다. theme_book() 함수는 이 책 전반에 걸쳐 사용한 ggplot 사용자 정의 테마를 제공한다. 이 테마의 코드는 밥 루디스의 hrbrthemes 라이브러리에 있는 theme_ipsum()에 기반을 두고 있다. 부록에서 테마에 대해 더 배울 수 있다. 그림 8.15의 경우 텍스트 크기를 바꿔 테마를 추가로 조정하고, element_blank()를 사용해 이름을 지정함으로써 사라지게 해 여러 요소를 제거한 플롯이다.

또한 사례 연구 중 하나로 다음에 볼 수 있듯이 여러 플롯 객체를 하나의 그림으로 배치하는 편리한 함수도 포함돼 있다.

```
p4 + theme(legend.position = "top")

p4 + theme(legend.position = "top",
           plot.title = element_text(size=rel(2),
                                     lineheight=.5,
                                     family="Times",
                                     face="bold.italic",
                                     colour="orange"),
           axis.text.x = element_text(size=rel(1.1),
                                      family="Courier",
                                      face="bold",
                                      color="purple"))
```

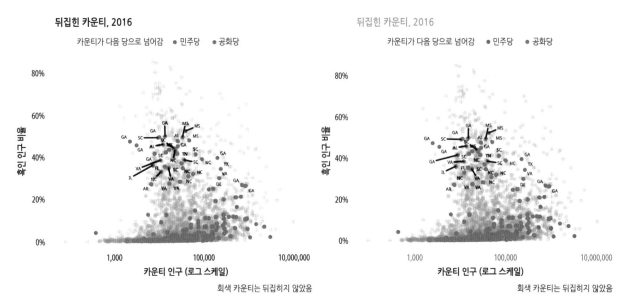

그림 8.15 (직접 제어하지 않으면 몇 가지 잘못된 선택을 하게 되는) 다양한 테마 요소를 직접 제어

8.4 실질적인 방식으로 테마 요소 사용

디자인 요소^{design elements}를 수정하는 방법으로 테마를 사용하는 것이 좋다. 이는 나중에 디자인 요소를 무시하고 검토 중인 데이터에 집중할 수 있기 때문이다. 그러나 ggplot 테마 시스템이 매우 유연하다는 것도 유념하자. 넓은 범위의 다양한 디자인 요소를 조정해 맞춤형 그림을 만들 수 있다. 예를 들어 웨어와인(2017)의 예제를 따라 수년에 걸쳐 GSS 응답자의 연령 분포 중 효과적인 소형 복합 도표^{small multiple}을 만든다. gss_lon 데이터는 1972년 이후 조사에서 모든 GSS 응답자의 연령에 대한 정보가 포함돼 있다. 기본 그림 8.16은 앞에서 살펴본 정렬된 geom_density() 레이어이며, 이번에는 year 변수를 사용하고 있다. 밀도 곡선을 진한 회색으로 채운 다음 매년 평균 연령에 대한 지표와 레이블의 텍스트 레이어를 추가한다. 그런 다음 몇 가지 테마 요소의 세부 사항을 조정해 대부분 없앤다. 이전과 마찬가지로 제목과 레이블 등의 다양한 텍스트 요소의 모양을 조정하기 위해 element_text()를 사용한다. 또한 element_blank()를 사용해 몇몇 개를 완전히 제거한다.

먼저 알아보려는 연도별로 응답자의 평균 연령을 계산해야 한다. GSS
는 1972년부터 대부분의(전부는 아니다) 해마다 조사가 실시됐기 때문에
첫해부터 4년마다 분포를 살펴볼 것이다. 평균 연령을 추출하기 위해
짧은 파이프라인을 이용한다.

```
yrs ← c(seq(1972, 1988, 4), 1993, seq(1996, 2016, 4))

mean_age <- gss_lon %>%
    filter(age %nin% NA && year %in% yrs) %>%
    group_by(year) %>%
    summarize(xbar = round(mean(age, na.rm = TRUE), 0))
mean_age$y <- 0.3


yr_labs <- data.frame(x = 85, y = 0.8,
                      year = yrs)
```

텍스트 레이블로 배치하려면 **mean_age**의 y열이 유용하다. 그런 다음
데이터를 준비하고 형상^geom^을 설정한다.

```
p ← ggplot(data = subset(gss_lon, year %in% yrs),
           mapping = aes(x = age))

p1 ← p + geom_density(fill = "gray20", color = FALSE,
                      alpha = 0.9, mapping = aes(y = ..scaled..)) +
  geom_vline(data = subset(mean_age, year %in% yrs),
             aes(xintercept = xbar), color = "white", size = 0.5) +
  geom_text(data = subset(mean_age, year %in% yrs),
            aes(x = xbar, y = y, label = xbar), nudge_x = 7.5,
            color = "white", size = 3.5, hjust = 1) +
  geom_text(data = subset(yr_labs, year %in% yrs),
            aes(x = x, y = y, label = year)) +
  facet_grid(year ~ ., switch = "y")
```

초기 p 객체는 선택한 연도별로 데이터를 서브셋으로 나누고 x를 age
변수에 매핑한다. **geom_density()** 함수 호출은 기본 레이어에서 기본
선 색상을 끄고 채우기^fill^를 회색 음영으로 설정하며, y축을 0에서 1 사
이로 조정하는 인자를 갖는다. 이후 요약한 데이터셋을 사용해 **geom_**

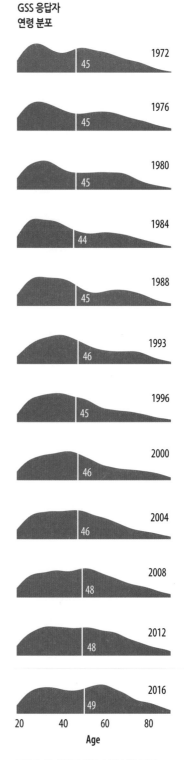

GSS 응답자
연령 분포

1972

1976

1980

1984

1988

1993

1996

2000

2004

2008

2012

2016

Age

그림 8.16 사용자 정의 소형 복합 도표

vline() 레이어는 분포의 평균 연령에 흰색 세로선을 그린다.

두 개의 텍스트 geom은 연령 선(흰색)에 레이블을 지정한다. 첫 번째 geom_text() 호출은 nudge 인자를 사용해 레이블을 x값의 오른쪽으로 약간 밀어낸다. 두 번째 레이블은 연도다. 일반적인 패싯 레이블을 없 애 도표를 좀 더 간결하게 만들기 위해 이 작업을 수행한다. 마지막으로 facet_grid()를 사용해 연도별 연령 분포를 세분화한다. switch 인자 를 사용해 레이블을 왼쪽으로 이동시킨다. 플롯의 구조를 갖추게 되면 theme()에 일련의 명령어를 써서 원하는 방식으로 요소의 스타일을 지 정한다.

```
p1 + theme_book(base_size = 10, plot_title_size = 10,
                strip_text_size = 32, panel_spacing = unit(0.1,
                "lines")) +
  theme(plot.title = element_text(size = 16),
        axis.text.x= element_text(size = 12),
        axis.title.y=element_blank(),
        axis.text.y=element_blank(),
        axis.ticks.y = element_blank(),
        strip.background = element_blank(),
        strip.text.y = element_blank(),
        panel.grid.major = element_blank(),
        panel.grid.minor = element_blank()) +
  labs(x = "Age",
       y = NULL,
       title = "GSS 응답자\n연령 분포")
```

ggplot 개발자 커뮤니티에서 만족스러운 점 중 하나는 처음에 일회성 이거나 맞춤식으로 고안된 플롯의 아이디어를 취하고 새로운 geom으 로 사용할 수 있을 정도로 일반화하는 것이다. 그림 8.16의 GSS 연령 분포에 관한 코드를 작성한 직후 ggridges 패키지가 출시됐다. 윌케 가 만든 이 패키지는 분포가 수직으로 겹쳐져 재미있는 효과를 얻을 수 있게 하는 것으로, 여러 개의 소형 밀도 플롯에 대해 다른 관점을 제공 한다. 명확한 방향으로 변화하는 반복적인 분포 측정에 특히 유용하다.

그림 8.17은 ggridges 패키지의 함수를 사용해 이전 플롯을 다시 만든다. geom_density_ridges()는 더 조밀하게 표시되기 때문에 GSS 연도별 분포를 표시하기 위해 평균 연령 값을 표시하는 것으로 대체한다.

```
library(ggridges)

p ← ggplot(data = gss_lon,
           mapping = aes(x = age, y = factor(year, levels =
              rev(unique(year)), ordered = TRUE)))

p + geom_density_ridges(alpha = 0.6, fill = "lightblue", scale =
    1.5) + scale_x_continuous(breaks = c(25, 50, 75)) +
    scale_y_discrete(expand = c(0.01, 0)) +
    labs(x = "Age", y = NULL,
         title = "GSS 응답자\n연령 분포") +
    theme_ridges() +
    theme(title = element_text(size = 16, face = "bold"))
```

scale_y_discrete()의 expand 인자는 y축 스케일을 약간 조정한다. 이것은 축 레이블과 첫 번째 분포 사이의 거리를 좁히는 효과가 있으며 첫 번째 분포의 상단이 도표의 틀^{frame}에 의해 잘리는 것을 방지한다. 이 패키지는 자체 테마인 theme_ridges()도 함께 제공되며, 레이블이 올바르게 정렬되도록 조정해 여기에서 사용했다.

geom_density_ridges() 함수는 또한 원래 버전의 모습을 재현할 수 있다. 분포의 중첩 정도는 geom의 scale 인자를 통해 제어한다. 도표의 레이아웃에 미치는 영향을 확인하기 위해 값을 1 이하 또는 이상의 값으로 설정해 실험할 수 있다. theme()를 통해 제어할 수 있는 다양한 요소의 이름에 관한 더 자세한 정보는 ggplot 문서를 참조하라. 이러한 테마 관련 요소를 임시방편으로 설정하는 것은 종종 사람들이 도표를 만들 때 가장 먼저 하고 싶은 일 중 하나다. 그러나 실제로는 도표의 전체 크기와 스케일을 제곱하는 것 외에, 테마 요소를 약간 조정하는 것은 도표 작업의 마지막 단계에 수행해야 한다. 이상적으로는 자신에게 잘 맞는 테마를 설정한 후에는 전혀 손대지 않아도 될 정도여야 한다.

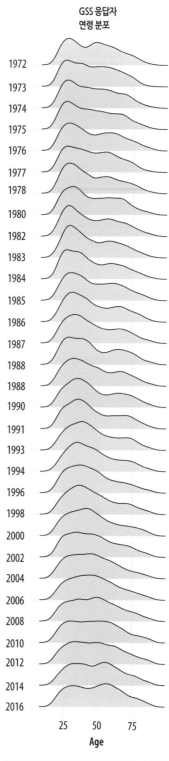

그림 8.17 연령 분포도의 리지플롯(능선) 버전

8.5 사례 연구

나쁜 그래픽은 도처에 있다. 좀 더 나은 것들이 가까이에 있다. 8장 마지막인 이번 절에서는 실제 사례를 바탕으로 일반적인 시각화 문제 또는 딜레마에 관해 설명한다. 각각의 경우 원래의 그림을 보고, 새로운 (그리고 더 나은) 버전으로 다시 그릴 것이다. 그 과정에서 아직 본 적이 없는 ggplot의 새로운 함수와 기능을 몇 가지 소개한다. 이것 역시 생활에 적용된다. 보통 실용적인 디자인이나 시각화의 문제에 직면해 문서에서 문제 해결 방법을 알아내거나 그 자리에서 다른 답을 찾아야 한다. 먼저 추세도 trend plot에서 이중 축을 사용하는 일반적인 사례부터 시작하자.

두 개의 y축

2016년 1월, 찰스 슈왑 Charles Schwab, Inc 사의 수석 투자 전략가 리즈 앤손더스 Liz Ann Sonders 는 두 가지의 경제 관련 시계열 스탠더드앤드푸어스 (S&P) 500 지수와 본원통화 Monetary Base 간의 분명한 상관관계에 관해 트위터에 글을 올렸다. S&P는 관심 기간(지난 7년)에 걸쳐 약 700에서 2,100에 이르는 지수다. 본원통화는 같은 기간에 약 1.5조에서 4.1조 달러의 범위를 가진다. 즉, 2개의 계열을 직접 그릴 수 없다는 얘기다. 본원통화가 매우 크기 때문에 S&P 500 지수는 바닥에 평평한 선처럼 보일 것이다. 이를 해결하기 위한 몇 가지 합리적인 방안이 있지만 사람들은 종종 두 개의 y축을 사용하는 것을 선택한다.

책임감 있는 사람들이 설계했기 때문에, R은 두 개의 y축으로 그래프를 그리는 것이 약간 까다롭다. 사실 ggplot은 이중축을 전적으로 규칙에 위배된다고 판단한다. 굳이 원한다면 R의 기본 그래픽을 사용해 이를 수행할 수 있다. 그림 8.18은 그 결과를 보여준다(코드는 https://github.com/kjhealy/two-y-axes에서 찾을 수 있다). 기본 base R의 그래픽은 이 책 전반에 걸쳐 사용한 방법과는 전혀 다르게 동작하기 때문에 여기서 코드를 보여주는 것은 혼란스러울 것이다.

저자의 깃허브에 240줄짜리 r 파일이 하나 있다. 기본 R이라고 적었듯이 ggplot 문법과 확연히 다른 plot(), lines(), layout(), par(), abline() 등을 사용한 코드다. 다만 8장까지 무난하게 따라왔다면 이해하기 어렵지 않을 것이라 믿고, 이번에 사용하지 않더라도 실무에서는 타인의 코드를 보는 일이 잦으므로 모두 알아두면 좋을 것이다. – 옮긴이

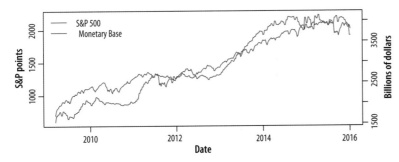

그림 8.18 각각 고유한 y축이 있는 두 개의 시계열

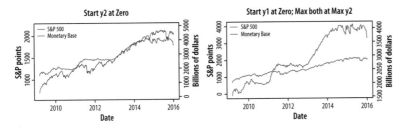

그림 8.19 이중 y축의 변형

이중 y축을 사용해 도표를 그릴 때, 대부분의 경우 이들 사이에 실질적인 관련성이 있다고 의심되므로, 가능한 한 계열을 최대한 가까이 줄 세우려고 한다.

두 개의 y축을 사용할 때의 가장 큰 문제는 변수 간의 연관성에 대해 스스로를(또는 타인)을 속이는 것이 평소보다 훨씬 쉽다는 것이다. 필요에 따라 데이터 계열을 이동시키거나 축의 스케일을 서로에 대해 상대적으로 조정할 수 있기 때문이다. 그림 8.18에서 빨간색 통화 기준선은 그래프의 전반부에서 파란색 S&P 500 아래로, 후반부에는 그 위에 있다. 두 번째 y축을 0부터 시작하기로 결정함으로써 이를 "고정fix"할 수 있다. 그러면 본원통화 선이 계열의 처음 부분에서는 S&P 선보다 위쪽으로 이동하고 나중에 그 아래로 이동한다.

그림 8.19의 첫 번째 패널은 결과를 보여준다. 한편, 두 번째 패널은 S&P를 추적하는 축이 0에서 시작하도록 축을 조정한다. 본원통화를 추적하는 축은 최솟값에서 시작하지만(일반적으로 좋은 습관임) 현재 두 축 모두 최대치인 약 4,000이 된다. 단위는 물론 다르다. S&P 측의 4,000은 지수 숫자지만, 본원통화의 숫자는 4,000억 달러다. 그 효과는 S&P의 명백한 성장을 매우 평평하게 만들어 두 변수 간의 연관성을 크게 약

화시키는 효과를 가져온다. 연관성이 약하다고 느낀다면 당신은 전혀 다른 이야기를 할 수 있다.

그렇지 않으면 이 데이터를 어떻게 그릴 수 있는가? 분할 축 또는 파단 축^{broken-axis} 그래프를 사용해 두 개의 계열을 동시에 표시할 수 있다. 이 방법은 때때로 효과적일 수 있으며, 이중 축을 가진 오버레이 차트보다 더 나은 지각적 특성을 가진 것으로 보인다(Isenberg et al., 2011). 계열은 같은 종류지만 크기가 매우 차이나는 경우에 가장 유용하다. 여기서는 그렇지 않다.

계열이 동일한 단위에 있지 않은 경우 (또는 규모가 크게 다른 경우) 또 차이 나는 절충안은 계열 중 하나를 다시 조정하거나(예: 1000으로 나누거나 곱한다) 첫 번째 기간의 시작 시에 각각 100으로 인덱싱한 다음, 둘 다 그리는 것이다. 인덱스 번호는 그 자체가 복잡해질 수 있지만, 여기서는 두 축 대신 하나의 축을 사용해 두 계열과 플롯 사이의 합리적인 차이를 계산하고 마찬가지로 아래의 패널에 그릴 수 있다. 계열 간의 차이를 시각적으로 추정하기 어려운 경우가 있는데, 지각적 경향으로 바로 위나 아래보다 다른 계열에서 가장 가까운 비교점을 찾는 경향이 있기 때문이다. 클리블랜드(1994)에 따르면 그 아래에 두 계열 간의 실행 차이를 추적하는 패널을 아래에 추가할 수 있다. 각각의 플롯을 만들어 객체에 저장하는 것부터 시작한다. 이렇게 하려면 인덱싱된 계열을 key 변수에 넣고 해당하는 숫자를 값^{value}으로 해 데이터를 롱 형식으로 정리하는 것이 편리하다. 여기에는 tidyr의 **gather()** 함수를 사용한다.

```
head(fredts)
```

```
##          date  sp500 monbase sp500_i monbase_i
## 1 2009-03-11 696.68 1542228 100.000   100.000
## 2 2009-03-18 766.73 1693133 110.055   109.785
## 3 2009-03-25 799.10 1693133 114.701   109.785
## 4 2009-04-01 809.06 1733017 116.131   112.371
## 5 2009-04-08 830.61 1733017 119.224   112.371
## 6 2009-04-15 852.21 1789878 122.324   116.058
```

```
fredts_m ← fredts %>% select(date, sp500_i, monbase_i) %>%
    gather(key = series, value = score, sp500_i:monbase_i)

head(fredts_m)
```

```
##          date  series   score
## 1 2009-03-11 sp500_i 100.000
## 2 2009-03-18 sp500_i 110.055
## 3 2009-03-25 sp500_i 114.701
## 4 2009-04-01 sp500_i 116.131
## 5 2009-04-08 sp500_i 119.224
## 6 2009-04-15 sp500_i 122.324
```

일단 이 방식으로 데이터를 정리하면 그래프를 만들 수 있다.

```
p ← ggplot(data = fredts_m,
           mapping = aes(x = date, y = score,
                         group = series,
                         color = series))
p1 ← p + geom_line() + theme(legend.position = "top") +
  labs(x = "Date",
       y = "Index",
       color = "Series")

p ← ggplot(data = fredts,
           mapping = aes(x = date, y = sp500_i - monbase_i))

p2 ← p + geom_line() +
  labs(x = "Date",
       y = "Difference")
```

이제 두 개의 플롯을 만들었으니 잘 배치하고 싶다. 같은 플롯 영역에 나타나는 것을 원치 않지만 두 개를 비교하고자 한다. 패싯으로 이 작업을 수행할 수는 있지만 3개의 계열(두 인덱스와 그 차이) 모두 동일하고도 깔끔한 데이터프레임으로 가져오기 위해 상당한 양의 데이터를 정리하는 것을 의미한다. 대안은 두 개의 분리된 플롯을 만든 다음 원하는 대로 배열하는 것이다. 예를 들어 두 계열을 비교하면 대부분의 공간을 차지하게 하고 인덱스 차이의 플롯을 더 작은 영역에 배치한다.

grid라고 하는 R과 ggplot에서 사용하는 레이아웃 엔진이 이를 가능케 한다. ggplot보다 저수준에서 플롯 영역과 객체의 레이아웃과 위치를 제어한다. **grid** 레이아웃을 프로그래밍하려면 ggplot의 함수만 사용하는 것보다 좀 더 많은 작업이 필요하다. 다행히 작업을 쉽게 하기 위해 사용할 수 있는 헬퍼 라이브러리가 몇 가지 있다. 그중 하나는 gridExtra 라이브러리를 사용하는 것이다. **grid.arrange()**를 포함해 그리드 엔진과 대화할 수 있는 유용한 함수를 제공한다. 이 함수는 플롯 객체 리스트를 얻고 정렬 방법을 지시한다. 앞서 언급한 cowplot 라이브러리를 사용하면 작업이 훨씬 쉬워진다. 그것은 **grid.arrange()**와 매우 유사하게 동작하는 **plot_grid()** 함수를 가지고 있으며, 별도의 플롯 객체에 축의 적절한 정렬을 포함해 몇 가지 세부 사항도 처리한다.

```
cowplot::plot_grid(p1, p2, nrow = 2, rel_heights = c(0.75, 0.25),
    align = "v")
```

결과는 그림 8.20과 같다. 꽤 좋아 보인다. 이 버전에서 S&P 지수는 거의 전체 시리즈에 대해 본원통화 위에서 실행되는 반면, 원래 그려진 도

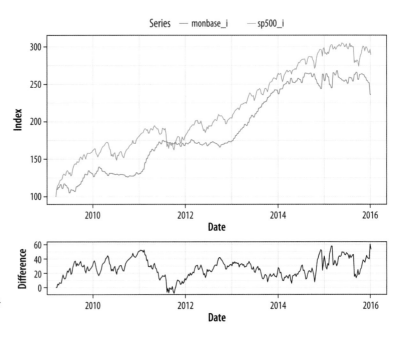

그림 8.20 두 개의 개별 도표를 사용해 하단에 차이가 있는 인덱스 시리즈

표에서 교차했다.

이러한 종류의 이중 축 도표의 광범위한 문제는 변수 사이의 명백한 연관성이 아마도 거짓일 것이라는 점이다. 원래의 도표는 패턴을 찾아내고자 하는 바람을 충족시켜주지만, 이 두 시계열은 증가하는 경향이 있으나 다른 어떤 식으로든 깊은 관련이 없는 경우도 있을 것이다. 계열 사이의 진정한 연관성을 확립하는 데 관심이 있다면, 고지식하게 하나를 다른 쪽으로 회귀하는 것으로 시작할지도 모른다. 예를 들어 본원통화에서 S&P 지수를 예측해볼 수 있다. 그렇게 하면 같은 기간의 본원통화의 크기를 아는 것만으로도 S&P 변동의 약 95%를 설명하는 것처럼 처음에는 상황이 환상적으로 보인다. 우리는 부자가 될 거야!

안타깝게도 우린 부자가 되지 않을 것이다. 상관관계가 인과관계가 아님은 누구나 알고 있지만, 시계열 데이터를 사용하면 이 문제가 두 번 반복된다. 하나의 계열을 고려하더라도 각각의 관측치는 직전의 관측치 또는 그 이전 일정한 수의 관측치와 매우 밀접한 상관관계가 있다. 예를 들어 시계열에는 계절적 구성요소가 있을 수 있으며, 계절적 구성요소는 성장에 대한 주장을 하기 전에 설명해야 한다. 그리고 만약 성장을 예측하는 것이 무엇인지 물어본다면, 그 자체의 트렌드 특성을 지닌 다른 시계열을 소개할 것이다. 이러한 상황에서 우리는 과도하게 신뢰하는 연관 추정치를 생성하는 방식으로 일반적인 회귀분석의 가정을 어느 정도 자동으로 위반한다. 그 결과는 처음 봤을 때 역설적으로 보일지도 모르지만 시계열 분석의 많은 메커니즘이 데이터의 직렬 특성을 없애는 것이다.

다른 주먹구구식 방법처럼 예외를 생각해내거나 그것에 대해 스스로 논할 수 있다. 이중 y축을 신중하게 사용하는 것이 다른 사람에게 데이터를 제시하는 합리적인 방법이거나 연구원이 데이터셋을 생산적으로 탐색하는 데 도움이 될 수 있는 상황을 상정해볼 수 있다. 그러나 일반적으로, 특히 시계열 데이터와 관련해 허위이거나 적어도 과신을 일으키는 것을 제시하기가 너무 쉽기 때문에 이에 반대하는 것을 추천한다. 산점도는 그것을 아주 잘할 수 있다. 1장에서 봤듯이 단일 계열을 사용하더라도 종횡비를 조정해 연관성을 더 가파르거나 더 평평하게 만들 수 있다. y축을 두 개 사용하면 대부분 실제로 활용해서는 안 되는 데이터를 자유롭게 사용할 수 있다. 물론 이런 규칙은 차트로 당신을 속이려는 사람들이 시도조차 못하게 막을 수는 없을 것이다. 그러나 당신이 스스로를 속이지 않는 데는 도움이 될 수 있다.

나쁜 슬라이드 다시 그리기

2015년 말, 야후^{Yahoo} CEO 마리사 메이어^{Marissa Mayer}의 성과는 세간의 비난을 받았다. 많은 비평가 중 한 명인 펀드 매니저 에릭 잭슨^{Eric Jackson}은 메이어를 상대로 자신의 최선의 사례를 설명하는 99장짜리 프레젠테이션 슬라이드를 야후 이사회에 보냈다(또한 공개적으로 배포했다). 슬라이드 스타일은 전형적인 비즈니스 프레젠테이션이었다. 슬라이드와 포스터는 매우 유용한 커뮤니케이션 수단이다. 필자의 경험상 "파워포인트^{PowerPoint}사^死"에 대해 불평하는 대부분의 사람들은 발표자가 슬라이드를 준비하지 않아도 될 만큼의 충분한 대화를 하지 않는다. 그러나 "슬라이드 덱"이 의사소통에 도움이 되고 독자적인 유사 형식으로 전이되는 과정에서 어떻게 그 기원을 완전히 벗어났는지 보는 것은 놀라운 일이다. 기업, 군대, 학계 모두 다양한 방식으로 이러한 경향에 물들어 있다. 메모나 기사를 쓰는 데 시간을 들이는 것은 개의치 말고, 끝없는 페이지의 글머리 기호 및 차트를 주기만 하면 된다. 방향 감각 상실 효과는 전혀 일어나지 않았던 토론에 대한 끊임없는 요약이다.

어쨌든 그림 8.21은 PPT에서 재현한 전형적인 슬라이드다. 야후의 직원 수와 수익 간의 관계에 대해 메이어의 CEO 재임 기간에 대해 뭔가 말하고 싶은 것 같다. 자연스럽게 해야 할 일은 이 변수들 사이에 관계가 있는지 알아보기 위해 일종의 산점도를 만드는 것이다. 그러나 슬라이드는 x축에 시간을 두고 두 개의 y축을 사용해 직원과 수익 데이터를 보여준다. 수익을 막대그래프로 나타내고 직원 데이터는 약간 물결치는 선으로 연결된 점으로 표시한다. 얼핏 보면 연결선 세그먼트가 수동으로만 추가됐는지, 아니면 흔들림의 기초가 되는 원칙이 있는지 명확하지 않다(엑셀로 만든 것임을 알 수 있었다). 수익 값은 막대 내의 레이블로

"Death by PowerPoint"는 일종의 관용어로, '파워포인트에 의한 죽음'이라고 번역하는 경우도 있지만 마치 '과로사'처럼 '파워포인트사(死)'라고 하는 게 가장 직관적이라고 생각해 그대로 옮긴다. 우리나라 기업에서도 'PPT 없애기'가 이슈가 됐던 적이 있을 만큼 나쁜 슬라이드의 악순환에 관한 내용이므로 인터넷에서 관련 슬라이드(https://www.slideshare.net/thecroaker/death-by-powerpoint)를 찾아보면 도움이 될 것이다. – 옮긴이

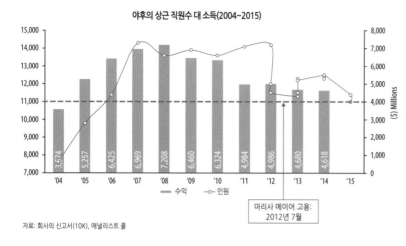

자료: 회사의 신고서(10K), 애널리스트 콜

그림 8.21 좋지 않은 슬라이드(2015년 12월 야후 투자자 프레젠테이션: 야후 주주들을 위한 더 나은 계획)

사용된다. 점은 레이블이 붙어 있지 않다. 직원 데이터는 2015년까지이지만 수익 데이터는 2014년까지만 있다. 화살표는 메이어가 CEO로 임명된 날짜를 가리키고 있고 빨간 점선은 그것을 보여주고 있는 것 같다. …사실 잘 모르겠다. 직원 수가 몇 명 아래로 떨어질 어떤 임곗값이 있겠는가? 아니면 전체 계열에서 마지막 관측 값만 계산하면 계열 간 비교가 가능할까? 확실치 않다. 끝으로 수익 수치는 연간이지만 직원 수 중 일부는 연간 1회 이상의 관측치가 있다는 점에 유의하라.

이 차트를 어떻게 다시 그려야 할까? 애초에 직원 수와 수입 사이의 관계를 파악하는 게 동기인 것 같으니 그에 초점을 맞추자. 부차적인 요소로서 이 관계에서 메이어의 역할에 대해 뭔가 말하고자 하는 것이다. 슬라이드의 원죄는 앞서 설명한 것처럼 서로 다른 두 개의 y축을 사용해 두 개의 연속된 숫자를 나타낸다는 것이다. 우리는 이를 비즈니스 분석가들이 쓰는 것을 이따금 보게 된다. 그들이 x축에 두는 것은 대부분 시간뿐이다.

차트를 다시 그리기 위해 QZ.com에서 직원 데이터와 함께 차트의 막대에서 숫자를 가져왔다. 슬라이드에 분기별 데이터가 있는 경우는 2012년을 제외하고 연말 직원 수를 사용했다. 메이어는 2012년 7월에 임명됐다. 이상적으로는 모든 연도에 분기별 매출과 분기별 직원 데이터가 있어야 하는데, 그렇지 않은 경우 메이어가 CEO로 취임한 해를 제외하고는 매년 연례화하는 것이 가장 합리적이다. 그렇지 않으면 메이어가 취임하기 바로 전에 있었던 대규모 해고 사태가 그의 CEO 재임 기간으로 잘못 귀속될 것이기 때문이다. 결론적으로 2012년 데이터셋에는 2개의 관측치가 있다는 것이다. 수익 데이터는 동일하지만 직원수는 다르다. 이 수치는 야후 데이터셋에서 찾을 수 있다.

```
head(yahoo)
```

```
##   Year Revenue Employees Mayer
## 1 2004    3574      7600    No
## 2 2005    5257      9800    No
## 3 2006    6425     11400    No
## 4 2007    6969     14300    No
## 5 2008    7208     13600    No
## 6 2009    6460     13900    No
```

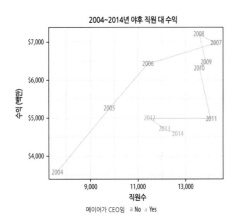

그림 8.22 연결된 산점도로 다시 그리기

다시 그리기는 간단하다. 일단 산점도를 그리고 메이어가 그 당시 CEO였는지에 따라 점을 채색할 수 있었다. 지금쯤이면 이 작업을 꽤 쉽게 할 줄 알아야 한다. 산점도를 만들면서 비즈니스 분석가들이 애용하는 시간적 요소를 유지함으로써 한 걸음 더 나아갈 수 있다. geom_path()와 선 세그먼트를 사용해 각 점에 연도를 라벨링하면서 매년 관측치의 "점 결합"을 순서대로 할 수 있다. 결과(그림 8.22)는 마치 깃돌(판석)을 가로질러 움직이는 달팽이처럼 시간이 지남에 따라 회사의 궤적을 보여주는 도표다. 다시 한 번 2012년도는 두 가지 관측치가 있음을 명심하라.

```
p ← ggplot(data = yahoo,
           mapping = aes(x = Employees, y = Revenue))
p + geom_path(color = "gray80") +
    geom_text(aes(color = Mayer, label = Year),
              size = 3, fontface = "bold") +
    theme(legend.position = "bottom") +
    labs(color = "메이어가 CEO임",
         x = "직원수", y = "수익 (백만)",
         title = "2004~2014년 야후 직원 대 수익") +
    scale_y_continuous(labels = scales::dollar) +
    scale_x_continuous(labels = scales::comma)
```

이 자료를 보면 메이어는 한동안 수익이 떨어지고 대규모 정리 해고 이후에 임명됐음을 알 수 있다. 대기업 리더들에게 나타나는 매우 일반적인 패턴이다. 그 이후로 신규 채용이나 기업 인수를 통해 직원 수가 약간 증가한 반면, 수익은 계속 감소했다. 이 버전은 원래의 슬라이드가 무엇을 하려고 했었는지 더 명확하게 전달한다.

또는 x축에 다시 시간을 두고 직원 대비 수익 비율을 y축에 표시함으로써 분석가 커뮤니티를 만족시킬 수 있다. 이는 좀 더 합리적인 방식으로 선형적인 시간 추세를 되돌려준다(그림 8.23). geom_vline()을 사용해 메이어가 CEO직에 합류한 것을 표시하는 수직선을 추가함으로써 플롯을 시작한다.

```
p ← ggplot(data = yahoo,
            mapping = aes(x = Year, y = Revenue/Employees))

p + geom_vline(xintercept = 2012) +
    geom_line(color = "gray60", size = 2) +
    annotate("text", x = 2013, y = 0.44,
             label = " 메이어 CEO 임명", size = 2.5) +
    labs(x = "연도\n",
         y = "수익/직원 수",
         title = "2004~2014년 야후 직원당 수익율")
```

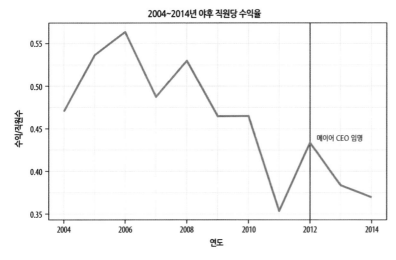

그림 8.23 시기 대비 직원 대 수익의 비율 도표(2015년 12월 야후 투자자 프리젠테이션: 야후 주주를 위한 더 나은 계획)

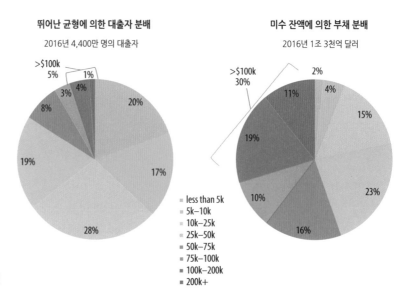

그림 8.24 2016년 미국 학생 부채 구조에 관한 데이터

파이 거절하기

세 번째 사례로 원형(파이)차트를 보자. 그림 8.24는 뉴욕 연방준비은행 Federal Reserve Bank에서 작성한 미국 부채 구조 브리핑 보고서에서 가져 온 한 쌍의 차트다(Chakrabarti et al., 2017). 1장에서 본 바와 같이 원형 차트의 지각적 품질은 그다지 좋지 않다. 1개의 원형차트에서 그래프로 표시되는 값을 추정하고 비교하는 것이 일반적으로 더 어려워진다. 특 히 몇 개 이상의 조각(쐐기wedge)이 있거나 크기가 상당히 맞닿은 조각이 많은 경우 더욱 어렵다. 클리블랜드 점도표나 막대그래프는 일반적으 로 수량을 비교하기 위해 훨씬 더 간단하다. 이 경우와 같이 두 원형차 트 간의 조각을 비교할 때, 독자는 각 파이의 조각과 그 아래에 있는 세 로 방향 범례 사이를 왔다갔다해야 하기 때문에 작업은 다시 더 어려워 진다.

이번 사례에 추가적인 묘안이 있다. 각 원형차트에서 분해된 변수는 범 주형뿐만 아니라 낮은 값부터 높은 순서로 정렬된다. 이 데이터는 모든 대출자 비율과 대출 잔액 중 5천 달러 미만에서 20만 달러 이상까지 분 할되는 모든 잔액의 비율이 기술돼 있다. 원형차트를 이용해 피자, 라 자냐, 리조또별 총 판매액의 비율 등 순서가 없는 범주형 변수의 비율을 하나의 그래프로 표시할 수 있다. 특히 2개의 분포를 비교하려면 파이로 정렬된 카테고리를 추적하기가 더 어렵다. 두 파이의 조각이 차례로 (위에서 시계 방향으로) 줄지어 있지만, 따라가기가 그리 쉽지 않다. 이는 차트의 원 활성에 의한 것이며, 부분적으로는 카테고리에 선택된 색상 표가 연속하지 않은 데 따른 것이다. 대신 파이 조각은 정렬이 안 돼 있다. 색깔로 부채의 범주를 구별할 수 있지만 낮은 값에서 높은 값 순으로 선택할 수 없다.

따라서 여기서 사용되는 것은 좋지 않은 도표 유형뿐만 아니라 평소보다 훨씬 많은 작업을 할 수 있도록 만들어져 있으며, 색상 팔레트의 종류가 올바르지 않다. 원형차트의 경우와 마찬가지로 해석을 용이하게 하기 위한 타협은 모든 조각에 숫자값을 표시하는 것으로, 원형차트 외부에 요약을 추가하는 것이다. 이 작업을 수행해야 하는 경우 차트를 다시 그릴 수 있는지 또는 대신 단순히 테이블을 표시할 수 있을지 묻는 것이 좋다.

이러한 원형차트를 다시 그리는 방법은 두 가지가 있다. 여느 때처럼 어느 쪽도 완벽하지는 않다. 오히려 각각의 접근 방식은 약간 다르게 데이터의 특징에 주의를 기울인다. 어느 쪽이 최적인지는 데이터의 어떤 부분을 강조하느냐에 따라 달라진다. 데이터는 **studebt**라는 객체에 있다.

```
head(studebt)
```

```
## # A tibble: 6 x 4
##      Debt     type  pct  Debtrc
##     <ord>    <fct> <int>  <ord>
## 1 Under $5 Borrowers 20 Under $5
## 2 $5-$10   Borrowers 17 $5-$10
## 3 $10-$25  Borrowers 28 $10-$25
## 4 $25-$50  Borrowers 19 $25-$50
## 5 $50-$75  Borrowers  8 $50-$75
## 6 $75-$100 Borrowers  3 $75-$100
```

원형차트를 다시 그리려는 첫 번째 시도(그림 8.25)는 두 분포를 분할하여 비교한다. 재사용할 수 있도록 일부 레이블을 미리 설정했다. 분할차트용으로 별도 레이블도 만든다.

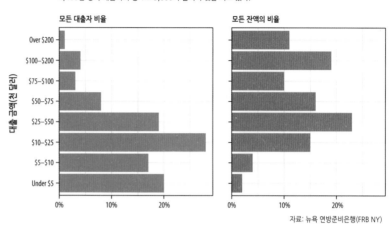

그림 8.25 원형차트 분할하기

```
p_xlab ← "대출 금액(천 달러)"
p_title ← "두드러진 학자금 대출"
p_subtitle ← "4,400만 명의 대출자가 총 1.3조 달러를 빌림"
p_caption ← "자료: 뉴욕 연방준비은행(FRB NY)"

f_labs ← c(`Borrowers` = "전체 대출자\n비율",
           `Balances` = "전체 잔고\n비율")

p ← ggplot(data = studebt,
           mapping = aes(x = Debt, y = pct/100, fill = type))
p + geom_bar(stat = "identity") +
  scale_fill_brewer(type = "qual", palette = "Dark2") +
  scale_y_continuous(labels = scales::percent) +
  guides(fill = FALSE) +
  theme(strip.text.x = element_text(face = "bold")) +
  labs(y = NULL, x = p_xlab,
       caption = p_caption,
       title = p_title,
       subtitle = p_subtitle) +
  facet_grid(~ type, labeller = as_labeller(f_labs)) +
  coord_flip()
```

이 그래프는 적절한 양의 사용자 정의 부분(커스터마이징)이 있다. 먼저
패싯 텍스트는 theme() 호출에서 굵게 표시된다. 그래픽 요소는 먼저

(strip.text.x)라는 이름이 붙은 다음 element_text() 함수를 사용해 변경된다. 또한 scale_fill_brewer()를 통해 채우기 매핑에 사용자 정의 팔레트를 사용한다. 그리고 마지막으로, 빈 변수명보다 유용하게 패싯에 다시 레이블을 붙인다. 이는 facet_grid() 호출에서 labeller 인자와 as_labeller() 함수를 사용해 수행된다. 플롯 코드의 시작 부분에서 먼저 f_labs라는 객체를 설정한다. 이 객체는 사실상 새 레이블 studebt의 type 변수의 값과 연결하는 작은 데이터프레임이다. 레이블을 다시 원하는 값을 선택하기 위해 역따옴표^{backtick}(키보드에서 "1" 키 옆에 있는 따옴표 문자)를 사용한다. as_labeller() 함수는 facet_grid()를 호출할 때 이 객체를 사용해 레이블의 새 텍스트를 만든다.

실질적으로 이 도표는 원형차트보다 어떻게 더 나은가? 데이터를 두 가지 범주로 나눠 백분율 점유율을 막대로 표시했다. 퍼센트 수치는 x축에 있다. 부채 카테고리를 구분하기 위해 색상을 사용하는 대신 y축에 해당 값을 넣는다. 즉, 막대를 훑어보는 것만으로도 범주 내에서 비교할 수 있다. 예를 들어 왼쪽 패널은 학자금 대출을 안고 있는 4,400만 명의 학생 중 거의 1/5이 5,000달러 미만임을 보여준다. 이제 여러 행을 훑어볼 수 있기 때문에 범주 간 비교도 더 쉬워졌다. 예를 들어 대출자의 1% 정도만이 20만 달러 이상의 빚을 지고 있지만 해당 범주가 전체 학자금 대출의 10% 이상을 차지한다는 것을 쉽게 알 수 있다. 또한 y축에 백분율을, x축에 빚진 금액의 범주를 넣어 막대그래프를 만들 수 있다. 하지만 범주형 축 레이블이 길면 일반적으로 y축에 표시하는 것이 더 쉽게 읽을 수 있다. 마지막으로 두 가지 범주의 부채를 색으로 구분하는 것이 좋다고 생각하지만, 그래프의 색상은 패시팅에 의해 아직 처리되지 않은 데이터의 정보를 인코딩 또는 매핑하지 않는다. fill 매핑은 유용하지만 중복이다. 이 그래프는 쉽게 흑백으로 표시될 수 있으며 유용한 정보를 제공한다.

이처럼 분할된 차트에서 강조되지 않는 것 중 하나는 각각의 부채 범주가 총 금액의 몫이나 비율이라는 생각이다. 그것이 원형차트가 무엇보다 강조하는 것이다. 그러나 앞서 봤던 것처럼, 특히 순서가 있는 범주일 때 지각에 노력을 들여야 한다. 어쩌면 다른 종류의 막대그래프를

두드러진 학자금 대출

대출 잔액 4,400만 명의 대출자들이 총 1조 3,000억 달러의 빚을 지고 있다.

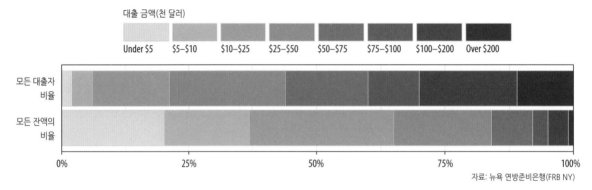

그림 8.26 수평 분할 막대로 나타낸 부채 분포

사용해 몫에 중점을 둘 수 있다. 높이로 구분되는 별도의 막대를 갖는 대신, 각 분포 비율을 단일 막대에 비례해 정렬할 수 있다. 2개의 막대에 누적 막대그래프를 작성하고(그림 8.26), 비교를 위해 나란히 놓을 것이다.

```
library(viridis)

p ← ggplot(studebt, aes(y = pct/100, x = type, fill = Debtrc))
p + geom_bar(stat = "identity", color = "gray80") +
 scale_x_discrete(labels = as_labeller(f_labs)) +
 scale_y_continuous(labels = scales::percent) +
 scale_fill_viridis(discrete = TRUE) +
 guides(fill = guide_legend(reverse = TRUE,
                            title.position = "top",
                            label.position = "bottom",
                            keywidth = 3,
                            nrow = 1)) +
labs(x = NULL, y = NULL,
     fill = "부채 금액, 천 달러 단위",
     caption = p_caption,
     title = p_title,
     subtitle = p_subtitle) +
theme(legend.position = "top",
      axis.text.y = element_text(face = "bold", hjust = 1,
      size = 12), axis.ticks.length = unit(0, "cm"),
```

```
      panel.grid.major.y = element_blank()) +
  coord_flip()
```

다시 말하지만, 이 차트에는 상당한 양의 사용자 정의 부분이 있다. 한 번에 하나씩 옵션을 꺼서 어떻게 변화하는지 확인하는 것이 좋다. 이번에는 f_labs에서 as_labeller()를 사용하지만, x축 레이블에 사용한다. theme() 호출에서 일련의 조정을 수행해 element_text()를 통해 y축 레이블을 더 크게, 오른쪽에 굵게 표시하고 element_blank()로 y축 그리드선 축 눈금 표시를 제거한다.

좀 더 실질적으로는 그림 8.26의 색상에 대해 세심한 주의를 기울이고 있다. 먼저 geom_bar()에서 막대의 경계 색상을 회색으로 설정해 막대 세그먼트를 쉽게 구별할 수 있다. 다음 색상 팔레트에 scale_fill_viridis()를 사용해 viridis 라이브러리에 다시 그린다(7장의 '소형 복합지도' 절의 경우와 같다). 셋째, 소득 카테고리를 오름차순 색상으로 매핑하고 값이 낮은 것부터 높은 쪽으로, 왼쪽에서 오른쪽으로, 노란색에서 보라색이 되도록 키를 조정하는 데 주의한다. 이것은 fill 매핑을 Debt에서 Debtrc로 전환해 부분적으로 이뤄진다. 후자의 범주는 예전과 동일하지만, 소득 수준은 우리가 원하는 순서로 코딩돼 있다. 또한 제목과 캡션 아래의 맨 위에 배치해 범례를 먼저 독자에게 보여준다.

나머지 작업은 guide() 호출에서 이뤄진다. 표시하지 않으려는 범례를 해제하지 않는 한, 지금까지 guides()를 거의 사용하지 않는다. 그러나 여기에서 그 유용성을 알았다. fill 매핑에 대한 일련의 지시를 guide()에 제공한다. reverse 컬러 코딩의 방향. 범례 제목을 키 위에 놓는다. 색상의 레이블을 키 아래에 위치한다. 색상 상자의 폭을 조금 넓혀준다. 키 전체를 한 줄로 배치한다.

reverse = TRUE

title.position
label.position

keywidth
nrow

힘든 작업이지만 실행하지 않으면 도표를 읽기가 어렵다. 또, 도표가 어떻게 변화하는지 확인하기 위해 레이어와 옵션을 차례로 꺼 보는 것이 좋다. 그림 8.26에서는 지불해야 할 금액의 범주가 모든 잔액에 대한 비율로 그리고 모든 대출에 대한 비율로 어떻게 분류되는지 좀 더 쉽게 확인할 수 있다. 특히 각 스케일의 맨 끝에 두 유형 간의 비교를 할 수 있다. 예를 들어 대출의 아주 작은 비율이 부채 총액의 큰 부분을 차지하고 있는 것을 알 수 있다. 그러나 이 신중한 작업을 취해도 개별 세그먼트의 크기를 예측하기란 그림 8.25의 분할 버전에서와 같이 여전히 쉽지 않다. 각 조각을 비교하는 기준점과 기준선 스케일이 없으면 크기를 추정하기가 어렵기 때문이다(면 도표는 그 비교 포인트는 x축이었다). 따라서, 하단 바의 "5 이하" 세그먼트의 크기는 "$10~25" 막대의 크기보다 추정이 훨씬 쉽다. 누적 막대그래프의 사용에 대한 경고는 우리가 그들을 최대한 활용하려고 노력한다 해도, 여전히 많은 힘을 갖고 있다.

8.6 다음 알아볼 내용

이로써 소개가 끝났다. 여기서부터는 크게 두 가지 방법으로 앞서 나갈 수 있는 강력한 위치에 있어야 한다. 첫 번째는 코딩에 더 자신감을 갖고 연습하는 것이다. ggplot을 배우면 tidyverse 도구 세트에 대해 더 많이 배우고 확장시켜 R을 더 많이 알기 위해 전반적으로 배울 수 있다. 추구하고자 하는 것은 학자나 데이터 과학자로서 자신의 필요와 관심에 의해 추진하게 될 것이다. 다음으로 살펴봐야 할 가장 자연스러운 텍스트는 개럿 그롤먼드와 해들리 위컴의 『R을 활용한 데이터 과학』(인사이트, 2019)인데, 이는 우리가 여기에 그려 봤으나 깊이 있게 추구하지 않은 tidyverse 구성요소를 소개한다. 다른 유용한 문헌으로는 챙(2013)과 로저 펭[Roger Peng]의 『R Programming for Data Science(데이터 과학을 위한 R 프로그래밍)』(lulu.com, 2012)가 있다. 특히 ggplot에 대한 가장 세부적인 소개는 위컴(2016)에서 찾아볼 수 있다.

새로운 종류의 그래프에 ggplot을 사용하도록 추진하면 결국 ggplot이 필요한 기능을 충분히 수행하지 못하거나 원하는 종류의 geom을 제공하지 못하는 수준에 이를 것이다. 그럴 경우 가장 먼저 살펴봐야 할 곳은 ggplot 프레임워크에 관한 확장의 세계다. 대니얼 에머싯[Daniel Emaasit]의 ggplot용 추가 기능[add-on] 패키지 개요는 검색을 시작하기에 가장 좋

r4ds.had.co.nz/

leanpub.com/rprogramming

국내에 출판되지 않았으나 온라인상 원문이 공개돼 있어 내용을 확인해볼 수 있다.(https://bookdown.org/rdpeng/rprogdatascience/) – 옮긴이

은 장소다. 우리는 이미 책에서 몇 개의 확장 기능을 사용했다. 확장 프
로그램은 ggrepel과 ggridges처럼 보통 필요한 새로운 geom을 사용
하기 위한 것이다. 때때로 토마스 린 피더슨[Thomas Lin Pedersen]의 ggraph
와 마찬가지로 온갖 geom과 그에 관련된 도구 꾸러미 전체를 얻을 수
있다. ggraph의 경우 네트워크 데이터 시각화를 위한 깔끔한[tidy] 메서
드의 모음이다. 다른 모델링 및 분석 작업에는 수행 중인 분석의 종류
와 밀접한 관련이 있는 더 많은 사용자 정의 작업이나 코딩이 필요할 수
있다. 해럴[Harrell](2016)은 주로 ggplot을 기반으로 명확하게 작동하는 예
제를 다수 제공하며, 젤먼과 힐(2018) 및 이마이[Imai](2017)는 R을 활용한
현대적인 메서드를 소개하고 있다. 실지[Silgi]와 로빈슨(2017)은 텍스트 데
이터를 분석하고 시각화하는 깔끔한 접근법을 제시하며, 프렌들리와 메
이어(2017)는 시각적으로 접근하기 어려운 영역인 이산형 데이터[discrete
data]의 분석을 철저히 탐구한다.

두 번째로 나아가야 할 방식은 다른 사람의 그래프를 보고 생각하는 것
이다. 얀 홀츠[Yan Holtz]가 운영하는 R 그래프 갤러리[R Graph Gallery]는 ggplot
과 기타 R 도구로 그린 다양한 종류의 그래픽 예시들의 유용한 모음
이다. 조나단 슈바비시[Jon Schwabish]가 운영하는 사이트인 PolicyViz는 데
이터 시각화에 관한 다양한 주제를 다룬다. 각 사이트는 정기적으로 시
각화를 개선하거나 제시한 데이터에 새로운 시각을 제시하는 사례 연구
를 특징으로 한다. 그러나 처음부터 코드를 포함하는 예제를 찾아서는
안 된다. 앞서 말했듯이 ggplot의 진정한 강점은 그것을 뒷받침하는 그
래픽 문법[grammar of graphic]이다. 이 문법은 생성된 방법에 관계없이 그래
프를 보고 해석하는 데 사용할 수 있는 모델이다. 어떤 특정 그래프의
데이터, 매핑, 지오메트리[geom], 스케일, 가이드 그리고 레이어가 무엇인
지 말할 수 있는 용어[vocabulary]를 제공한다. 또한 문법은 ggplot 라이브
러리로 구현돼 있기 때문에 그래프의 구조를 분석하는 것부터 직접 재
현하기 위해 작성할 수 있는 코드의 윤곽을 스케치할 수 있는 간단한 단
계다.

기본 원칙과 목표는 비교적 안정적이지만 연구 기법과 도구는 변화하
고 있다. 사회과학 분야에서는 특히 더 그렇다(Salganik, 2018). 데이터

ggplot2-exts.org

r-graph-gallery.com

policyviz.com

시각화는 이러한 새로운 개발에 있어 훌륭한 진입점이다. 이를 위한 도구는 그 어느 때보다 다양하고 강력하다. 당신은 당신의 데이터를 살펴봐야 한다. 보는 것은 사고^{thinking}를 대체하지 않는다. 정직하도록 강요할 수는 없다. 데이터 시각화는 당신이 실수하는 것을 마술처럼 막을 수 없고, 당신의 아이디어를 진실로 만들 수 있다. 그러나 데이터를 분석한다면 시각화를 통해 데이터의 특징을 찾아내는 데 도움이 될 수 있다. 당신이 정직하다면, 스스로의 기준에 맞게 생활하는 데 도움이 될 수 있다. 필연적으로 오류가 발생할 때는 오류를 찾아 수정하는 데 도움이 될 수 있다. 그리고 데이터 시각화에 관한 아이디어와 이에 대한 훌륭한 증거를 갖고 있다면, 이를 설득력 있게 보여줄 수 있다.

부록

부록에는 R과 ggplot의 다양한 측면에 관한 보충 정보를 담았다. 소프트웨어 활용에 있어 필수불가결한 실제 문제를 발견하는 과정의 초입에 있다. 이 과정은 종종 좌절감을 안긴다. 그러한 곤혹스러운 느낌은 코드를 작성하는 모든 사람이 일반적으로 겪는다. 문제에 대한 해결책을 찾을 때마다 문제가 발생하는 형태와 그 원인에 관한 많은 지식과 함께 이후에 발생하는 다른 결함을 해결하는 법에 대해 자신감을 얻을 수 있다.

1 R에 관해 더 자세히 알아보기

R의 도움말 페이지 읽는 법

R의 함수 데이터셋 및 기타 내장 객체는 도움말 시스템에 문서화돼 있다. RStudio 오른쪽 하단 창의 "Help^{도움말}" 탭을 통해 도움말 문서를 검색하거나 찾아볼 수 있다. R의 도움말 페이지의 질은 다소 편차가 있다. 문서는 대체로 간결한 편이지만 모두 본질적으로 동일한 구조를 지니므로 도움말을 읽는 법을 알아두면 유용하다. 다음 페이지에 있는 그림 A.1은 무엇을 찾아야 하는지 개요를 보여준다. 함수는 입력값을 받아 작업을 수행하고 출력값을 반환한다는 것을 기억하라. 무언가 들어가서 일을 시작하면 무언가가 나온다. 즉, 그 함수가 무엇을 필요로 하는지, 무엇을 하는지, 무엇을 반환할지 알고 싶다는 의미다. 필요로 하는 내용은 도움말 페이지의 Usage^{사용법}와 Arguments^{인자} 섹션에 나와 있다. 필수 인자와 선택적 인자의 이름은 함수가 예상하는 순서대로 제공된다. 일부 인자에는 기본값이 있다. mean() 함수의 경우 인자 na.rm은 기본적으로 FALSE로 설정돼 있다. 이러한 내용은 Usage 섹션에 표시된다. 이름이 지정된 인자에 기본값이 없는 경우에는 값을 지정

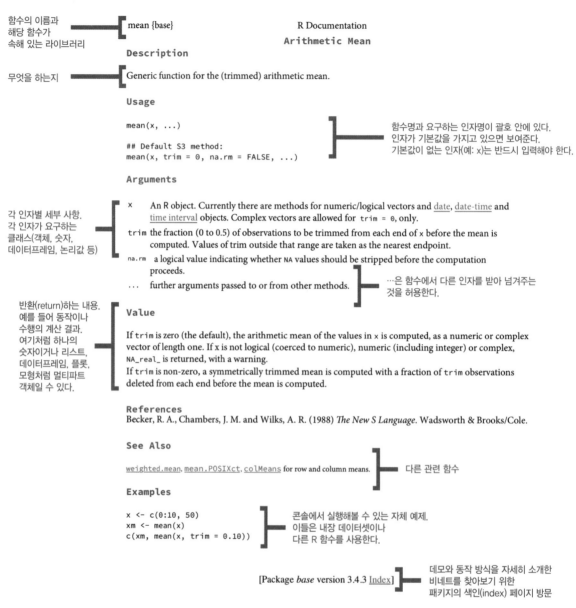

함수의 이름과
해당 함수가
속해 있는 라이브러리

mean {base}

R Documentation
Arithmetic Mean

Description

무엇을 하는지

Generic function for the (trimmed) arithmetic mean.

Usage

```
mean(x, ...)

## Default S3 method:
mean(x, trim = 0, na.rm = FALSE, ...)
```

함수명과 요구하는 인자명이 괄호 안에 있다.
인자가 기본값을 가지고 있으면 보여준다.
기본값이 없는 인자(예: x)는 반드시 입력해야 한다.

Arguments

각 인자별 세부 사항.
각 인자가 요구하는
클래스(객체, 숫자,
데이터프레임, 논리값 등)

x   An R object. Currently there are methods for numeric/logical vectors and date, date-time and time interval objects. Complex vectors are allowed for trim = 0, only.

trim the fraction (0 to 0.5) of observations to be trimmed from each end of x before the mean is computed. Values of trim outside that range are taken as the nearest endpoint.

na.rm a logical value indicating whether NA values should be stripped before the computation proceeds.

... further arguments passed to or from other methods.

…은 함수에서 다른 인자를 받아 넘겨주는
것을 허용한다.

반환(return)하는 내용.
예를 들어 동작이나
수행의 계산 결과.
여기처럼 하나의
숫자이거나 리스트,
데이터프레임, 플롯,
모형처럼 멀티파트
객체일 수 있다.

Value

If trim is zero (the default), the arithmetic mean of the values in x is computed, as a numeric or complex vector of length one. If x is not logical (coerced to numeric), numeric (including integer) or complex, NA_real_ is returned, with a warning.
If trim is non-zero, a symmetrically trimmed mean is computed with a fraction of trim observations deleted from each end before the mean is computed.

References
Becker, R. A., Chambers, J. M. and Wilks, A. R. (1988) *The New S Language*. Wadsworth & Brooks/Cole.

See Also

weighted.mean, mean.POSIXct, colMeans for row and column means.

다른 관련 함수

Examples

```
x <- c(0:10, 50)
xm <- mean(x)
c(xm, mean(x, trim = 0.10))
```

콘솔에서 실행해볼 수 있는 자체 예제.
이들은 내장 데이터셋이나
다른 R 함수를 사용한다.

[Package *base* version 3.4.3 Index]

데모와 동작 방식을 자세히 소개한
비네트를 찾아보기 위한
패키지의 색인(index) 페이지 방문

그림 A.1 R 도움말 페이지 구조

해야 한다. 인자에 따라 논리값, 숫자, 데이터셋 또는 기타 다른 객체가
될 수 있다.

자세히 살펴볼 다른 부분은 Value 섹션으로, 계산 완료 후 함수가 무엇
을 반환하는지 알려준다. 다시 말하지만 함수가 무엇인지에 따라 단순
히 하나의 숫자 또는 다른 짧은 출력 조각일 수 있다. 하지만 ggplot 플

롯이거나 리스트로 구성된 다수의 여러 부분으로 이뤄진 모델 객체와 같이 복잡한 것일 수도 있다.

잘 문서화된 패키지는 데모demo와 비네트vignette가 첨부돼 있는 경우가 많다. 이는 특정 함수가 아닌 패키지 전체를 설명하기 위한 것이다. 좋은 패키지 비네트는 보통 패키지가 어떻게 작동하고 무엇을 할 수 있는지 알려주는 설명discussion 부분과, 하나 이상의 완벽하게 동작하는 예제를 포함하고 있다. 패키지 비네트가 있는지 확인하려면 함수의 도움말 페이지 하단의 링크를 클릭해 패키지 색인으로 이동한다. 가용한 데모, 비네트 또는 기타 일반적인 도움말이 맨 위에 표시된다.

접근 및 선택의 기본 사항

일반적으로 데이터의 부분집합 나누기subsetting, 필터링, 잘라내기slicing, 선택selecting을 위한 tidyverse의 선호 방법은 데이터의 벡터, 행렬 또는 테이블 요소를 선택하고 추출하는 기본 메커니즘에서 멀어지게 한다. select(), filter(), subset(), merge() 등의 함수를 통해 이러한 작업을 수행하는 것이 일반적으로 요소에 직접 접근(액세스)하는 것보다 안전하고 안정적이다. 그러나 이러한 작업의 기본 사항을 아는 것이 좋다. 때로는 요소에 직접 액세스하는 것이 가장 편리한 방법이다. 더 중요한 것은 코드에서 간단한 방법으로 이러한 기술을 규칙적으로 사용할 수 있다는 것이다. 여기에서는 벡터, 배열, 표에 대한 R의 선택 연산자selection operator를 간략하게 소개한다.

my_numbers와 your_numbers 벡터를 다시 생각해보자.

```
my_numbers ← c(1, 2, 3, 1, 3, 5, 25)
your_numbers ← c(5, 31, 71, 1, 3, 21, 6)
```

my_numbers의 특정 요소에 액세스하려면 대괄호([])를 사용한다. 대괄호는 함수 뒤의 괄호(())와 다르다. 위치에 따라 색인이 지정된 요소를 선택하는 데 사용된다.

```
my_numbers[4]
```

```
## [1] 1
```

```
my_numbers[7]
```

```
## [1] 25
```

괄호 안에 숫자 n을 넣으면 벡터의 n번째 요소가 있다고 가정해 얻을
(또는 "반환"할) 수 있다. 벡터 내의 일련의 요소에 접근하기 위해 다음과
같이 쓸 수 있다.

```
my_numbers[2:4]
```

```
## [1] 2 3 1
```

이 축약 표기법은 두 번째 요소부터 네 번째 요소까지 포함하도록 지시
한다. 또한 인접한 요소를 선택하는 데에만 국한되지 않으며 c() 함수
를 다시 사용할 수 있다.

```
my_numbers[c(2,4)]
```

```
## [1] 2 1
```

R은 c(2,4)라는 표현식을 먼저 실행evaluate한 다음 다른 요소들은 무
시하고 my_numbers의 두 번째와 네 번째 요소만 추출한다. 왜 my_
numbers[2,3]을 직접 쓰지 않았는지 궁금할 것이다. 답은 이 표기법이
행렬, 데이터프레임, 티블처럼 2차원으로 배열된 객체(즉, 행과 열이 있는
것)에 사용된다는 것이다. c() 함수를 사용해 두 개의 서로 다른 벡터를
만들고 tibble() 함수로 함께 모아 2차원 객체를 만들 수 있다.

```
my_tb ← tibble(mine = c(1, 4, 5, 8:11), yours = c(3, 20, 16,
                                                    34:31))

class(my_tb)
```

```
## [1] "tbl_df"      "tbl"         "data.frame"
```

my_tb

```
## # A tibble: 7 x 2
##     mine yours
##    <dbl> <dbl>
## 1      1     3
## 2      4    20
## 3      5    16
## 4      8    34
## 5      9    33
## 6     10    32
## 7     11    31
```

데이터프레임, 티블과 다른 배열을 행마다 인덱싱한다. 먼저 몇 가지 다음 각 열에 표시된다. 2차원 이상의 배열을 갖는다.

my_tb[3,1] # 3행 1열

```
## # A tibble: 1 x 1
##     mine
##    <dbl>
## 1      5
```

my_tb[1,2] # 1행, 2열

```
## # A tibble: 1 x 1
##    yours
##    <dbl>
## 1      3
```

티블의 열에는 이름이 있다. 컬럼명을 사용해 요소를 선택할 수도 있다. 이전에 열의 인덱스 번호를 넣은 위치에 열 이름을 따옴표로 묶어 이 작업을 수행한다.

my_tb[3,"mine"] # 3행, 1열

이 코드 조각에서 해시 기호(#)로 설정된 설명 텍스트(주석문)가 보일 것이다. R의 구문에서 해시기호는 주석을 지정하는 데 사용된다. 모든 코드 줄에서 # 기호 뒤에 나오는 텍스트는 R의 인터프리터가 무시한다. 주석문은 실행되지 않으며 구문 오류를 일으키지 않는다.

```
## # A tibble: 1 x 1
##     mine
##    <dbl>
## 1     5
```

```
my_tb[1,"yours"] # 1행, 2열
```

```
## # A tibble: 1 x 1
##    yours
##    <dbl>
## 1     3
```

```
my_tb[3,"mine"] # 3행, 1열
```

```
## # A tibble: 1 x 1
##     mine
##    <dbl>
## 1     5
```

```
my_tb[1,"yours"] # 1행, 2열
```

```
## # A tibble: 1 x 1
##    yours
##    <dbl>
## 1     3
```

특정 열의 모든 요소를 가져오려면 행 인덱스를 생략할 수 있다. 이는
선택한 열에 대해 모든 행이 포함됨을 의미한다.

```
my_tb[,"mine"] # 모든 행, 1열
```

```
## # A tibble: 7 x 1
##     mine
##    <dbl>
## 1     1
## 2     4
## 3     5
## 4     8
## 5     9
## 6    10
## 7    11
```

반대의 방법으로 특정 행을 선택하고 모든 열을 표시하는 작업을 수행할 수도 있다.

```
my_tb[4,] # 4행, 모든 열
```

```
## # A tibble: 1 x 2
##    mine yours
##   <dbl> <dbl>
## 1     8    34
```

데이터프레임 내의 특정 열에 액세스하는 더 좋은 방법은 $ 연산자를 사용하는 것이다. 이 연산자는 다양한 종류의 객체 구성요소를 추출하는 데 사용할 수 있다. 이런 방식으로 원하는 열 이름을 해당 객체의 이름에 추가한다.

```
my_tb$mine
```

```
## [1]  1  4  5  8  9 10 11
```

중첩된 객체를 포함해 다른 많은 객체의 요소도 이러한 방법으로 추출할 수 있다.

```
out ← lm(mine ~ yours, data = my_tb)
```

```
out$coefficients
```

```
## (Intercept)        yours
## -0.08011921   0.28734222
```

```
out$call
```

```
## lm(formula = mine ~ yours, data = my_tb)
```

```
out$qr$rank # nested
```

```
## [1] 2
```

마지막으로 데이터프레임의 경우 $ 연산자를 사용해 객체에 새 열을 추가할 수도 있다. 예를 들어 처음 두 열을 한 줄씩 함께 추가할 수 있다. 이러한 방식으로 열을 만들려면 할당^{assignment} 시 왼편에 $와 새로운 열의 이름을 넣는다.

```
my_tb$ours ← my_tb$mine + my_tb$yours
my_tb
```

```
## # A tibble: 7 x 3
##     mine yours  ours
##    <dbl> <dbl> <dbl>
## 1      1     3     4
## 2      4    20    24
## 3      5    16    21
## 4      8    34    42
## 5      9    33    42
## 6     10    32    42
## 7     11    31    42
```

이 책에서는 일반적으로 [또는 $를 통해 데이터에 액세스하지 않는다. 이름을 사용하는 것과 달리 인덱스 번호만으로 요소에 액세스하는 것은 특히 나쁜 습관이다. 두 경우 특히 후자의 경우는 실수로 잘못된 열이나 행을 선택하기가 쉽다. (예를 들어 새로운 원본 데이터의 추가로) 테이블이 나중에 모양이 바뀌면 (열 이름이 아니라) 열 위치에 대한 절대 참조가 깨질 확률이 매우 높아진다. 그래도 간단한 작업에는 c() 함수를 꽤 반복적으로 사용하므로 벡터에서 요소를 고르는 데 어떻게 사용할 수 있는지 이해하는 것이 좋다.

정돈된 데이터

사용하는 데이터가 올바른 모양이면 R과 ggplot을 활용한 작업이 훨씬 쉽다. ggplot은 데이터가 정리돼 있길 기대한다. 정돈된 데이터의 아이디어에 관한 더 자세한 내용은 위컴과 그롤먼드(2016)의 5장과 12장을 참조하라. R에서 깔끔한^{Tidy} 데이터셋이 어떻게 보이는지 이해하기 위해 위컴(2014)에서 계속 설명할 것이다.

1. 각 변수는 문자열이다.
2. 각 관측은 행이다.
3. 각 유형의 관측 단위는 표를 형성한다.

대부분의 데이터 분석에서는 처음 두 가지가 가장 중요하다. 세 번째 점은 조금 익숙하지 않을지도 모른다. 이것은 데이터베이스의 세계에서 "정규화된" 데이터의 특징이며, 그 목적은 최소한의 중복에 일련의 관련 테이블에 데이터를 나타내는 것이다(Codd, 1990). 데이터 분석은 하나의 큰 데이터 표인 다음 몇 가지 변수다. 이따금 데이터가 상당히 중복돼 있다.

요약 표에 표시된 데이터는 여기에 정의된 바와 같이 종종 제대로 "정리tidy돼" 있지 않다. 데이터를 구조화할 때 데이터가 어떻게 배치돼 있는지 명확하게 해야 한다. 데이터가 제대로 정리돼 있지 않은 경우 더 어려워질 가능성이 높고 아마도 더 난이도가 높기 때문에 ggplot에서 원하는 그림을 그릴 수 있다.

위컴의 설명에서 표 A.1과 표 A.2를 생각해보자. 두 표는 동일한 데이터를 다른 방식으로 제시하고 있지만, 그래프로 만들기 위해 ggplot에서 작업하려고 하면 문제가 발생할 수 있다. 표 A.3은 다시 동일한 데이터를 보여준다. 이번에는 정리된 형태다.

해들리 위컴은 데이터 표가 정리되기 어려운 다섯 가지 주요 방식을 지적하고 있다.

1. 열 머리글이 변수 이름이 아닌 값이다.
2. 여러 변수가 하나의 열에 포함돼 있다.
3. 행과 열 모두에 변수가 담겨 있다.
4. 여러 유형의 관측 단위가 같은 표에 저장된다.
5. 단일 관측 단위가 여러 표에 저장된다.

데이터는 항상 어수선한 형태로 제공된다. 훨씬 적은 공간에서 레이블을 표시하거나 레이블 또는 행 요소를 반복해 표시하고 있기 때문이다.

표 A.1 어수선한 데이터

이름	처리군a	처리군b
이다양	NA	18
지은	4	1
조유나	6	7

표 A.2 동일하지만 다른 방식으로, 여전히 정리되지 않은 데이터

처리군	이다양	지은	조유나
a	NA	4	6
b	18	1	7

표 A.3 정리된 데이터. 모든 변수 열, 모든 관측 행

이름	처리군	n
지은	a	4
지은	b	1
이다양	a	NA
이다양	b	18
조유나	a	6
조유나	b	7

표 A-1 25세 이상, 연령 및 성별을 기준으로 수료한 학년 수: 1940년부터 2016년까지 선정
(천 단위. 별도로 명시하지 않는 경우 무교육 집단)

나이, 성별, 연도	합계	학교 수료 연수						평균
		초등학교		고등학교		대학교		
25세 이상								
남성								
2016	103,372	1,183	3,513	7,144	30,780	26,468	34,283	(NA)
2015	101,887	1,243	3,669	7,278	30,997	25,778	32,923	(NA)
2014	100,592	1,184	3,761	7,403	30,718	25,430	32,095	(NA)
2013	99,305	1,127	3,836	7,314	30,014	25,283	31,731	(NA)
2012	98,119	1,237	3,879	7,388	30,216	24,632	30,766	(NA)
2011	97,220	1,234	3,883	7,443	30,370	24,319	29,971	(NA)
2010	96,325	1,279	3,931	7,705	30,682	23,570	29,158	(NA)
2009	95,518	1,372	4,027	7,754	30,025	23,634	28,706	(NA)
2008	94,470	1,310	4,136	7,853	29,491	23,247	28,433	(NA)
2007	93,421	1,458	4,249	8,294	29,604	22,219	27,596	(NA)
2006	92,233	1,472	4,395	7,940	29,380	22,136	26,910	(NA)
2005	90,899	1,505	4,402	7,787	29,151	21,794	26,259	(NA)

그림 A.2 인구조사에서 얻은 정리되지 않은 데이터

그림 A.2는 미국의 학업 성취에 대한 미 인구조사국 자료 표의 처음 몇 줄이다. 먼저 스프레드시트 아래에 일련의 하위 테이블로 구성되며 나이와 성별에 따라 분류돼 있다. 두 번째는 관심 있는 기본 변수 "학교 수료 연수"가 여러 열에 걸쳐 포함된 열 전체에 추가 변수(학교 교육 수준)도 포함되는 것이다. 빈 행을 제거하고 하위 테이블의 행에 명시적으로 이름을 지정해 테이블을 좀 더 일정한 형식으로 하는 것은 어렵지 않다. 이를 수동으로 실행해 엑셀이나 CSV 파일로 불러올 수 있다. 이것은 이상적이지 않으며 수작업으로 데이터를 정리하는 부분은 가능한 한 프로그래밍 방식으로 수행하겠다는 약속에 위배된다. 프로세스를 일부 자동화할 수 있다. tidyverse는 고통을 덜어줄 readxl 패키지를 함께 제공한다.

readxl.tidyverse.org

```
## # A tibble: 366 x 11
##   age    sex    year  total elem4 elem8   hs3   hs4 coll3 coll4 median
##   <chr>  <chr>  <int> <int> <int> <int> <dbl> <dbl> <dbl> <dbl>  <dbl>
## 1 25-34 Male   2016  21845   116   468  1427  6386  6015  7432     NA
## 2 25-34 Male   2015  21427   166   488  1584  6198  5920  7071     NA
```

```
##  3 25-34 Male    2014 21217    151    512   1611  6323  5910  6710    NA
##  4 25-34 Male    2013 20816    161    582   1747  6058  5749  6519    NA
##  5 25-34 Male    2012 20464    161    579   1707  6127  5619  6270    NA
##  6 25-34 Male    2011 20985    190    657   1791  6444  5750  6151    NA
##  7 25-34 Male    2010 20689    186    641   1866  6458  5587  5951    NA
##  8 25-34 Male    2009 20440    184    695   1806  6495  5508  5752    NA
##  9 25-34 Male    2008 20210    172    714   1874  6356  5277  5816    NA
## 10 25-34 Male    2007 20024    246    757   1930  6361  5137  5593    NA
## # ... with 356 more rows
```

tidyverse에는 데이터를 정리되지 않은 상태에서 정돈된 상태로 변환하는 데 도움이 되는 다른 몇 가지 방법이 있다. 이들은 대부분 **tidyr**과 **dplyr** 패키지에 있다. 전자는 와이드 데이터를 롱 포맷의 데이터로 변환하는 기능과 저장되지 않은 변수를 분할해 결합 작업을 지원하는 기능을 제공한다. 이 책을 통해 본 바와 같이, 후자는 제대로 된 표를 더 그룹화 수준에서 더욱 구체화 슬라이스하고 분석하는 것을 가능케 하는 도구가 있다.

edu 객체는 gather() 함수를 사용해 schooling 변수를 키-값 배열로 변환할 수 있다. 키는 기본 변수이며, 값은 관측치에 필요한 값이다. 이렇게 해서 새로운 객체 edu_t를 만든다.

```
edu_t ← gather(data = edu,
               key = school,
               value = freq,
               elem4:coll4)


head(edu_t)
```

```
## # A tibble: 6 x 7
##    age    sex    year total median school  freq
##    <chr>  <chr> <int> <int>  <dbl> <chr>  <dbl>
## 1 25-34 Male    2016 21845    NA elem4    116
## 2 25-34 Male    2015 21427    NA elem4    166
## 3 25-34 Male    2014 21217    NA elem4    151
## 4 25-34 Male    2013 20816    NA elem4    161
## 5 25-34 Male    2012 20464    NA elem4    161
## 6 25-34 Male    2011 20985    NA elem4    190
```

```
tail(edu_t)
```

```
## # A tibble: 6 x 7
##    age   sex      year total median school  freq
##    <chr> <chr>   <int> <int>  <dbl> <chr>  <dbl>
## 1 55>   Female   1959 16263    8.3 coll4    688
## 2 55>   Female   1957 15581    8.2 coll4    630
## 3 55>   Female   1952 13662    7.9 coll4    628
## 4 55>   Female   1950 13150    8.4 coll4    436
## 5 55>   Female   1947 11810    7.6 coll4    343
## 6 55>   Female   1940  9777    8.3 coll4    219
```

이전에 열에 분산된 교육 카테고리가 2개의 새로운 열로 수집됐다. school 변수는 중요한 열이다. 여기에는 0~4년의 초등학교에서 4년 이상의 대학까지 이전에 열 머리글에 걸쳐 주어진 모든 교육 카테고리가 포함돼 있다. 그들은 현재 행에 각기 쌓여 있다. freq 변숫값의 열이며, 그 변수의 각 수준에 대한 schooling의 고윳값이 포함돼 있다. 우리의 데이터가 이 긴 형태(롱 포맷)가 되면 ggplot과 관련 tidyverse 도구를 쉽게 사용할 수 있게 된다.

2 일반적인 데이터 읽기 문제

날짜 형식

날짜 형식은 성가실 수 있다. 첫째, 시간과 날짜는 보통의 숫자와는 다르게 취급해야 한다. 둘째, 여러 가지 다양한 날짜 형식이 있다. 날짜 형식은 저장되는 정밀도precision와 년, 월, 일 등을 표시하는 방법에 따라 달라진다.
다음 데이터를 생각해보자.

```
head(bad_date)
```

```
## # A tibble: 6 x 2
##    date          N
##    <date>    <int>
```

```
## 1 2011-09-01 44426
## 2 2011-09-02 55112
## 3 2011-09-03 19263
## 4 2011-09-04 12330
## 5 2011-09-05  8534
## 6 2011-09-06 59490
```

date 열의 데이터는 문자열로 읽어왔지만, R에서 날짜로 처리하게 하고 싶다. 날짜로 취급할 수 없는 경우에는 잘못된 결과를 얻게 된다(그림 A.3).

```
p ← ggplot(data = bad_date, aes(x = date, y = N))
p + geom_line()
```

```
## geom_path: Each group consists of only one observation. Do
   you need to
## adjust the group aesthetic?
```

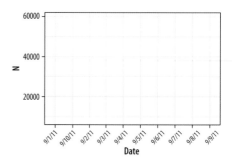

그림 A.3 잘못된 날짜

어떤 일이 발생했는가? 문제는 ggplot 입장에서 date가 날짜로 구성돼있다는 사실을 모르는 것이다. 결과로 그것을 x축에 나타내려고 하면 date의 특정 요소를 대신 무조건 카테고리 변수(즉, 팩터)처럼 취급하려고 한다. 그러나 각 날짜는 고유하기 때문에 데이터를 그룹화할 때의 기본 노력으로 모든 그룹에 하나의 관측 값(예: 특정 행)밖에 포함되지 않는다. ggplot 함수는 이것이 뭔가 이상하다는 것을 알고, 당신에게 알리기 위해 매핑에 group = ⟨무언가⟩를 설정할 수 없었던 게 아닐까 싶다.

이를 위해 나쁜 날짜 값이 고유하지 않은 경우에 무슨 일이 일어나는가를 살펴보자. 데이터 사본을 거듭 쌓아서 새로운 데이터프레임을 만들 것이다. rbind() 함수가 이 작업을 수행한다. 그림 A.4는 모든 관측치가 두 번씩 기록돼 있다.

```
bad_date2 ← rbind(bad_date, bad_date)

p ← ggplot(data = bad_date2, aes(x = date, y = N))
p + geom_line()
```

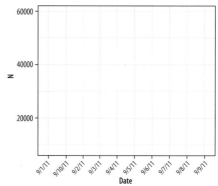

그림 A.4 여전히 나쁘다.

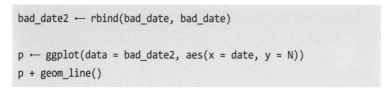

ggplot은 (추론된) 그룹당 하나 이상의 값이 있기 때문에 전혀 불만을 제기하지 않는다. 그러나 도표는 여전히 잘못됐다!

이 문제는 lubridate 패키지를 사용해 해결한다. 다양한 형식의 다양한 구분 기호(예: / 또는 −)를 사용해 R은 인식하고 있는 Date 클래스 객체의 날짜 문자열을 변환하는 편리한 함수 모음을 제공한다. 여기에서 나쁜 날짜는 월/일/년(month/day/year) 형식이므로 mdy()를 사용한다. 날짜 구성요소가 다른 순서로 나타나는 문자열을 변환하는 비슷한 편리한 함수에 대한 자세한 내용은 lubridate 패키지의 문서를 참조하라.

```
# install.packages("lubridate")
library(lubridate)

bad_date$date <- mdy(bad_date$date)
head(bad_date)
```

```
## # A tibble: 6 x 2
##   date            N
##   <date>      <int>
## 1 2011-09-01  44426
## 2 2011-09-02  55112
## 3 2011-09-03  19263
## 4 2011-09-04  12330
## 5 2011-09-05   8534
## 6 2011-09-06  59490
```

이제 date는 Date 클래스가 됐다. 다시 도표를 그려보자(그림 A.5).

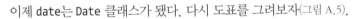

```
p <- ggplot(data = bad_date, aes(x = date, y = N))
p + geom_line()
```

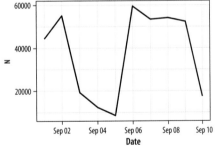

그림 A.5 훨씬 낫다.

연도만 있는 날짜

많은 변수는 연도별로 측정되며 날짜가 아닌 4자리 숫자로 데이터가 제공된다. x축에 연도를 표시하려고 하면 때때로 머리가 아플 수 있다.

시계열이 비교적 짧은 경우에 가장 자주 발생한다. 다음 데이터를 검토하라.

```
url ← "https://cdn.rawgit.com/kjhealy/viz-organdata/master/
organdonation.csv"

bad_year ← read_csv(url)
bad_year %>% select(1:3) %>% sample_n(10)
```

```
## # A tibble: 10 x 3
##    country        year donors
##    <chr>         <dbl>  <dbl>
##  1 France         1997     15
##  2 Norway         1995   15.7
##  3 United States    NA     NA
##  4 Finland        1998   19.8
##  5 Germany        2002   12.2
##  6 Germany        1996   12.7
##  7 United States  1993   18.7
##  8 Canada         1996     14
##  9 Austria        1996   24.7
## 10 Austria          NA     NA
```

이것은 organdata 버전이지만 덜 깔끔한 형식이다. year 변수는 날짜가 아닌 정수(클래스는 <int>)다. 연도에 기부율을 플롯하고 싶다고 가정해보자.

```
p ← ggplot(data = bad_year, aes(x = year, y = donors))
p + geom_point()
```

그림 A.6의 x축 레이블의 소수점은 바람직하지 않다. scale_x_continuous()에 연도를 문자로 나타내는 일련의 breaks와 labels를 주는 것으로, 이것을 장식적으로 구성할 수 있다. 다른 방법으로 year 변수의 클래스를 변경할 수 있다.

편의상 R에 year 변수를 정수가 아닌 날짜 측정값으로 처리해야 한다고 지정한다. 정수를 가져와서 날짜로 변환하는 직접 만든 사용자 함수

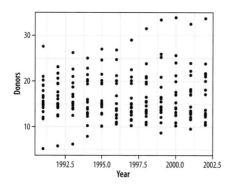

그림 A.6 소수점으로 표시된 정수 연도

int_to_year()를 사용한다.

```
bad_year$year ← int_to_year(bad_year$year)
bad_year %>% select(1:3)
```

```
## # A tibble: 238 x 3
##    country   year       donors
##    <chr>     <date>     <dbl>
##  1 Australia NA         NA
##  2 Australia 1991-06-15 12.1
##  3 Australia 1992-06-15 12.4
##  4 Australia 1993-06-15 12.5
##  5 Australia 1994-06-15 10.2
##  6 Australia 1995-06-15 10.2
##  7 Australia 1996-06-15 10.6
##  8 Australia 1997-06-15 10.3
##  9 Australia 1998-06-15 10.5
## 10 Australia 1999-06-15  8.67
## # … with 228 more rows
```

이 과정에서 오늘의 날짜와 월이 연도 데이터에 포함되지만 이 데이터는 연도별 창 내에서만 관측된다는 점에서 이 경우는 무관하다. 그러나 모든 관측치에 대한 일반적인 일과 월을 지정하려면 이 함수를 사용해 작업을 수행할 수 있다.

반복 작업용 함수 작성

비슷한 도표를 많이 만들거나 반복되지만 단일 작업으로 수행할 수 없는 방식으로 주기적으로 살펴봐야 하는 데이터셋으로 작업하는 경우, 반복적으로 사용하는 코드 시퀀스를 축적하기 시작할 수 있다. 이렇게 되면 하나의 분석에서 다음 분석으로 이 시퀀스를 복사해서 붙여넣기 시작하는 유혹이 있을 것이다. 이 책의 예시 코드에서 이러한 경향을 볼 수 있다. 설명을 더욱 명확하게 하기 위해 도표화하고 있는 종속 변수나 독립 변수에서만 다른 코드 청크를 주기적으로 반복해왔다.

이렇게 코드를 반복적으로 복사하고 붙여 넣는 일을 피하라. 대신 이는 조금이나마 도움이 되는 함수를 작성해볼 수 있는 기회다. R의 거의 모든 함수에 의해 이뤄지며, 자체 함수를 직접 작성하는 것은 어렵지 않다. 특히 매우 복잡한 작업을 수행하기 위한 수단이라기보다는 일부 국부적인 작업이나 소규모 작업을 자동화하는 방식으로 함수를 생각하기 시작할 때 특히 그렇다. R은 ggplot 자체와 같이 복잡한 함수와 함수 라이브러리를 구축하는 데 도움이 되는 자원이 있다. 하지만 특정 데이터셋 또는 데이터 분석을 관리하는 데 도움이 되는 함수를 사용해 아주 작은 작업을 시작할 수 있다.

함수는 입력을 받아 작업을 수행하고 출력을 반환한다. 예를 들어 x와 y라는 두 숫자를 더하는 함수를 상상해보라. 사용해보면 다음과 같이 된다.

```
add_xy(x = 1, y = 7)
```

```
## [1] 8
```

이 함수를 어떻게 만들 수 있는가? 모든 것이 객체이므로 함수는 단지 특별한 유형의 객체임을 기억하라. 그리고 R의 모든 것은 함수를 통해 이뤄진다. 따라서 새로운 함수를 만들고 싶다면 기존 함수를 사용해 만들 것이다. R에서 함수는 function()으로 생성한다.

```
add_xy ← function(x, y) {
    x + y
}
```

function()은 일반 함수와 두 가지 면에서 약간 다른 것을 알 수 있다. 첫째, 인자(여기에서는 x와 y)는 작성하는 **add_xy** 함수에 대한 것이다. 둘째, function(x, y)문 바로 앞에 여는 괄호 {가 다음에 x와 y를 추가하는 R 코드가 하나 이어 다음 괄호가 계속된다. 그것이 함수의 내용이다. 코드를 **add_xy** 객체에 할당한다. 이제 두 숫자를 추가하고 결과를 반환하는 함수가 됐다. 괄호 안의 **x + y** 행 콘솔에서 입력된 것처럼 실행된다. x와 y가 무엇인지 전달했다고 가정한다.

```
add_xy(x = 5, y = 2)
```

```
## [1] 7
```

함수는 다양한 종류의 인자를 취할 수 있다. 또한 각 인자의 기본값을 function(...) 섹션에서 지정하는 것으로, 직접 지정할 수도 있다. 함수는 if...else문을 통한 흐름 제어와 같은 표준적인 것도 포함하고, R의 모든 기능을 자유롭게 사용할 수 있는 작은 프로그램이다. 예를 들어 여기에서는 ASA 데이터의 어떤 부분에 산점도를 작성하거나 옵션에서 데이터를 더 매끄럽게 하고 대신 플롯으로 나타내는 함수다. 함수의 정의는 내부 절차를 자세히 설명하고 있는 점을 제외하면, 함수를 호출하는 것과 약간 비슷하다. 디폴트 인자(기본값)도 지정한다.

```
plot_section ← function(section="Culture", x = "Year",
                        y = "Members", data = asasec,
                        smooth=FALSE){
    require(ggplot2)
    require(splines)
    # 메모: aes()보다는 aes_string()을 사용
    p ← ggplot(subset(data, Sname==section),
            mapping = aes_string(x=x, y=y))

    if(smooth == TRUE) {
        p0 ← p + geom_smooth(color = "#999999",
                                size = 1.2, method = "lm",
                                formula = y ~ ns(x, 3)) +
            scale_x_continuous(breaks = c(seq(2005, 2015, 4))) +
            labs(title = section)
    } else {
    p0 ← p + geom_line(color= "#E69F00", size=1.2) +
        scale_x_continuous(breaks = c(seq(2005, 2015, 4))) +
        labs(title = section)
    }

    print(p0)
}
```

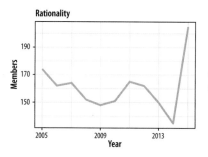

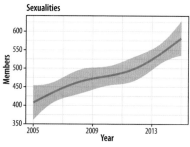

그림 A.7 함수를 사용해 결과를 도표화

이 함수는 그리 일반적이지 않다. 특히 강력하지도 않다. 하지만 우리는 함수를 사용하기를 원하며(그림 A.7) 아주 잘 작동한다.

```
plot_section("Rationality")
plot_section("Sexualities", smooth = TRUE)
```

이 데이터를 장기간 사용하는 경우에는 다음과 같이 한다. 점차적으로 일반적인 기능, 예를 들어 직접 사용하는 경우에 상정한 방법으로 geom_smooth() 함수(그림 A.8)에 인자를 전달할 수 있는 있도록 특별한 ...인자(대략적으로 말해 "다른 명명된 인자")를 추가할 수 있다. 이제 필요한 평활화 메서드를 선택할 수 있다.

```
plot_section ← function(section="Culture", x = "Year",
                        y = "Members", data = asasec,
                        smooth=FALSE, ...){
    require(ggplot2)
    require(splines)
    # 메모: aes()보다는 aes_string()을 사용
    p ← ggplot(subset(data, Sname==section),
          mapping = aes_string(x=x, y=y))

    if(smooth == TRUE) {
        p0 ← p + geom_smooth(color = "#999999",
                            size = 1.2, ...) +
            scale_x_continuous(breaks = c(seq(2005, 2015, 4))) +
            labs(title = section)
    } else {
    p0 ← p + geom_line(color= "#E69F00", size=1.2) +
```

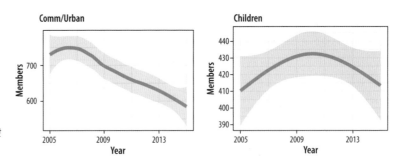

그림 A.8 사용자 정의 함수는 섹션 멤버십 데이터에 맞게 다양한 평활기 인자를 전달할 수 있다.

```
        scale_x_continuous(breaks = c(seq(2005, 2015, 4))) +
        labs(title = section)
    }

    print(p0)
}

plot_section("Comm/Urban",
            smooth = TRUE,
            method = "loess")
plot_section("Children",
            smooth = TRUE,
            method = "lm",
            formula = y ~ ns(x, 2))
```

3 프로젝트 및 파일 관리

RMarkdown과 knitr

마크다운markdown은 문서의 형식에 대한 정보가 포함된 일반plain 텍스트를 작성하기 위한 표준화된 방법이다. 원래 존 그루버John Gruber가 에런 스워츠Aaron Swartz의 의견을 바탕으로 개발했다. 목적은 일반 텍스트 형식으로 가독성을 거의 손상시키지 않고 문서에 대한 구조 정보(제목과 소제목 강조, 하이퍼 링크, 목록 및 각주 등)을 통합할 수 있는 간단한 형식을 만드는 것이다. HTML 같은 일반 텍스트 형식 마크다운보다 훨씬 광범위하고 명확하게 정의돼 있지만, 마크다운은 단순했다. 수년에 걸쳐 다양한 약점에도 사실상의 표준이 되고 있다. 텍스트 편집기 및 메모 작성 애플리케이션이 이를 지원하고, 마크다운을 HTML(원본 대상 출력 형식)뿐만 아니라 다른 여러 문서 유형으로 변환하는 도구도 있다. 이 가운데 가장 강력한 것은 Pandoc이며 마크다운에서 다른 많은 (또는 그 반대로) 포맷으로 바꿀 수 있다. Pandoc은 RStudio의 노트를 HTML, MS 워드 및 PDF 문서로 변환하는 기능을 강화한다.

pandoc.org

1장에서는 RMarkdown과 (이면의) knitr를 사용해 기록해두고 분석을 정리하는 것이 좋다고 권장했다. 이러한 RStudio에서 사용하기 쉬운 R 라이브러리다. R마크다운 당신이 R 코드 청크로 당신의 메모를 산재시킴으로써 마크다운을 확장한다. 코드 청크에는 레이블과 파일이 처리될 때의 동작 방식을 결정하는 몇 가지 옵션이 있다. 메모와 코드를 작성한 후, 문서를 깁는다(Xie, 2015). 즉, .Rmd 파일을 R로 보내 거기서 R이 코드 청크를 처리하고 코드 청크가 출력으로 대체된 새로운 .md 파일을 생성한다. 그 다음 해당 마크다운 파일을 더 읽기 쉬운 PDF나 HTML 문서 또는 학술지에서 요구하는 워드 문서로 변환할 수 있다.

rmarkdown.rstudio.com
yihui.name/knitr

이 모든 작업은 RStudio의 막후에서 knitr 및 rmarkdown 라이브러리를 사용해 이뤄진다. 후자는 `render()` 함수를 제공해 Rmd에서 HTML 또는 PDF로 바꿀 수 있다. 반대로 자신이 작성한 코드를 주위의 텍스트에서 추출하려는 경우 파일을 "헝클어^{tangle}" .R 파일이 된다. 이 방법의 장점은 작업을 적절하게 문서화하는 것이 훨씬 쉽다는 것이다. 데이터 분석 및 내역을 모두 사용할 수 있는 파일은 하나뿐이다. 분석의 출력은 그 자리에서 만들어 그것을 실행하는 코드는 페이퍼에 포함된다. 다른 데이터의 여러 개의 동일한 (또는 매우 유사한) 분석을 수행할 필요가 있는 경우 R마크다운과 knitr를 사용하면 일관되고 신뢰할 수 있는 보고서를 훨씬 쉽게 만들 수 있다.

Pandoc의 마크다운은 knitr과 RStudio에서 사용되고 있다. 포괄적인 마크업이 가능하며, 복잡한 표, 인용, 참고 문헌, 참고 자료, 수학 등의 학술적인 글쓰기의 많은 부분을 처리할 수 있다. 다양한 파일 형식의 문서를 만들 수 있을 뿐만 아니라, 기사 및 유인물에서 웹사이트나 슬라이드 묶음까지 다양한 종류의 문서를 만들 수 있다. RStudio의 R마크다운 웹사이트에는 R마크다운 기능에 대한 자세한 설명과 예제가 있다. 필요에 따라 활용 가능한 사용자 정의에 대한 정보도 포함돼 있다.

이처럼 일반 텍스트 형식으로 메모와 논문을 작성하면 많은 이점이 있다. 당신의 글과 코드와 코드 실행 결과를 더 가깝게 유지하고 강력한 버전 관리 방법을 사용해 작업과 결과를 추적할 수 있다. 데이터 분석의 오류는 논문에 그림이나 표를 생성하는 데 사용되는 절차와 나중에 해당 출력을 이용하는 데 사용되는 절차 사이에 일반적으로 존재하는 간극을 벗어나는 경우가 많다. 일반적인 작업 방식에서는 데이터 분석용 코드는 한 파일에, 출력은 다른 파일에, 논문 텍스트는 세 번째 파일에 저장한다. 당신은 분석을 수행하고 결과를 수집한 다음 관련 결과를 논문에 복사하거나 도중에 수동으로 다시 포맷한다. 이러한 각각의 전환으로 인해 오류가 발생할 수 있다. 특히 결과표는 테이블을 생성한 일련의 단계에서 쉽게 분리할 수 있다. 양적 논문을 쓴 거의 모든 사람은 (또는 동료 검토의 결과로) 재검토 또는 재현할 필요가 있지만, 그 결과를 만들어내는 상황에 대한 정보가 부족한 결과나 수치를 포함하는 오래된 초고를 읽는 문제에 직면하고 있다. 학술 논문은 비록 하루종일 열심히 일하더라도, 쓰기, 심사, 개정 및 출판(발간) 주기를 통과하는 데 오랜 시간이 걸린다. 심사자들의 질문이나 여타 다른 질문에 대답하기 위해 2년 전에 한 일로 되돌아가야 하는 경우도 드물지 않다. 정답을 얻기 위해 모든 것을 처음부터 끝까지 다시 시작할 필요는 없다. 다른 사람의 양적 분석 결과를 복제하는 과제가 어떠한가 하면 매우 짧은 시간이 지난 후 저자 자신이 자신의 작업을 복제하기가 어렵다는 것을 알게 된다. 비트 부패[bit-rot]는 6개월 이상 컴퓨터에 그대로 뒀다는 이유만으로 프로젝트에 엄습하는, 외견상 꼭 따라다니는 부패의 진행을 일컫는 컴퓨터 과학 학술 용어다.

중소 규모의 프로젝트에서는 R마크다운 문서와 여기에서 설명되는 도구에 의존하는 일반 텍스트 방식이 효과적이다. 프로젝트가 커지면 상황은 좀 더 복잡해진다(덧붙여서, 이것은 일반 텍스트 방식의 본질적인 결함이 아니다. 프로젝트를 어떻게 구성해도 상관없다). 일반적으로 메모와 분석은 표준화되고 간단한 형식으로 유지하는 것이 좋다. 프로젝트의 최종 결

지원하는 하드웨어나 프로그램이 사장돼 예전의 디지털 자료를 열람하기 어려워지는 현상을 뜻한다. 과거의 플로피디스크드라이브(FDD)나 CD-ROM이 없어져 활용하지 못하는 디스켓과 CD를 떠올리면 쉽다.
– 옮긴이

과물(저널 기사 또는 서적 등)은 완성에 가까워질수록 구체적인 수정 및 조정이 급격히 몰리는 경향이 있는데, 이는 완전히 이식 가능하고 재현 가능한 분석이라는 이상에 반한다. 불가피한 최종 쟁탈전의 범위를 최소화하는 것이 좋다.

프로젝트 조직화

프로젝트 관리는 그 자체로 큰 화두이며 많은 사람들이 이에 관해 강한 의견을 가지고 있다. 여러분의 목표는 코드와 데이터를 이식 가능하고 재현 가능하며 독립적으로 만드는 것이다. 이것을 실현하려면 RStudio에서 프로젝트 기반의 접근 방식을 사용한다. 어떤 새로운 데이터로 분석을 시작할 때 작업할 데이터와 R 또는 R마크다운 코드를 포함하는 새 프로젝트를 만든다. 이상적인 경우 R과 RStudio 및 필요한 라이브러리가 설치된 다른 컴퓨터로 해당 폴더를 이동해 프로젝트의 내용을 성공적으로 다시 실행할 수 있어야 한다.

실제로 그것은 두 가지를 의미한다. 먼저 R은 객체지향 $^{object-oriented}$ 언어이지만 프로젝트에서 유일한 '실제^{real}' 영구적인 것은 시작하는 원^{raw} 데이터 파일과 그것을 조작하는 코드여야 한다. 코드는 실제다. 코드는 데이터를 조작하고 필요한 모든 객체와 출력을 만든다. 객체를 R에 저장하는 것은 가능하지만, 일반적으로 일상적인 분석을 위해 이를 수행할 필요는 없다.

둘째, 코드는 프로젝트 폴더 이외의 파일 위치를 참조해서는 안 된다. 프로젝트 폴더는 그 안에 있는 파일의 "루트" 또는 최상위여야 한다. 즉, 데이터와 그림의 저장과 참조에 절대 파일 경로를 사용하지 마라. 대신 상대 경로만 사용하라. 상대 경로는 프로젝트의 루트에서 시작된다. 이를테면 다음과 같은 명령으로 데이터를 로드해서는 안 된다.

```
## 절대 파일 경로. 컴퓨터의 파일 계층 맨 위에서 시작하는 선행 '/'에 주목
  my_data ← read_csv("/Users/kjhealy/projects/gss/data/gss.
  csv")
```

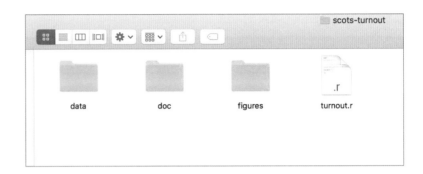

그림 A.9 간단한 프로젝트의 폴더 구성

대신 R 프로젝트 파일이 gss 폴더에서 시작하고 있기 때문에 상대 경로를 지정하기 위해 here( ) 라이브러리를 사용할 수 있다.

```
my_data ← read_csv(here("data", "gss.csv"))
```

직접 상대 경로를 입력할 수 있지만, 여기에서는 맥OS를 사용하는 경우 작동한다는 장점이 있다. 그리고 당신의 프로젝트를 윈도우에서 작업하고 있는 누군가에게 보낸다. 3장 마지막에서 본 대로 개별 도표를 PDF 또는 PNG 파일로 저장하는 경우에도 동일한 규칙이 작업 저장에 도움이 된다.

프로젝트 폴더에서 작은 조직이 매우 도움이 된다. 프로젝트의 다른 부분을 작업 디렉터리의 다양한 하위 폴더에 저장하는 습관을 가져야 한다 (그림 A.9). 좀 더 복잡한 프로젝트는 더 복잡한 구조를 가질 수 있지만, 단순한 조직으로 먼 길을 갈 수 있다. R마크다운 파일은 작업 디렉터리의 최상위에 넣을 수 있으며 data/ (CSV 파일용)라는 별도의 하위 폴더, figure/ (저장할 수도 있음), 그리고 프로젝트 및 데이터 파일에 대한 정보는 docs/라는 하나의 하위 폴더가 있을 수 있다. RStudio는 프로젝트 관리 기능을 통해 조직화를 도울 수 있다.

프로젝트를 정리해 둠으로써, 작업 디렉터리에 모든 종류의 서로 다른 여러 파일이 저장되는 것을 방지할 수 있다.

4 이 책의 몇 가지 특징

카운티 단위 지도 준비

socviz 라이브러리의 미국 카운티 수준 지도는 미 인구조사국에서 에릭 셀레스트^{Eric Celeste} GeoJSON 형식으로 변환한 쉐이프파일^{shapefile}로 작 eric.clst.org/Stuff/USGeoJSON 성됐다. 가져온 형상 파일을 준비하기 위한 코드는 쉐이프파일을 가져 와 투영 변환하는 무거운 작업을 수행하기 위해 밥 루디스^{Bob Rudis}가 만 든 `rgdal` 라이브러리를 이용한다. 루디스의 코드는 (카운티를 식별하는) 가져온 공간 데이터프레임 행 이름을 추출하고 알래스카와 하와이를 지 도 영역의 왼쪽 하단의 새 위치로 이동해 50개 주 모두 매핑할 수 있게 해준다.

먼저 지도 파일을 읽고 투영법을 설정하고 나중에 데이터를 병합하는 데 사용할 수 있는 식별 변수를 설정한다. `CRS()` 함수 호출은 프로젝션 과 지도가 인코딩돼 있는 기타 세부 사항을 정의하는 기술적인 GIS 사 양에 준거한, 긴 줄의 텍스트다. 긴 줄의 코드는 페이지에서 인위적으 로 줄바꿈해야 할 경우 백슬래시 문자(\)로 표시된다. 이 코드를 직접 작성하는 경우 백슬래시를 입력하지 마라. mapfile은 이름이 gz_2010_ us_050_00_5m.json이고 프로젝트 디렉터리의 data/geojson 밑에 있다고 가정한다.

```
# 아직 지도 라이브러리와 GIS 라이브러리를 설치하지 않은 경우
  install.packages()를 사용해 설치해야 한다.

library(maptools)
library(mapproj)
library(rgeos)
library(rgdal)

us_counties <- readOGR(dsn="data/geojson/gz_2010_us_050_00_5m.
                       json", layer="OGRGeoJSON")

us_counties_aea <- spTransform(us_counties,
                  CRS("+proj=laea +lat_0=45 +lon_0=-100 \
                      +x_0=0 +y_0=0 +a=6370997 +b=6370997 \
```

306

```
                              +units=m +no_defs"))

us_counties_aea@data$id ← rownames(us_counties_aea@data)
```

파일을 가져온 후 알래스카를 추출, 회전, 축소, 이동하고 그 과정에서
투영을 재설정한다. 또한 하와이를 옮긴다. 영역은 해당 주 FIPS 코드
로 식별된다. 이 지역의 데이터가 부족하기 때문에 이전 주를 삭제하고
새로운 주를 다시 넣고, 푸에르토리코를 제거한다. 해당 지역의 데이터
가 있는 경우는 텍사스와 플로리다 사이에서 이동할 수 있다.

```
alaska ← us_counties_aea[us_counties_aea$STATE == "02", ]
alaska ← elide(alaska, rotate = -50)
alaska ← elide(alaska, scale = max(apply(bbox(alaska), 1,
diff))/2.3)
alaska <- elide(alaska, shift = c(-2100000, -2500000))
proj4string(alaska) <- proj4string(us_counties_aea)

hawaii ← us_counties_aea[us_counties_aea$STATE == "15", ]
hawaii ← elide(hawaii, rotate = -35)
hawaii ← elide(hawaii, shift = c(5400000, -1400000))
proj4string(hawaii) ← proj4string(us_counties_aea)

us_counties_aea ← us_counties_aea[!us_counties_aea$STATE %in%
                             c("02", "15", "72"), ]
us_counties_aea ← rbind(us_counties_aea, alaska, hawaii)
```

마지막으로, 공간 객체를 ggplot이 사용할 수 있는 데이터프레임에 구
성 문자열에서 접두사를 제거해 id 레이블을 정리한다.

```
county_map ← tidy(us_counties_aea, region = "GEO_ID")
county_map$id ← stringr::str_replace(county_map$id,
                             pattern = "0500000US",
                             replacement = "")
```

병합에 대한 자세한 내용과 코드는 github.com/kjhealy/
us-county를 참조하라.

이 시점에서 county_map 객체는 merge() 또는 left_join()을 사용해
FIPS 코딩된 미국 카운티 데이터 테이블과 병합할 준비가 됐다. 여기에

서는 이러한 단계를 자세히 설명하고 있지만 tidycensus 라이브러리의 함수로 감싸는 것도 유용하다.

도표 테마와 지도 테마

이 책에서 사용되는 ggplot 테마는 주로 (또) 밥 루디스의 작업에서 유래한 것들이다. 그의 hrbrthemes 패키지는 theme_ipsum()을 제공한다. 이것은 Arial 폰트 또는 변형으로 자유롭게 사용할 수 있는 Roboto Condensed 폰트와 함께 사용할 수 있는 간결한 테마다. 여기에서 사용되는 theme_book()과 루디스의 theme_ipsum()의 주요 차이점은 폰트 옵션이다. hrbrthemes 패키지는 깃허브를 통해 일반적인 방법으로 설치할 수 있다.

```
devtools::install_github("hrbrmstr/hrbrthemes")
```

이 책의 테마는 깃허브에서 사용할 수 있다. 이 패키지 글꼴 파일 자체는 포함돼 있지 않다. 글꼴 파일은 서체 제작사인 어도비에서 구할 수 있다.

github.com/kjhealy/myriad

지도를 그릴 때는 theme_map() 함수도 사용했다. 이 테마는 내장 theme_bw()로 시작하며 지도를 프레젠테이션할 때 필요치 않은 가이드, 스케일 및 패널 내용의 대부분을 제거한다. theme_map()은 socviz 라이브러리를 통해 사용할 수 있다. 코드는 다음과 같다.

```
theme_map ← function(base_size=9, base_family="") {
  require(grid)
  theme_bw(base_size=base_size, base_family=base_family) %+replace%
    theme(axis.line=element_blank(),
          axis.text=element_blank(),
          axis.ticks=element_blank(),
          axis.title=element_blank(),
          panel.background=element_blank(),
          panel.border=element_blank(),
          panel.grid=element_blank(),
          panel.spacing=unit(0, "lines"),
```

```
            plot.background=element_blank(),
            legend.justification = c(0,0),
            legend.position = c(0,0)
        )
}
```

테마는 함수다. 테마를 만드는 것은 어떤 테마 요소를 어떻게 변경할지에 대한 일련의 명령어로 함수를 작성하는 것을 의미한다. 기본 base_size 인자와 빈 base_family 인자(폰트 패밀리용)를 지정한다. 코드의 %+replace% 연산자는 새로운 것이다. 이는 ggplot에 의해 정의된 테마 요소를 정리하고 업데이트하는 데 사용되는 유용한 연산자다. 이 책 전반에 걸쳐 테마를 추가하거나 테마의 내용을 조정하는 데 + theme(legend.position = "top")처럼 '+' 연산자를 반복해서 사용하는 것을 알아봤다. +를 사용해 테마에 명령을 추가했고 지정된 내용을 조정하되 나머지는 그대로 뒀다. %+replace% 연산자는 비슷한 일을 하지만, 더 강력한 효과가 있다. theme_bw()에서 시작하고, 여느 때와 같이 새로운 내용을 추가하기 위해 theme()문을 사용한다. %+replace% 연산자는 추가하는 것이 아니라 지정된 요소 전체를 대체한다. theme() 구문에 지정되지 않은 요소는 새로운 테마에서 삭제된다. 따라서 기존 테마에서 시작해 새로운 요소를 지정하고 명시적으로 언급되지 않은 것을 제거해 테마를 만들 수 있다. 자세한 내용은 theme_get() 문서를 참조한다. 이 함수는 element_blank() 함수를 사용해 비활성화돼 있는 각 테마 요소를 확인할 수 있다.

| 참고문헌 |

Adelson, E. (1995). Checkershadow illusion. Perceptual Science Group @ MIT, http://persci.mit.edu/gallery/checkershadow.

Ai, C., & Norton, E. C. (2003). Interaction terms in logit and probit models. Economics Letters, 80, 123–29.

Anderson, E. W., Potter, K. C., Matzen, L. E., Shepherd, J. F., Preston, G. A., & Silva, C. T. (2011). A user study of visualization effectiveness using eeg and cognitive load. In Proceedings of the 13th Eurographics / IEEE - VGTC Confer- ence on Visualization (pp. 791–800). Chichester, UK: Eurographs Association; Wiley. https://doi.org/10.1111/j.1467-8659.2011.01928.x

Anscombe, F. (1973). Graphs in statistical analysis. American Statistician, 27, 17–21.

Arnold, J. B. (2018). Ggthemes: Extra themes, scales and geoms for 'ggplot2.' https:// CRAN.R-project.org/package=ggthemes.

Baddeley, A., Turner, R., Rubak, E., Berthelsen Kasper Klitgaard, Cronie Ottmar, Guan Yongtao, Hahn Ute, Jalilian Abdollah, Lieshout Marie-Colette van, McSwiggan Greg, Rajala Thomas, Rakshit Suman, Schuhmacher Dominic, Waagepetersen Rasmus, Adepeju, M., Anderson, C., Ang, Q. W., Austenfeld, M., Azaele, S., Baddeley, M., Beale, C., Bell, M., Bernhardt, R., Bendtsen, T., Bevan, A., Biggerstaff, B., Bilgrau, A., Bischof, L., Biscio, C., Bivand, R., Blanco Moreno, J. M., Bonneu, F., Burgos, J., Byers, S., Chang, Y. M., Chen, J. B., Chernayavsky, I., Chin, Y. C., Christensen B., Coeurjolly J.-F., Colyvas K., Constantine R., Corria Ainslie R., Cotton, R., de la Cruz M., Dalgaard P., D'Antuono M., Das S., Davies T., Diggle P. J., Donnelly P., Dryden I., Eglen S., El-Gabbas A., Fandohan B., Flores O., Ford E. D., Forbes P., Frank S., Franklin J., Funwi-Gabga N., Garcia O., Gault A., Geldmann J., Genton M.,

Ghalandarayeshi S., Gilbey J., Goldstick J., Grabarnik P., Graf C., Hahn U., Hardegen A., Hansen M. B., Hazelton M., Heikkinen J., Hering M., Herrmann M., Hewson P., Hingee K., Hornik K., Hunziker P., Hywood J., Ihaka R., Icos C., Jammalamadaka A., John-Chandran R., Johnson D., Khanmohammadi M., Klaver R., Kovesi P., Kozmian-Ledward L., Kuhn M., Laake J., Lavancier F., Lawrence T., Lamb R. A., Lee J., Leser G. P, Li H. T., Limitsios G., Lister A., Madin B., Maechler M., Marcus J., Marchikanti K., Mark R., Mateu J., Mc- Cullagh P., Mehlig U., Mestre F., Meyer S., Mi X. C., De Middeleer L., Milne R. K., Miranda E., Moller J., Moradi M., Morera Pujol V., Mudrak E., Nair G. M., Najari N., Nava N., Nielsen L. S., Nunes F., Nyengaard J. R., Oehlschlaegel J., Onkelinx T., O'Riordan S., Parilov E., Picka J., Picard N., Porter M., Protsiv S., Raftery A., Rakshit S., Ramage B., Ramon P., Raynaud X., Read N., Reiter M., Renner I., Richardson T. O., Ripley B. D., Rosenbaum E., Rowlingson B., Rudokas J., Rudge J., Ryan C., Safavimanesh F., Sarkka A., Schank C., Schladitz K., Schutte S., Scott B. T., Semboli O., Semecurbe F., Shcherbakov V., Shen G. C., Shi P., Ship H.-J., Silva T. L., Sintorn I.-M., Song Y., Spiess M., Stevenson M., Stucki K., Sumner M., Surovy P., Taylor B., Thorarinsdottir T., Torres L., Turlach B., Tvedebrink T., Ummer K., Uppala M., van Burgel A., Verbeke T., Vihtakari M., Villers A., Vinatier F., Voss S., Wagner S., Wang H., Wendrock H., Wild J., Witthoft C., Wong S., Woringer M., Zamboni M. E., Zeileis A., (2017). Spatstat: Spatial point pattern analysis, model-fitting, simulation, tests. Retrieved from https:// CRAN.R-project.org/package=spatstat.

Bateman, S., Mandryk, R., Gutwin, C., Genest, A., McDine, D., & Brooks, C. (2010). Useful junk? The effects of visual embellishment on comprehension and memorability of charts. In ACM Conference on Human Factors in Computing Systems (chi 2010) (pp. 2573–82). Atlanta.

Bates, D., & Maechler, M. (2015). MatrixModels: Modelling with sparse and dense matrices. https://CRAN.R-project.org/ package=MatrixModels.

———. (2017). Matrix: Sparse and dense matrix classes and methods. https:// CRAN.R-project.org/package=Matrix.

Bertin, J. (2010). Semiology of graphics. Redlands, CA: ESRI Press.

Borkin, M. A., Vo, A. A., Bylinskii, Z., Isola, P., Sunkavalli, S., Oliva, A., & Pfister, H. (2013). What makes a visualization memorable? IEEE Transactions on Visualization and Computer Graphics (Proceedings of InfoVis 2013).

Brambor, T., Clark, W., & Golder, M. (2006). Understanding interaction models: Improving empirical analyses. Political Analysis, 14, 63–82.

Brownrigg, R. (2017). Maps: Draw geographical maps. https://CRAN. R-project. org/package=maps.

Brundson, C., & Comber, L. (2015). An introduction to R for spatial analysis and mapping. Londin: Sage.

Bryan, J. (2017). Gapminder: Data from gapminder. https://CRAN. R-project.org/package=gapminder.

Cairo, A. (2013). The functional art: An introduction to information graphics and visualization. Berkeley, CA: New Riders.

Chakrabarti, R., Haughwout, A., Lee, D., Scally, J., & Klaauw, W. van der. (2017, April). Press briefing on household debt, with a focus on student debt. Federal Reserve Bank of New York.

Chang, W. (2013). R graphics cookbook. Sebastopol, CA: O'Reilly Media. Chatterjee, S., & Firat, A. (2007). Generating data with identical statistics but dissimilar graphics: A follow up to the Anscombe dataset. American Statistician, 61, 248–54.

Cleveland, W. S. (1993). The elements of graphing data. Summit, NJ: Hobart Press.

———. (1994). Visualizing data. Summit, NJ: Hobart Press.

Cleveland, W. S., & McGill, R. (1984). Graphical perception: Theory, experimentation, and application to the development of graphical methods. Journal of the American Statistical Association, 79, 531–34.

———. Graphical perception: The visual decoding of quantitative information on graphical displays of data. Journal of the Royal Statistical Society Series A, 150, 192–229.

Codd, E. F. (1990). The relational model for database management: Version 2. Boston, MA: Addison-Wesley Longman.

Dalgaard, P. (2008). Introductory statistics with R (second edition). New York: Springer.

Davies, T. M. (2016). The book of R. San Francisco: No Starch Press.

Doherty, M. E., Anderson, R. B., Angott, A. M., & Klopfer, D. S. (2007).

The perception of scatterplots. Perception & Psychophysics, 69, 1261–72.

Eddelbuettel, D. (2018). Tint: 'Tint' is not 'Tufte.' https://CRAN.R-project.org/package=tint.

Few, S. (2009). Now you see it: Simple visualization techniques for quantitative analysis. Oakland, CA: Analytics Press.

Fox, J. (2014, December). The rise of the y-axis-zero fundamentalists. https:// byjustinfox.com/2014/12/14/the-rise-of-the-y-axis-zero-fundamentalists/.

Freedman Ellis, G. (2017). Srvyr: 'Dplyr'-like syntax for summary statistics of survey data. https://CRAN.R-project.org/package=srvyr.

Friendly, M., & Meyer, D. (2017). Discrete data analysis with R. Boca Raton, FL: CRC/Chapman; Hall.

Garnier, S. (2017). Viridis: Default color maps from 'matplotlib' (lite version). https://CRAN.R-project.org/package=viridisLite.

———. Viridis: Default color maps from 'matplotlib'. https://CRAN.R-project.org/package=viridis.

Gelman, A. (2004). Exploratory data analysis for complex models. Journal of Computational and Graphical Statistics, 13, 755–79.

Gelman, A., & Hill, J. (2018). Regression and other stories. New York: Cambridge University Press.

Gould, S. J. (1991). Glow, big glowworm. In Bully for brontosaurus: Reflections in natural history (pp. 255–68). New York: Norton.

Harrell, F. (2016). Regression modeling strategies (Second edition). New York: Springer.

Healy, K. (2018). Socviz: Utility functions and data sets for a short course in data visualization. https://github.com/kjhealy/socviz.

Healy, K., & Moody, J. (2014). Data visualization in sociology. Annual Review of Sociology, 40, 105–28.

Heer, J., & Bostock, M. (2010). Crowdsourcing graphical perception: Using mechanical turk to assess visualization design. In Proceedings of the Sigchi Conference on Human Factors in Computing Systems (pp. 203–12). New York: ACM. https://doi.org/10.1145/1753326.1753357.

Henry, L., & Wickham, H. (2017). Purrr: Functional programming tools. https:// CRAN.R-project.org/package=purrr.

Hewitt, C. (1977). The effect of political democracy and social democracy on equality in industrial societies: A cross-national comparison. American Sociological Review, 42, 450–64.

Imai, K. (2017). Quantitative social science: An introduction. Princeton, NJ: Princeton University Press.

Isenberg, P., Bezerianos, A., Dragicevic, P., & Fekete, J.-D. (2011). A study on dual-scale data charts. IEEE Transactions on Visualization and Computer Graphics, 17(12), 2469–87. https://doi.org/10.1109/TVCG.2011.238.

Jackman, R. M. (1980). The impact of outliers on income inequality. American Sociological Review, 45, 344–47.

Koenker, R. (2017). Quantreg: Quantile regression. https://CRAN.R-project.org/package=quantreg.

Koenker, R., & Ng, P. (2017). SparseM: Sparse linear algebra. https://CRAN.R-project.org/package=SparseM.

Lander, J. P. (2018). Coefplot: Plots coefficients from fitted models. https://CRAN.R-project.org/package=coefplot.

Leeper, T. J. (2017). Margins: Marginal effects for model objects. https://CRAN.R-project.org/package=margins.

Lumley, T. (2004). Analysis of complex survey samples. Journal of Statistical Software, Articles, 9(8), 1–19. https://doi.org/10.18637/jss.v009.i08.

———. (2010). Complex surveys: A guide to analysis using R. New York: Wiley.

———. (2013). Dichromat: Color schemes for dichromats. https://CRAN.R-project.org/package=dichromat.

———. (2017). Survey: Analysis of complex survey samples. https://CRAN.R-project.org/package=survey.

Matloff, N. (2011). The art of R programming. San Francisco: No Starch Press. Munzer, T. (2014). Visualization analysis and design. Boca Raton, FL: CRC Press. Müller, K. (2017a). Bindrcpp: An 'rcpp' interface to active bindings. https://CRAN.R-project.org/package=bindrcpp.

———. (2017b). Here: A simpler way to find your files. https://CRAN.R-project.org/package=here.

Müller, K., & Wickham, H. (2018). Tibble: Simple data frames. https://CRAN.R-project.org/package=tibble.

Nakayama, K., & Joseph, J. S. (1998). Attention, pattern recognition and popout in visual search. In R. Parasuraman (Ed.), The attentive brain (pp. 279–98). Cambridge, MA: MIT Press.

Neuwirth, E. (2014). RColorBrewer: ColorBrewer palettes. https://CRAN.R-project.org/package=RColorBrewer.

Openshaw, S. (1983) The Modifiable Areal Unit Problem. Norwich: Geo Books. Pebesma, E. (2018). Sf: Simple features for R. https://CRAN.R-project.org/package=sf.

Peng, R. (2016). programming for data science. http://leanpub.com/rprogramming.

Pinheiro, J., Bates, D., & R-core. (2017). Nlme: Linear and nonlinear mixed effects models. Retrieved from https://CRAN.R-project.org/package=nlme.

Qiu, Y., et al. (2018a). Sysfonts: Loading fonts into R. https://CRAN.R-project.org/package=sysfonts.

———. (2018b). Showtext: Using fonts more easily in R graphs. https://CRAN.R-project.org/package=showtext.

R Core Team. (2018). R: A language and environment for statistical computing. Vienna, Austria: R Foundation for Statistical Computing. https://www.R-project.org/.

Rensink, R. A., & Baldridge, G. (2010). The perception of correlation in scatter- plots. Computer Graphics Forum, 29, 1203–10.

Ripley, B. (2017). MASS: Support functions and datasets for Venables and Ripley's mass. https://CRAN.R-project.org/package=MASS.

Robinson, D. (2017). Broom: Convert statistical analysis objects into tidy data frames. https://CRAN.R-project.org/package=broom.

Rudis, B. (2015). Statebins: U.S. State cartogram heatmaps in R; An alternative to choropleth maps for USA states. https://CRAN.R-project.org/package=statebins.

Ryan, J. A. (2007). Defaults: Create global function defaults. https://CRAN.R-project.org/package=Defaults.

Salganik, M. J. (2018). Bit by bit: Social research in the digital age. Princeton, NJ: Princeton University Press.

Sarkar, D. (2008). Lattice: Multivariate data visualization with R. New York: Springer.

Silge, J., & Robinson, D. (2017). Text mining with R. Sebastopol, CA: O'Reilly. Media.

Slowikowski, K. (2017). Ggrepel: Repulsive text and label geoms for 'ggplot2.' https://CRAN.R-project.org/package=ggrepel.

Spinu, V., Grolemund, G., & Wickham, H. (2017). Lubridate: Make dealing with datesa little easier. https://CRAN.R-project.org/package=lubridate.

Taub, A. (2016). How stable are democracies? "Warning signs are flashing red." New York Times.

Therneau, T. M. (2017). Survival: Survival analysis. https://CRAN.R-project.org/package=survival.

Therneau, T., & Atkinson, B. (2018). Rpart: Recursive partitioning and regression trees. https://CRAN.R-project.org/package=rpart.

Treisman, A., & Gormican, S. (1988). Feature analysis in early vision: Evidence from search asymmetries. Psychological Review, 95, 15–48.

Tufte, E. R. (1978). Political control of the economy. Princeton, NJ: Princeton University Press.

———. (1983). The visual display of quantitative information. Cheshire, CT: Graphics Press.

———. (1990). Envisioning information. Cheshire, CT: Graphics Press.

———. (1997). Visual explanations: Images and quantities, evidence and narrative. Cheshire, CT: Graphics Press.

Vanhove, J. (2016, November). What data patterns can lie behind a correlation coefficient? https://janhove.github.io/teaching/2016/11/21/what-correlations-look-like.

Venables, W., & Ripley, B. (2002). Modern applied statistics with S (fourth edition). New York: Springer.

Wainer, H. (1984). How to display data badly. American Statistician, 38, 137–47. Walker, K. (2018). Analyzing the US Census with R. Boca Raton, FL: CRC Press. Ware, C. (2008). Visual thinking for design. Waltham, MA: Morgan Kaufman.

———. (2013). Information visualization: Perception for design (third edition). Waltham, MA: Morgan Kaufman.

Wehrwein, A. (2017). Plot inspiration via fivethirtyeight. http://www.austinwehrwein.com/data-visualization/plot-inspiration-via-fivethirtyeight/. Wickham, H. (2014). Tidy data. Journal of Statistical Software, 59(1), 1–23. https://doi.org/10.18637/jss.v059.i10.

———. (2016). Ggplot2: Elegant graphics for data analysis. New York: Springer.

———. (2017a). Stringr: Simple, consistent wrappers for common string operations. https://CRAN.R-project.org/package=stringr.

―――. (2017b). Testthat: Unit testing for R. https://CRAN.R-project. org/package=testthat.

―――. (2017c). Tidyverse: Easily install and load the 'tidyverse.' https://CRAN. R-project.org/package=tidyverse.

Wickham, H., & Chang, W. (2017). Devtools: Tools to make developing R packages easier. https://CRAN.R-project.org/ package=devtools.

―――. (2018). Ggplot2: Create elegant data visualisations using the grammar of graphics. http://ggplotz.tidyverse.org.

Wickham, H., & Grolemund, G. (2016). R for data science. Sebastopbol, CA: O'Reilly Media.

Wickham, H., & Henry, L. (2017). Tidyr: Easily tidy data with 'spread()' and 'gather()' functions. https://CRAN.R-project.org/package=tidyr.

Wickham, H., Francois, R., Henry, L., & Müller, K. (2017a). Dplyr: A grammar of data manipulation. https://CRAN.R-project.org/ package=dplyr.

Wickham, H., Hester, J., & Francois, R. (2017b). Readr: Read rectangular text data. https://CRAN.R-project.org/package=readr.

Wilke, C. O. (2017). Ggridges: Ridgeline plots in 'ggplot2.' https:// CRAN.R-project.org/package=ggridges.

Wilkinson, L. (2005). The grammar of graphics (second edition). New York: Springer.

Xie, Y. (2015). Dynamic documents with r and knitr (second edition). New York: Chapman; Hall.

―――. (2017). Knitr: A general-purpose package for dynamic report generation in R. https://yihui.name/knitr/.

Zeileis, A., & Hornik, K. (2006). Choosing color palettes for statistical graphics (Research Report Series / Department of Statistics and Mathematics No. 41). Vienna, Austria: WU Vienna University of Economics; Business. http://epub. wu.ac.at/1404/.

| 찾아보기 |

데이터 시각화 기본기 다지기

데이터 시각화의 기본 원리부터 실무에 바로 활용 가능한 R 실용 예제까지

발 행 | 2020년 10월 22일

지은이 | 키런 힐리
옮긴이 | 지 은 · 이 다 양

펴낸이 | 권 성 준
편집장 | 황 영 주
편 집 | 조 유 나
디자인 | 박 주 란

에이콘출판주식회사
서울특별시 양천구 국회대로 287 (목동)
전화 02-2653-7600, 팩스 02-2653-0433
www.acornpub.co.kr / editor@acornpub.co.kr

한국어판 © 에이콘출판주식회사, 2020, Printed in Korea.
ISBN 979-11-6175-449-9
http://www.acornpub.co.kr/book/data-visualization-healy

이 도서의 국립중앙도서관 출판시도서목록(CIP)은 서지정보유통지원시스템 홈페이지(http://seoji.nl.go.kr)와
국가자료공동목록시스템(http://www.nl.go.kr/kolisnet)에서 이용하실 수 있습니다.(CIP제어번호: CIP2020041745)

책값은 뒤표지에 있습니다.